Democracia participativa e educação

EDITORA AFILIADA

Conselho Editorial de Educação:
José Cerchi Fusari
Marcos Antonio Lorieri
Marcos Cezar de Freitas
Marli André
Pedro Goergen
Terezinha Azerêdo Rios
Valdemar Sguissardi
Vitor Henrique Paro

Dados Internacionais de Catalogação na Publicação (CIP)
(Câmara Brasileira do Livro, SP, Brasil)

Mendes, Valdelaine
  Democracia participativa e educação : a sociedade e os rumos da escola pública / Valdelaine Mendes. -- São Paulo : Cortez, 2009.

  Bibliografia.
  ISBN 978-85-249-1482-9

  1. Democracia - Brasil 2. Educação - Brasil 3. Educação - Brasil - História 4. Educação e Estado - Brasil 5. Escolas públicas - Brasil 6. Mudança social - Brasil 7. Política e educação - Brasil I. Título.

09-00560 CDD-379.81

Índices para catálogo sistemático:
1. Brasil : Democracia participativa e educação   379.81
2. Brasil : Política educacional   379.81

Valdelaine Mendes

Democracia participativa e educação:

a sociedade e os rumos da escola pública

DEMOCRACIA PARTICIPATIVA E EDUCAÇÃO: a sociedade e os rumos da escola pública
Valdelaine Mendes

Capa: aeroestúdio
Preparação de originais: Silvana Cobucci Leite
Revisão: Maria de Lourdes de Almeida
Composição: Dany Editora Ltda.
Coordenação editorial: Danilo A. Q. Morales

Nenhuma parte desta obra pode ser reproduzida ou duplicada sem autorização expressa da autora e do editor.

© 2009 by Autora

Direitos para esta edição
CORTEZ EDITORA
R. Monte Alegre, 1074 — Perdizes
05014-001 — São Paulo - SP
Tel. (11) 3864 0111   Fax: (11) 3864 4290
e-mail: cortez@cortezeditora.com.br
www.cortezeditora.com.br

Impresso no Brasil — maio de 2009

Sumário

INTRODUÇÃO 9

CAPÍTULO 1 ■ O homem, o Estado e a democracia: um olhar sobre conceitos fundamentais à participação 33
    1.1 A "liberdade" do homem na sociedade capitalista 34
    1.2 O papel do Estado na superação ou conservação de uma determinada ordem 43
    1.3 O exercício do poder em diferentes conotações do conceito de democracia 55
    1.4 O Estado brasileiro: a formação sociopolítica e a participação 69

CAPÍTULO 2 ■ Estado e educação: políticas públicas e participação ... 77
    2.1 A questão do público na relação Estado e educação 78
        2.1.1 As políticas públicas educacionais no Brasil 85
        2.1.2 As possibilidades de uma política pública participativa 91
    2.2 A escola pública e a formação para a democracia .. 97

CAPÍTULO 3 ■ A Constituinte Escolar passo a passo: contextualização do processo e trajetória do estudo 111

3.1 O contexto de implementação da Constituinte Escolar no Rio Grande do Sul............................. 111

3.2 Constituinte Escolar — escola democrática e popular: caracterização do processo 113

3.3 O desenvolvimento da pesquisa........................ 123

CAPÍTULO 4 ■ A participação na Constituinte Escolar: uma possibilidade de apropriação do espaço público? 130

4.1 O cidadão diante da decisão política: da ausência herdada à presença possível 130

    4.1.1 O reflexo, na escola, de uma cultura de não-participação.. 130

    4.1.2 A pouca credibilidade nos projetos dos governantes: um empecilho à participação 144

4.2 Ser sujeito da decisão política: a influência do meio social e do objeto de debate 152

    4.2.1 Realidades diferentes — participações variadas... 152

    4.2.2 OP e CE: princípios comuns, participações distintas............................... 157

4.3 O vínculo das organizações com a CE: entre a coerência e a contradição 169

    4.3.1 Implicações da postura assumida pelo sindicato na CE 169

    4.3.2 A escola pública pensada por quem está fora dela... 186

4.4 A questão político-partidária e a (pré) disposição para participar........................... 189

CAPÍTULO 5 ■ As condições internas da escola e a participação na Constituinte Escolar 204

5.1 As relações estabelecidas entre os diferentes segmentos.............................. 205

    5.1.1 A ruptura com a hierarquia dentro da escola: isso é possível? 205

    5.1.2 O indivíduo se faz sujeito da ação coletiva: a questão da autoestima.............. 217

    5.1.3 As condições para um comportamento mais solidário e coletivo............................ 223

    5.1.4 Da opção à obrigação: os projetos pedagógicos e os regimentos escolares..... 229

    5.1.5 A influência da visão do papel dos pais nas decisões escolares na CE...................... 237

5.2 As bases necessárias à participação.................... 246

    5.2.1 Os investimentos que asseguraram a participação 246

    5.2.2 Um clima favorável ou não à participação: o papel das direções e do corpo docente... 250

5.3 Da participação na CE a possíveis mudanças e avanços 253

    5.3.1 Alterações na organização escolar: entre o avanço e o conservadorismo 253

    5.3.2 Avanços a partir da participação............... 276

5.4 O acesso a uma outra leitura de mundo.............. 281

AS LIÇÕES TIRADAS DO PROCESSO DE PARTICIPAÇÃO NA CONSTITUINTE ESCOLAR: uma (re)visão conclusiva do estudo 289

REFERÊNCIAS BIBLIOGRÁFICAS 305

Introdução

> Hoje em dia, não fica bem dizer certas coisas perante a opinião pública:
> o capitalismo exibe o nome artístico de *economia de mercado*;
> o imperialismo se chama *globalização*;
> as vítimas do imperialismo se chamam *países em desenvolvimento*;
> os pobres se chamam *carentes*;
> a expulsão dos meninos pobres do sistema educativo é conhecida pelo nome de *deserção escolar*.
>
> Eduardo Galeano

No Brasil, a década de 90 do século XX foi marcada pelo processo de internacionalização da economia, sob a alegação de que o ingresso no mundo globalizado traria ao país progresso e modernidade. Entretanto, o caráter dependente e subalterno da inserção do Brasil nesse processo resultou na perda da soberania nacional, no que diz respeito às decisões estratégicas em diferentes setores. Apesar do esforço publicitário de uma parcela significativa dos meios de comunicação em tentar convencer a população e em construir um consenso em torno do promissor, imprescindível e beneficente ajuste da economia ao modelo neoliberal, percebe-se que as consequências dessa ação foram a perda de grande parte do controle do setor estatal, maior concentração de riqueza e o quase total atrelamento da política nacional às determinações de instituições financeiras internacionais.

Segundo James Petras e Henry Veltmeyer (2001), nas gestões de José Sarney, Fernando Collor de Mello e Itamar Franco foram feitas tentativas, em parte bem-sucedidas, de liberalizar a economia. Porém, a partir de 1994, com Fernando Henrique Cardoso (FHC), o setor estatal foi desmontado e as empresas lucrativas foram vendidas a investidores privados estrangeiros e brasileiros. Essas medidas, de acordo com os autores mencionados, foram "empurradas" ao Congresso ou entraram em vigor por decreto presidencial. Apesar das críticas a esse processo, provenientes de diversos setores da sociedade, o cidadão brasileiro acompanhou tais decisões como espectador, sem maiores possibilidades de intervenção.

Ao longo dos mandatos de FHC, assistiu-se, de um lado, à edição de um grande número de medidas provisórias por um arbitrário Poder Executivo e, de outro, proveniente de um Poder Legislativo composto por uma maioria corrompida, à aprovação de projetos em troca de cargos, verbas e outros favores, resultando, assim, num Legislativo como extensão do Executivo.

De acordo com Maria Victoria Benevides (2002), no Brasil o Poder Legislativo — que numa democracia constitui o poder mais importante, porque em princípio deveria expressar a soberania popular tanto na sua variedade quanto no seu pluralismo — é usurpado pelo Executivo, que age da mesma forma com o Judiciário, cooptando e controlando suas ações. Segundo a autora, "o presidente[1] chega a ter 'advogados' que defendem seus interesses no Supremo Tribunal Federal [...]" (BENEVIDES, 2002, p. 73). Disso resulta o comprometimento do princípio da independência entre os poderes, embora este seja assegurado constitucionalmente. Esse tem sido um problema tradicional no Brasil. Apesar do empenho dos partidos de oposição em denunciar e combater tais fatos, os abusos e as irregularidades permaneceram ao longo da gestão FHC. Consequentemente, o exercício da cidadania nessas condições ficou prejudicado.

Em relação à área social, os dados da década de 1990 e dos primeiros anos do século XXI também são alarmantes: as políticas neoliberais, que potencializaram o mercado como mediador das relações sociais, produziram mais exclusão e acentuaram as desigualdades sociais, aumentando a concentração de renda e alargando os cinturões de miséria. Para Paulo Nogueira Batista Jr. (2001, p. 15), após um dos maiores programas de privatização do mundo, de diminuição do investimento público, da abertura do mercado

---

1. Benevides refere-se ao então presidente Fernando Henrique Cardoso.

interno às importações de bens e serviços, do acolhimento entusiástico dos investimentos estrangeiros e da liberalização do capital, chegamos "à proeza de registrar, nos anos [19]90, uma taxa média de crescimento econômico inferior a 2%, menor do que a registrada na famosa 'década perdida' dos anos [19]80". As taxas de desemprego alcançaram níveis recorde nos anos recentes, e mesmo grande parte daqueles "incluídos" no mercado formal de trabalho não conseguem garantir condições mínimas de sobrevivência para suas famílias.

Os necessários investimentos do Estado na área social não são compatíveis com a ordem capitalista internacional. Carecem de políticas que assegurem ao cidadão o acesso a serviços públicos essenciais e de qualidade. Para François Chesnais (1996), é uma nova configuração do capitalismo mundial e dos mecanismos que comandam seu desempenho e regulação, que modelam a vida não apenas no plano econômico, mas em todas as suas dimensões: política, cultural, social. Essa nova configuração, de acordo com o autor, não apaga a existência dos Estados nacionais, porém acirra a hierarquização entre os países, na qual alguns, como o Brasil, sofrem a dominação econômica e política das grandes economias mundiais.[2]

Mesmo com a vitória do representante de um partido de esquerda nas eleições presidenciais de 2002, deu-se continuidade aos ajustes neoliberais iniciados nas gestões anteriores. Assim, o governo atual dá curso à implantação de uma série de reformas e de confisco de direitos dos trabalhadores. Paradoxalmente, são os partidos que ora ocupam o governo federal que sempre afirmaram a relevância dos direitos sociais e lutaram pela sua ampliação em várias esferas. Os movimentos sociais que reivindicavam a esses partidos suas principais lutas perdem suas referências à medida que as lutas daqueles que estão no poder não respondem aos interesses dos trabalhadores, mas sim ao capital. Dessa forma, os partidos que tinham como uma de suas principais bandeiras a luta por uma sociedade mais justa, ao continuar e intensificar um determinado projeto, frustram expectativas.

---

2. No capítulo 1, na discussão sobre a reforma do Estado na década de 1990, essas questões serão analisadas, com o intuito de revelar sua influência na elaboração das políticas públicas.

Esse breve panorama político e econômico do Brasil na década de 1990 pode ser transposto para o estado do Rio Grande do Sul (RS), que, durante a gestão do governador Antonio Britto (1995-1998), seguiu a mesma orientação. Em nome da "governabilidade", promoveu uma ofensiva contra o patrimônio do Estado, numa clara adesão às políticas neoliberais. Foi um período marcado pela privatização de estatais: bancos, estradas, setor de energia e telefonia; pela intensa renúncia fiscal, em benefício do grande capital nacional e estrangeiro; por um contínuo programa de demissão voluntária e desqualificação do serviço público. Nesse cenário — permeado por pretensos argumentos de dinamização da economia —, inaceitável é o fato de os recursos oriundos daquelas privatizações (que, conforme o discurso oficial, serviriam para financiar projetos sociais e programas de infraestrutura) retornarem para o setor privado por meio de financiamentos e incentivos.

É importante destacar que o processo de desmonte dos serviços públicos, executado no Rio Grande do Sul ao longo dos quatro anos da gestão Britto, foi acompanhado de manifestações contrárias organizadas pelos sindicatos, partidos de oposição, trabalhadores do Estado e outros setores da sociedade, mas elas não foram suficientes para interromper esse processo. Também é relevante mencionar a parcialidade de determinados setores da grande imprensa[3] durante a administração Britto, os quais veiculavam notícias denotando claro apoio a esse projeto político.

Nesse contexto, no ano de 1998 ocorre a campanha eleitoral para o governo estadual, polarizada entre dois projetos distintos para o Rio Grande do Sul, embasados em duas concepções diferenciadas sobre o papel e as funções do Estado. O primeiro, liderado por Antônio Britto (Coligação Rio Grande Vencedor: PMDB, PSDB e PFL), pretendia permanecer no poder para dar prosseguimento ao projeto neoliberal, seguindo as orientações de organismos internacionais, como já acontecia em âmbito nacional e estadual. O segundo, conduzido por Olívio Dutra (Frente Popular: PT, PCB,

---

3. De acordo com Pedrinho Guareschi (2001), na sociedade capitalista os meios de comunicação convertem-se em mecanismos de legitimação da dominação.

PSB e PC do B), propunha a interrupção do projeto instalado no estado e sua substituição por outro que garantisse o efetivo exercício da democracia por meio do controle público sobre as ações do governo, permitindo ao cidadão ser sujeito das decisões políticas. O segundo projeto foi vencedor nessa eleição.

Assim, em janeiro de 1999 no estado do Rio Grande do Sul, teve início a gestão do governador Olívio Dutra, em cuja plataforma constava o compromisso com um projeto democrático de controle público sobre as ações do governo:

> Assumimos o desafio de transformar um Estado em adiantado processo de privatização num Estado participativo, por meio de mecanismos democráticos de controle público sobre as ações do governo. [...] Um Estado que socialize o poder, que seja transparente e controlado pela sociedade civil, que caminhe em sentido oposto ao do neoliberalismo e promova a mais ampla inclusão social. (DUTRA, 2001, p. 15-16)

Ao longo dos quatro anos da gestão Olívio Dutra, várias ações foram implementadas com o intuito de reverter os impactos das políticas neoliberais[4] executadas na gestão anterior. Entre essas, podem ser destacadas a interrupção do polêmico processo de privatização do Estado, de demissões voluntárias, de renúncia fiscal a grandes conglomerados internacionais em troca de instalação de indústrias no Rio Grande do Sul. Entretanto, a oposição, que tinha maioria na Assembleia Legislativa do Estado, impedia ou dificultava permanentemente a aprovação de projetos importantes dentro do que fora definido como prioridade na administração Olívio Dutra. Isso pôde ser comprovado em importantes votações, como na da redução da

---

4. Greg Palast (2004a) mostra como em janeiro de 1999 os olhares do Fundo Monetário Internacional (FMI) estavam voltados para o RS. Pela sua origem, por ser um forte representante do Partido dos Trabalhadores (PT) e por ter transformado a capital do estado em vitrine de desenvolvimento para o Brasil, Olívio Dutra representava uma ameaça aos planos do Fundo no país e à própria gestão de FHC. De acordo com o autor, enquanto a mídia dava ampla cobertura e destaque às declarações de Itamar Franco (então governador de Minas Gerais, 1999-2002) contra FHC, a grande preocupação do FMI estava no RS. Nesse período, o estado deixou de receber financiamentos daquela instituição e teve seu repasse de recursos retido pelo governo federal.

alíquota do Imposto sobre a Circulação de Mercadorias e Serviços (ICMS) sobre determinados produtos e do aumento da alíquota sobre outros (somente a redução foi aprovada); e também na votação do plano de carreira dos funcionários de escola, antiga reivindicação do sindicato (foi várias vezes à votação). Na criação da Universidade Estadual do Rio Grande do Sul (Uergs) também houve impasse entre Executivo e Legislativo, muito embora haja controvérsias sobre essa questão, já que o projeto de criação da Uergs não atendia às reivindicações dos fóruns[5] que defendem a educação pública no país.

Na área econômica, setor básico de execução da política mais ampla do governo, houve forte incentivo à criação de cooperativas de trabalhadores,[6] tanto no campo como na cidade. A economia solidária, que tem constituído alternativa de trabalho e renda a milhares de cidadãos excluídos do mercado de trabalho capitalista, recebeu fortes incentivos nessa administração. Mais do que uma alternativa de trabalho e renda, trata-se de um processo de luta pela reinserção do homem como cidadão na sociedade. Nessa forma de economia solidária, o trabalhador não produz em troca de um salário, deixando o excedente para o capitalista que o contrata e explora. Ele aplica, segundo Karl Marx (1991, p. 509), "os meios de produção para explorar o próprio trabalho", diferentemente do que ocorre na economia capitalista, na qual o trabalhador produz mercadorias ou serviços que lhe garantem a sobrevivência por meio de um salário e gera riquezas que são apropriadas pelos capitalistas (FALEIROS, 1991).

Para Marx (1991), as organizações cooperativas conduziriam a outro tipo de organização econômica. Se realmente isso acontecerá, não sabemos.

---

5. A referência se aplica às organizações que têm tido uma trajetória histórica de luta em defesa de uma escola pública que atenda às necessidades e aos anseios dos trabalhadores no Brasil. Fazem parte dessas organizações: Sindicato Nacional dos Docentes das Instituições de Ensino Superior (Andes-SN), Confederação Nacional dos Trabalhadores em Educação (CNTE), Federação de Sindicatos de Trabalhadores em Universidades Brasileiras (Fasubra), entre outras.

6. Este é apenas um dos projetos executados pelo governo que possibilitou a reinserção do homem na sociedade. Durante a gestão Olívio Dutra, outras ações foram encaminhadas com o mesmo propósito, como o incentivo à agricultura familiar e a recuperação de pequenas e médias empresas, por exemplo.

Porém, é possível afirmar que esses "implantes socialistas"[7], que vemos hoje se multiplicarem na sociedade, especialmente no estado do Rio Grande do Sul, têm resultado em outro tipo de relação das pessoas com o mundo capitalista. Embora inseridos nesse modo de produção e adequando-se a tal, as experiências de economia solidária são capazes de produzir uma formação mais democrática entre os cidadãos, proporcionando ao homem, mesmo que parcialmente, a oportunidade de superar, na esfera do trabalho, a condição de dominação capitalista.

Segundo Vitor Henrique Paro (2002a), numa sociedade em que a propriedade dos meios de produção pertence a uma classe, não existe a possibilidade de realização e desenvolvimento do homem, pois os interesses da classe dominante são antagônicos aos da imensa maioria da população. De acordo com o autor,

> uma sociedade onde vigore não a força e o poder de uns sobre os outros, mas a colaboração recíproca entre seus membros, deve fundar-se não no antagonismo de interesses, mas na existência de interesses fundamentais comuns aos diversos grupos e pessoas que a compõem. (PARO, 2002a, p. 94)

No campo educacional, é possível que as experiências solidárias[8] no campo econômico exijam a implementação de políticas públicas de educação comprometidas com a formação de um cidadão mais participativo e menos conformado, a fim de que a instituição escola possa contribuir

---

7. Alguns autores, como Paul Singer e João Machado, utilizam a expressão "implantes socialistas" para definir as experiências da economia solidária e da vida cotidiana que buscam superar o modo de produção capitalista.

8. Para ilustrar, é possível mencionar algumas experiências de organização coletiva desenvolvidas em assentamentos do Movimento dos Trabalhadores Rurais Sem-Terra (MST) que desafiam a estrutura e a organização tradicional das escolas situadas nessas localidades. Na realidade, a pressão exercida pelo movimento sobre os governantes e sobre as instituições está alicerçada nos princípios da solidariedade, da justiça e da cooperação, ou seja, vai muito além da luta pela terra. Assim, a luta por uma escola de qualidade para o conjunto da sociedade brasileira tem como pressuposto uma ação educativa não-orientada pela lógica dominante. A pesquisa intitulada *Experiências cooperativas no campo e na cidade: subsidiando políticas sociais alternativas em trabalho, educação e lazer* (FERRARI et al., 2001), desenvolvida no estado do Rio Grande do Sul, mostrou como as ações desses movimentos sociais provocam reações e exigem das escolas a elaboração de novas estratégias de ação diante das demandas desses sujeitos.

para a transformação social e para a superação dessa sociedade desigual que se tem hoje, na qual uma maioria vive para atender aos interesses de uma minoria, ou melhor, para produzir riquezas que são acumuladas por essa minoria.

De acordo com Paro (2002a, p. 103), a educação pode contribuir para essa transformação "na medida em que for capaz de servir de instrumento em poder dos grupos sociais dominados em seu esforço de superação da atual sociedade de classes". Mesmo a escola, que tradicionalmente tem servido para atender aos interesses da sociedade capitalista através da disseminação do saber e da informação, acaba por "possibilitar às pessoas das classes subalternas captarem de maneira objetiva a própria realidade social contraditória da qual fazem parte" (Paro, 2002a, p. 108). A partir da percepção crítica da situação injusta que condiciona sua existência, o cidadão passa a ter subsídios para reivindicar condições de vida mais justas e igualitárias.

O interesse em realizar esta pesquisa prende-se justamente a essa possibilidade. A partir do momento em que são criadas as condições de participação do cidadão na esfera política — condições essas que extrapolem o ato de votar em dia de eleição —, pressupõe-se uma maior compreensão da situação econômica e social a que se está submetido. Tal entendimento pressupõe também uma ação diferenciada diante de sua realidade social, mais crítica e menos submissa.

Muitos dos estudos disponíveis na literatura partem de uma premissa crítica negativa em relação às políticas educacionais. Isso porque tais políticas geralmente são provenientes de gestões que não consideram relevante a participação da sociedade nas decisões de um governo e cuja prática tem um caráter conservador, autoritário e centralizador. Ao se propor a examinar uma experiência que se contrapõe às formas políticas predominantes na sociedade, este trabalho de certa forma diferencia-se nesse ponto de partida de análise.

A *Constituinte Escolar — escola democrática e popular no Rio Grande do Sul*, objeto desta investigação, foi uma política pública cuja finalidade era a definição de princípios e diretrizes da educação para a rede pública de ensino do estado do Rio Grande do Sul, simultaneamente a sua implementação.

Inscrevia-se num projeto político mais amplo, que visava pôr em prática uma nova forma de conceber as relações entre o Estado e a sociedade civil na gestão pública e pretendia ter na "democracia participativa" o elemento definidor da formulação e implantação de políticas públicas.

Por meio de plenárias, seminários, painéis, encontros e conferências, essa política pública objetivou assegurar diversificados fóruns e espaços de debate e reflexão que conduzissem à formulação de propostas educacionais pela comunidade escolar. Esse processo, desenvolvido nas unidades de ensino, buscou possíveis consensos que levassem ao estabelecimento de princípios e diretrizes da educação de crianças, adolescentes e adultos da rede estadual de ensino do Rio Grande do Sul.

Além dos professores, dos pais e familiares, dos alunos e dos funcionários, foram convidados a participar dos momentos da Constituinte Escolar (CE)[9] as organizações da sociedade civil e as instituições do poder público. Quanto aos funcionários e professores, é importante destacar que todos os chamamentos foram realizados através de convite e não de convocação, sendo opcional a cada um comparecer às atividades organizadas. Para que os alunos integrassem esse processo, podiam ser criadas atividades, como reuniões e seminários, que poderiam ser contadas como dias letivos, desde que, além dos alunos, professores e funcionários estivessem envolvidos.

A reflexão sobre a prática, o conhecimento da realidade em que esses indivíduos estão inseridos e a participação das comunidades que circundam as inúmeras escolas da rede deveriam constituir o ponto de partida da CE. Era um processo que deveria partir "das práticas pedagógicas concretas, tanto de educadores, quanto de pais, funcionários e estudantes, analisando o contexto — tanto local, quanto regional, estadual e nacional — em que as práticas acontecem e onde as escolas estão inseridas" (RIO GRANDE DO SUL, 1999a, p. 3).

A análise da CE é relevante e justifica-se justamente por se tratar de um projeto educacional que busca romper com um modelo de política pública

---

9. Ao longo do texto será designada pelas iniciais CE.

para a educação pautado na unilateralidade das decisões e que propõe um controle público sobre as ações do governo. Ou seja, um processo que valoriza os princípios da participação democrática. Experiências dessa natureza podem servir de referência para a implementação de novas políticas educacionais no Brasil. É o que se pretende, em última instância, com este estudo: levantar informações que contribuam para a reflexão, para o debate e para a elaboração de outras propostas educacionais de cunho democrático.

Um questionamento presente ao longo de toda a investigação foi: até que ponto uma experiência como a da CE representa efetivamente um aprofundamento da democracia? Este estudo parte do pressuposto de que, a partir do momento em que um governo opta por instalar um processo de participação aberto a toda a comunidade, e que cria condições para que ocorra esse envolvimento popular na elaboração de uma política, há, inegavelmente, uma intensificação do exercício democrático.

O breve panorama da década de 1990, anteriormente apresentado, serve para contextualizar a política pública setorial aqui analisada. É imprescindível situar a política aqui estudada, pois os princípios gerais que norteiam a ação governamental são determinantes no planejamento de ações governamentais específicas.

De acordo com Isaura Belloni, Heitor Magalhães e Luzia C. de Sousa (2000, p. 34), "os objetivos maiores da política pública básica ou global definem o papel das políticas setoriais". Os autores justificam tal argumentação analisando uma política de educação profissional — cuja meta é a (re)inclusão de desempregados — em um contexto no qual a política econômica é excludente. Nesse caso, a política educacional tem um caráter eminentemente reparador ou compensatório. Por outro lado, os autores revelam que uma política pública desempenha papéis sempre mais amplos que aqueles definidos em seus objetivos explícitos, justamente pela sua inter-relação com outras políticas.

Sobre a necessária articulação entre as políticas implementadas por uma administração, César Augusto Minto (1996) argumenta que o Estado deve assegurar à sociedade uma educação de qualidade e "este intento não poderá ser garantido se não houver um compasso entre as políticas mais amplas e as educacionais, uma legislação educacional adequada e um planejamento da educação coerente com as duas condições anteriores" (Minto, 1996, p. 3). O autor salienta que um projeto ou proposta só dará um salto de qualidade, para além da mera declaração de intenções, se contar com essas três condições essenciais e, obviamente, com uma dotação orçamentária correspondente a elas.

Assim, embora este estudo pretenda investigar uma política setorial específica, recorrer-se-á necessariamente aos eixos mais amplos da política geral do governo, para apreender sua compatibilidade.

A participação social na elaboração e implementação de políticas públicas tem sido amplamente defendida por diferentes setores da sociedade, e é essa oportunidade que vai fazer o cidadão tornar-se sujeito das decisões políticas. Por outro lado, coloca-se a possibilidade de haver o controle público sobre as ações do governo. De acordo com o discurso oficial, o êxito da política pública aqui estudada dependia justamente da participação da sociedade.

Segundo Carlos Roberto Jamil Cury (2002), a realidade social tem revelado que em algumas políticas de educação há o ímpeto não somente de um Estado ético e transparente, mas de uma efetiva participação da sociedade nos mecanismos de gestão das políticas sociais e nas suas propostas pedagógicas. Entretanto, concorda-se com o autor quando este argumenta que o sucesso dessas iniciativas corresponde diretamente à possibilidade de condições sociais mais igualitárias para a população.

Dessa forma, apresenta-se a questão norteadora deste estudo: em que medida os determinantes sociais e econômicos do modo de produção vigente em nossa sociedade condicionam a participação do cidadão na elaboração e implementação de uma política pública que se contrapõe a esse modelo de sociedade?

A ausência de participação e a centralização das decisões à revelia dos interesses dos cidadãos caracterizaram as políticas públicas implantadas pelos diferentes governos do estado do Rio Grande do Sul até 1998. Pressupõe-se, nesse sentido, que a cultura da não-participação na decisão política não seria alterada imediatamente, com a simples mudança de governo.

Parece não bastar que uma administração apresente um projeto de ruptura com um modelo em vigência; seria necessário criar condições efetivas que conduzissem à ruptura com esse modelo. Assim, como desdobramento da questão central deste estudo, questiona-se:

- Que condições foram criadas para permitir o efetivo controle público sobre as ações do governo na esfera educacional durante a elaboração, implementação, controle e avaliação da CE na gestão de Olívio Dutra no Rio Grande do Sul, de 1999 a 2002?
- Em que medida houve progresso significativo no que tange à participação da sociedade na esfera das decisões políticas na área educacional?
- Quais foram os desdobramentos e os resultados dessas ações sob o ponto de vista do próprio governo e dos participantes do processo?

Uma condição essencial para que o cidadão possa opinar e influir nas decisões políticas é permitir-lhe o acesso a dados e informações sobre a instituição pública. Pressupõe-se, dessa forma, que a organização das escolas tenha sido desestruturada com a CE, já que era necessário "abrir" os arquivos e revelar as informações aos sujeitos participantes do processo, para que pudessem avaliar e propor novos caminhos para a educação no Rio Grande do Sul. Assim, outra indagação é aqui levantada:

- Quais foram os obstáculos criados pelas escolas no fornecimento de dados e informações aos participantes da CE? Por que tais obstáculos foram criados?

Esta investigação debruça-se sobre dois focos: o primeiro deles, sobre quem participou da esfera de governo e o segundo, sobre os sujeitos das unidades escolares da rede pública estadual de ensino do Rio Grande do Sul. Em princípio, de acordo com a proposta apresentada pelo governo do Estado, esses dois atores eram responsáveis pela elaboração, implementação, controle e avaliação da política em pauta. Dessa forma, o estudo propõe-se a analisar as relações estabelecidas entre governo e sociedade civil na elaboração e implementação da política pública CE, e ainda a examinar como esses dois pólos percebem tais relações e como se percebem no processo. Para apreender tal processo, faz-se necessário dialogar com esses diferentes atores. Posteriormente, será detalhado como foi conduzido esse diálogo.

Os objetivos que se pretenderam alcançar com esta investigação foram:

— identificar os mecanismos criados pelos governantes para propiciar a participação das escolas na CE;

— identificar os aspectos que facilitaram a participação da comunidade na CE, bem como aqueles que limitaram ou dificultaram essa participação;

— analisar o impacto da proposta de participação na CE na comunidade escolar;

— distinguir na comunidade os meios criados para participar do processo;

— analisar os efeitos da participação no processo do ponto de vista da escola e dos governantes.

Muito embora o tema da participação já se tenha constituído em foco de diversas reflexões e investigações na área educacional, ele é aqui explorado tendo como ponto de partida uma experiência concreta que buscou contar com o envolvimento direto dos cidadãos na sua definição e implementação.

Explicitado o objeto a ser investigado, coloca-se o pesquisador a trilhar o caminho para alcançar seus objetivos: a definição do método. Faz-se necessário definir as regras que permitirão o conhecimento e a interpretação dos fenômenos que serão estudados.

Paulo de Salles Oliveira (2001), em discussão sobre o método[10] de investigação, destaca a relevância da relação entre o tema eleito e a vida do pesquisador. Tal relação confere "vida" ao estudo, retirando da produção

---

10. Na publicação aqui consultada, Paulo de Salles Oliveira (2001) baseia suas análises na obra *A imaginação sociológica*, de C. Wright Mills.

intelectual certo artificialismo. Sob esse aspecto, far-se-á um rápido relato sobre a origem deste estudo.

A posse do governador Olívio Dutra, em 1999, foi marcada por grande expectativa de parcela significativa da população sobre os rumos de uma política que anunciava uma ruptura com um modelo de gestão até então presente no Rio Grande do Sul. A expectativa dos profissionais em educação era grande, justamente pelo fato de os partidos que sempre estiveram ao lado dos movimentos sindicais na luta em defesa da escola pública e da consequente valorização do magistério terem assumido o governo naquele momento. E aí pareciam vislumbrar as possibilidades de transformação. Foi possível acompanhar esse processo em algumas escolas na cidade de Pelotas, onde em 1999 desenvolviam-se projetos de extensão com os alunos da Universidade Federal de Pelotas. Diante da possibilidade concreta de mudanças no interior da escola, observavam-se as reações (positivas e negativas), a disposição e a expectativa da comunidade escolar para participar do processo. Foi desse acompanhamento que surgiu o interesse em realizar este estudo, em analisar um processo que, como proposta, ia ao encontro daquilo que se acreditava ser um caminho possível para o exercício democrático no interior da escola pública.

Voltando ao "método", Oliveira (2001) chama a atenção para o caráter técnico do pesquisador. Para o autor, bons pesquisadores não se restringem a absorver técnicas e pô-las em prática, mas vão além: aprimoram a percepção, refinam a sensibilidade, ampliam horizontes de compreensão, comovem-se diante de práticas.

De certa forma, a escolha dos ambientes a serem pesquisados obedeceu a essa orientação. Além do aspecto técnico (tamanho e localização da escola; níveis de ensino atendidos; número de funcionários, professores e alunos; funções desempenhadas em cada setor…), os níveis diferenciados de participação, detectados nas visitas às escolas, foram considerados na escolha dos locais a serem investigados.

O estudo foi desenvolvido junto à Secretaria de Estado da Educação (SE), sediada na cidade de Porto Alegre (RS); à 5ª Coordenadoria Regional de Educação (CRE) da Secretaria de Estado da Educação, que tem como sede a cidade de Pelotas; às escolas da rede pública de ensino abrangidas pela referida coordenadoria; e ao Centro dos Professores do Estado do Rio Grande do Sul (Cpers) — Sindicato dos Trabalhadores em Educação.

A metodologia adotada está fundamentada na abordagem qualitativa, por meio da qual os passos do trabalho foram sendo construídos junto aos sujeitos participantes do estudo à medida que os dados eram levantados e novas questões e indagações iam surgindo. Isso pode ser evidenciado, por exemplo, com a inclusão do sindicato no estudo. Logo no início da investigação percebeu-se que o Cpers teve um papel relevante no processo de implementação da CE, não sendo possível desconsiderá-lo do processo investigatório.

A escolha da abordagem qualitativa justifica-se pelo interesse em extrair dados que proporcionem uma visão contextualizada da realidade, na qual são consideradas as contradições, relações e dimensões do fenômeno estudado (TRIVIÑOS, 1992).

Para Robert Stake (1983a), seguindo semelhante orientação o pesquisador qualitativo observa como os eventos são determinados no contexto em que ocorrem. Dessa forma, o sentido histórico e cultural sobressai, com todos os seus aspectos positivos e negativos.

Na pesquisa qualitativa, os dados são obtidos a partir de um pequeno número de casos sobre um grande número de variáveis. Nos estudos quantitativos, a peculiaridade individual é tratada como variância do erro (STAKE, 1983a); ao contrário, na pesquisa qualitativa o problema é investigado mais cuidadosamente. As particularidades do fenômeno estudado podem fornecer informações importantes ao pesquisador, diferentemente do que ocorre nos estudos quantitativos, em que determinados dados perdem-se nas amostras e nas análises estatísticas.

Stake dispensa especial atenção à natureza da generalização na pesquisa qualitativa. A partir da apresentação dos dados qualitativos,

> o leitor achar-se-á em condições de aceitar ou rejeitar as conclusões dos pesquisadores, em posição de modificar ou aprimorar suas próprias generalizações. [...] A pesquisa qualitativa [...] propicia ao leitor ou ao usuário chegar às suas próprias generalizações. (STAKE, 1983a, p. 23)

As generalizações nesse tipo de pesquisa, segundo o autor, fornecem informações que poderão contribuir diretamente na solução de problemas. Entretanto, faz-se necessário avaliar e interpretar tais generalizações para que possam servir aos usuários da investigação.

Uma dificuldade encontrada no presente trabalho foi definir o tipo de pesquisa qualitativa que se intentava realizar, já que não se tratava de um estudo de caso, de um estudo etnográfico nem de um estudo exploratório. No início do estudo pretendia-se realizar um estudo de caso; entretanto, logo se percebeu que a análise de um ambiente não propiciaria a dimensão do fenômeno estudado. Encontrou-se em Stake (1983b) uma classificação de pesquisa qualitativa que atendia ao objetivo do estudo que se iniciava: um estudo de múltiplos casos. Esta caracterização é adequada a projetos desenvolvidos em vários locais, que não necessariamente terão procedimentos investigatórios idênticos.

As orientações da pesquisa qualitativa, com foco nos estudos de múltiplos casos, serviram de referência para os primeiros passos de desenvolvimento do estudo. Porém, a quantidade de locais visitados, o tempo disponível para realizar o estudo e a limitação de haver apenas uma pesquisadora logo evidenciaram a impossibilidade de se realizar um estudo de múltiplos casos.

Por outro lado, as primeiras etapas da coleta de dados já revelaram que, para os propósitos desta investigação, não haveria a necessidade de realizar um estudo de caso em cada escola investigada. Assim, deu-se prosseguimento ao trabalho, seguindo as orientações de uma investigação qualitativa sem a preocupação de enquadrá-la em um tipo específico de estudo.

Foram adotadas como técnicas de pesquisa a entrevista individual e em grupo, apoiadas pelo diário de campo e pela análise documental. A solicitação de dados à SE, via Internet, constituiu procedimento de pesquisa. Optou-se pelo tipo de entrevista semi-estruturada por garantir ao pesquisador um roteiro de questões previamente elaboradas e permitir o acréscimo ou a retirada de questões durante a aplicação do instrumento, de acordo com as demandas identificadas no estudo. De acordo com Triviños (1992, p. 146), dessa forma "o informante, seguindo espontaneamente a linha de seu pensamento e de suas experiências dentro do foco principal colocado pelo investigador, começa a participar na elaboração do conteúdo da pesquisa".

Quanto à escolha dos entrevistados, selecionaram-se os indivíduos que, nas visitas aos locais pesquisados, pareciam possuir posições diferenciadas sobre a CE e ter diferentes tipos de participação no processo. Segundo Guy Michelat (1985), na pesquisa qualitativa a escolha dos indivíduos não ocorre ao acaso, formando uma amostra representativa, como acontece na pesquisa quantitativa. Na pesquisa qualitativa, é "o indivíduo que é considerado como representativo pelo fato de ser ele quem detém uma imagem, particular é verdade, da cultura (ou das culturas) à qual pertence" (MICHELAT, 1985, p. 199).

A pesquisa foi desenvolvida em nove escolas da cidade de Pelotas, tanto na zona urbana quanto na rural, e em uma escola da cidade de Pedro Osório, situada a 55 quilômetros de Pelotas. A inclusão desta última escola no estudo deve-se ao fato de ter sido a única, em um universo de 145 escolas, a optar pelos ciclos de ensino na região abrangida pela 5ª CRE durante o processo da CE. Os ciclos representam uma ruptura com uma estrutura curricular pautada na reprovação como mecanismo de controle. Exige uma outra organização da escola no trato com o conhecimento, no qual o saber precisa ser valorizado em detrimento das notas. Pela profunda modificação que essa opção pode provocar no meio escolar, justifica-se o interesse em estudar uma escola que optou pelos ciclos.

Os critérios para escolha das escolas foram a localização em diferentes regiões da cidade, os níveis de ensino atendidos e o tipo de participação na política pública estudada. A localização, por garantir a apreensão do processo aqui analisado em diferentes realidades; os níveis de ensino, por revelarem o tipo de inserção da comunidade na escola (o estudo mostrou que os pais dos alunos que frequentam as séries iniciais do ensino fundamental foram mais atuantes na escola); o tipo de participação, porque logo no início do trabalho foram percebidos diferentes níveis de envolvimento da comunidade no processo.

Dessa forma, na escolha das escolas, procurou-se assegurar que a investigação contemplasse uma diversidade de realidades que, mesmo compartilhando características comuns, estivessem inseridas em contextos sociais e econômicos com determinadas especificidades.

Nas escolas, o procedimento adotado para a coleta de dados contou, inicialmente, com a apresentação do projeto e da pesquisadora à direção e à supervisão escolar. Nesse momento, era realizado um breve diagnóstico da participação da escola na CE, imprescindível para definir a estratégia de levantamento de dados. Posteriormente, eram agendadas as visitas para a coleta e leitura de documentos e as entrevistas, que foram realizadas com alunos, pais e familiares, funcionários e professores.

Quanto ao Poder Público, foi feita a apresentação do projeto e da pesquisadora à Secretaria de Estado da Educação, situada na cidade de Porto Alegre, e à 5ª Coordenadoria Regional de Educação, sediada na cidade de Pelotas. Da mesma forma que nas escolas, nesses locais foram realizadas entrevistas e visitas para a coleta de dados. As entrevistas foram realizadas com os gestores que foram os responsáveis diretos pela implementação da política aqui estudada (evidentemente com os que aceitaram conceder tais informações). Tais entrevistas foram realizadas com integrantes de diferentes escalões do governo.

Foram desenvolvidas entrevistas e coleta de material junto ao Cpers, já que se percebeu, logo no início da coleta de dados, que esse sindicato teve uma influência substancial na participação dos usuários da escola na CE.

Além das entrevistas, foram realizadas visitas aos locais pesquisados para coleta de documentos e informações. Seguindo as orientações da literatura para os estudos qualitativos, coletaram-se dados até que houvesse um esgotamento das informações. Assim, quando se percebeu que o levantamento já não fornecia mais informações novas ao estudo, tratou-se de interrompê-lo. Entretanto, não se descartou a possibilidade de retorno aos locais pesquisados para levantar ou confrontar o conjunto de dados e opiniões disponíveis.

Dada a amplitude da política aqui analisada e dos elementos que a integram, logo surgiram questionamentos sobre os caminhos a serem trilhados no processo de análise das informações, tais como: que aspectos devem ser considerados ao se realizar a análise de uma política pública?

O que levar em conta na delimitação da análise? Que ações podem ser consideradas?

Assim, buscaram-se nas bases teóricas argumentos para essas questões. A primeira dificuldade encontrada refere-se à restrita quantidade de estudos voltados para discussão sobre os aspectos metodológicos de avaliação de uma política pública. Encontraram-se em duas obras subsídios para a análise de uma política pública: *Metodologia da avaliação de políticas públicas* (BELLONI; MAGALHÃES; SOUSA, 2000) e *A análise das políticas públicas* (MULLER; SUREL, 2002). Porém, tais obras parecem ter como referência políticas públicas construídas de forma não-participativa, ou seja, elaboradas, definidas e executadas pelo governo. Assim, embora tenham constituído fontes importantes de interpretação dos dados deste estudo, apresentaram esse limitador.

De acordo com Belloni, Magalhães e Sousa (2000, p. 9), geralmente as metodologias adotadas na avaliação de uma política pública têm-se concentrado na aferição de aspectos quantitativos, que são relevantes para "conhecer os resultados ou consequências de ações cujos objetivos são imediatos, claramente identificáveis e quantificáveis"; mas em algumas políticas, como é o caso das educacionais, os dados quantitativos oferecem poucos subsídios para a apreciação de seus efeitos, especialmente quando as atividades avaliadas têm resultados ou consequências difusos, porque, em grande parte, somente poderão ser percebidos a curto, médio ou longo prazo. Segundo Paro (2001a), alguns resultados só serão percebidos ao longo da vida do indivíduo:

> Diferentemente de outros bens e serviços cujo consumo se dá de forma mais ou menos definida no tempo e no espaço, podendo-se aferir imediatamente sua qualidade, os efeitos da educação sobre o indivíduo se estendem, às vezes, por toda sua vida, acarretando a extensão de sua avaliação por todo esse período. É por isso que, na escola, a garantia de um bom produto só se pode dar garantindo-se o bom processo. (PARO, 2001a, p. 93)

No caso da CE, trata-se de uma política pública recente, da qual alguns resultados só serão percebidos e passíveis de avaliação a médio e longo prazo. Por isso, deixou-se de lado a análise sobre os impactos da política e optou-se por realizar a análise de como os participantes percebem e se percebem no processo como sujeitos e como cidadãos no controle público sobre as ações do governo.

Debruçar-se sobre a análise de uma política pública exige considerar os diferentes elementos que a integram, bem como as relações de poder que se estabelecem entre os diferentes atores participantes do processo. A esse respeito, Pierre Muller e Yves Surel (2002, p. 15) afirmam que, numa política pública, as decisões e ações "constituem um conjunto extremamente heteróclito que põe em jogo numerosos atores pertencentes a múltiplas organizações", que, por sua vez, intervêm em diversos níveis. A questão que os autores apresentam, então, é a da *coerência* desses diferentes elementos, pois, se "é quase certo que uma medida isolada não constitui uma política pública, o que acontece quando se está diante de um conjunto de medidas sem ligação aparente entre elas?" (MULLER; SUREL, 2002, p. 15).

Por outro lado, na análise de uma política pública é imprescindível ter clareza sobre o caráter intrinsecamente contraditório de uma política. Muller e Surel (2002, p. 17) ilustram tal situação afirmando que, "nas políticas de saúde, por vezes se encontram, por exemplo, ações que encorajam o acompanhamento médico de mulheres grávidas e, de forma paralela, medidas destinadas a limitar as despesas médicas".

Além do caráter contraditório, é preciso identificar e analisar os aspectos invisíveis da política, que se desvelam pouco a pouco na esfera das relações de poder e das disputas internas e externas. Para Muller e Surel (2002, p. 14), "uma política pública é formada, inicialmente, por um conjunto de medidas concretas que constituem a substância 'visível' da política".

Outro aspecto que necessariamente precisa ser considerado é a mutação que sofre a política pública desde sua declaração de intenções até sua ação. Esse fato é justificado por Belloni, Magalhães e Sousa (2000) sob duas alegações: primeiro, pela relação que uma política pública estabelece com outras políticas, e segundo, pelo caráter processual de uma política no seu contexto histórico, social, político e econômico.

De acordo com Muller e Surel (2002, p. 16),

> se é evidente que uma política é mais do que uma coleção de decisões e de ações, é fácil constatar-se que as inumeráveis declarações governamentais sobre a necessidade de reduzir o desemprego, por exemplo, da mesma forma que as decisões que as acompanham, não resultam necessariamente na implantação de políticas de emprego.

Por isso, ainda segundo os autores, na análise de uma política pública é preciso reunir as diferentes declarações em um quadro geral que funcione como uma *estrutura de sentido*, mobilizando elementos de valor e conhecimento construídos pelas trocas entre os diferentes atores em cena.

Ao tentarem traçar um quadro de análise de uma política pública, Muller e Surel (2002) afirmam que primeiramente é preciso tomar consciência do caráter normativo da política, ou seja, identificar o conjunto de fins que ela se propõe atingir. Porém, isso não significa que todos os objetivos da ação pública estejam explícitos nos textos e decisões do governo. O segundo aspecto a ser considerado é saber *quem* define as normas da ação pública, isto é, se são os partidos, os eleitores, os sindicatos... Por fim, chegar-se-á a um quadro normativo que permitirá uma análise geral e contextualizada da política estudada.

Na presente investigação, após a coleta de dados, reuniu-se todo o material levantado. Assim, tendo como ponto de partida as questões e objetivos definidos neste estudo, partiu-se para a análise das informações reunidas. Seguindo as orientações dos autores citados, optou-se por realizar uma análise temática dos dados. Como orientam Muller e Surel (2002), a posterior reunião desse conjunto de temáticas elaboradas propiciará uma visão contextualizada do todo.

Os diferentes aspectos levantados nesta introdução serão aprofundados e desenvolvidos nas duas partes em que está dividido este livro. Com o intuito de subsidiar as análises sobre os dados levantados na pesquisa de campo, organizou-se a primeira parte da investigação, composta de dois primeiros capítulos, nos quais são travadas discussões que permeiam o debate sobre a participação na decisão política.

O capítulo 1 é dedicado a uma análise dos conceitos de homem, de liberdade (liberdade como condição necessária para o bem comum) e de Estado na sociedade capitalista. Esse capítulo também contempla uma análise do conceito de democracia tendo como pano de fundo a democracia participativa, tão amplamente defendida no programa geral da administração em análise neste estudo. Sob a ótica da questão da participação na decisão política, nesse capítulo também se realiza uma análise da formação sociopolítica do brasileiro, e mais especificamente do gaúcho. Para tanto, recorreu-se a alguns clássicos da política e a autores contemporâneos.

O capítulo 2 está voltado à reflexão sobre o sujeito e a escola e sobre a relação entre educação e participação. Em um primeiro momento, faz-se uma reflexão sobre o caráter público da escola; logo, passa-se a uma discussão sobre a escola e a formação de um sujeito consciente e independente. Posteriormente, examinam-se as políticas educacionais e seu papel na manutenção ou superação de um determinado modelo de sociedade e de escola. Pretendeu-se, ainda, nesse capítulo, realizar uma discussão sobre as políticas públicas pautadas num discurso que se contrapõe à lógica da concentração de riqueza e da exploração que está inserida no modo de produção dominante.

A segunda parte do trabalho é dedicada à apresentação e interpretação dos dados coletados na investigação e está dividida em três capítulos.

O capítulo 3 traz uma apresentação detalhada de todo o processo da Constituinte Escolar. Também consta desse capítulo uma descrição dos locais e dos sujeitos investigados, bem como detalhes do desenvolvimento da pesquisa.

Nos capítulos 4 e 5 apresentam-se e interpretam-se os dados coletados na pesquisa de campo. Optou-se por organizar tais discussões em dois capítulos para facilitar a compreensão das temáticas originadas da análise dos dados. Dessa forma, o capítulo 4 concentra interpretações sobre os aspectos sociais e culturais da participação do cidadão na elaboração e implementação da política pública aqui investigada. Já no capítulo 5, concentraram-se esforços na análise dos aspectos internos da própria escola que interferiram na participação. Evidentemente, a opção por organizar a interpretação dos dados em dois capítulos não elimina a íntima relação entre tais informações.

Na fase final está uma (re)visão conclusiva do estudo. Nesse momento pretendeu-se fazer uma síntese conclusiva dos dados apresentados na investigação, tendo como referência o seguinte questionamento: do ponto de vista da participação da sociedade na definição de uma política educacional, qual(is) foi(ram) a(s) grande(s) lição(ões) que essa experiência trouxe para a educação no estado do Rio Grande do Sul?

Capítulo 1
O homem, o Estado e a democracia: um olhar sobre conceitos fundamentais à participação

Este estudo tem como objetivo identificar em que medida os determinantes econômicos e sociais do modo de produção vigente em nossa sociedade condicionam a participação do cidadão na elaboração e implementação de uma política pública para a educação que se contraponha a esse modo de produção.

Grosso modo, uma política pública pode ser definida como um conjunto de ações propostas pelo Estado que visa atingir certos objetivos em uma ou mais áreas. A política pública aqui estudada estava inserida em um projeto governamental que apontava para a necessária construção de um outro modelo de sociedade, menos desigual e mais solidário. Definia, ainda, como fundamental a participação do cidadão na decisão política como condição para fazer-se sujeito do processo democrático. Parece consenso que os principais canais criados no estado do Rio Grande do Sul pela gestão Olívio Dutra (1999-2002) para alcançar tal propósito foram o Orçamento Participativo e a Constituinte Escolar. O primeiro, voltado para a definição de prioridades na aplicação dos recursos públicos; o segundo, direcionado para a definição dos princípios e diretrizes da educação no Rio Grande do Sul.

O projeto elaborado para a área educacional tinha a seguinte orientação:

> A política educacional do Governo Popular é o desdobramento na rede pública estadual do projeto de radicalização da democracia, através da participação da

comunidade na formulação, gestão e fiscalização das políticas públicas para o setor. Trata-se de construir e consolidar na dimensão educacional uma esfera pública de decisão, fortalecendo o controle social sobre o Estado, garantindo que a escola estadual seja realmente pública. (Rio Grande do Sul, 1999a, p. 3)

O público era, na política, concebido como algo que pertence à coletividade e é de interesse comum. Tais princípios referenciavam um projeto cujo objetivo era contribuir na construção de uma sociedade mais justa e igualitária.

A construção de um outro modelo de sociedade pressupõe a superação do modo de produção vigente e uma outra compreensão de homem, de liberdade, de democracia, não atrelada aos condicionantes econômicos dessa forma de organização social. Pressupõe, também, o questionamento sobre a função do Estado nessa sociedade e o seu papel na manutenção ou superação de uma determinada realidade.

É evidente que a defesa da radicalização da democracia e da construção de uma outra sociedade está baseada numa concepção de homem, de sociedade, de mundo, de poder. Dessa forma, torna-se imprescindível o aprofundamento de determinados conceitos que possibilitem uma análise contextualizada das informações obtidas na investigação.

Seguindo esse caminho, o presente capítulo tem como objetivo fazer uma análise introdutória do conceito de homem, de liberdade e de Estado na sociedade capitalista, além de discutir o conceito de democracia e participação, elementos essenciais neste estudo.

Considerando as análises que se pretende fazer aqui, apresentam-se as questões centrais das discussões realizadas neste capítulo: em que medida o homem se faz "sujeito" da decisão política na sociedade capitalista? Em que medida é possível "ser sujeito" da decisão política nessa sociedade? De que maneira as diferentes formas de governo permitem ou impedem o povo de participar dos processos decisórios?

1.1 A "liberdade" do homem na sociedade capitalista

> O escravo romano era preso por grilhões; o trabalhador assalariado está preso a seu proprietário por fios invisíveis. A ilusão

> de sua independência se mantém pela mudança contínua dos seus patrões e com a ficção jurídica do contrato.
>
> Karl Marx, *O capital*.

No centro da política global do programa de governo analisado estava a defesa da radicalização da democracia. Dessa forma, pressupõe-se que qualquer processo radicalmente democrático não pode estar dissociado de uma compreensão de homem como sujeito de sua própria história. Mas, o que significa pensar o homem como sujeito de sua própria história? Que homem é esse? É possível pensar no homem como sujeito em uma sociedade que mantém a concentração de riqueza e poder?

As múltiplas interpretações sobre a concepção de homem e de liberdade atravessam séculos e civilizações. Em um sentido genérico, pode-se dizer que o homem é, ao mesmo tempo, natureza e transcendência da natureza. O homem transcende a natureza porque não se contenta com aquilo que a natureza lhe proporciona. Por não se contentar com aquilo que a natureza lhe apresenta, ele quer mais, quer o supérfluo. Quanto mais o homem cria o supérfluo, maior é sua liberdade diante da natureza e, consequentemente, melhor é seu viver.

Aquilo que é produzido pelo homem é deixado para as próximas gerações. O homem aproveita o que foi deixado por outros homens, aprimorando e aperfeiçoando esse legado para criar novos valores de uso, ou seja, cria coisas úteis que facilitam seu viver. Por isso o homem é um ser histórico. Ele não reinventa tudo a cada nova geração. O conceito de homem, no sentido histórico, é naturalmente o de um ser de vontade, por isso, sujeito.

Assim, ele cria objetivos, valores. Ele alcança tais objetivos por meio do trabalho. Constitui o trabalho, dessa forma, mediação para alcançar um fim. O trabalho é uma necessidade do homem, faz parte da sua existência. Segundo Karl Marx (1989, p. 50), o trabalho pensado como "criador de valores-de-uso, como trabalho útil, é indispensável à existência do homem — quaisquer que sejam as formas de sociedade —, é necessidade natural e eterna de efetivar o intercâmbio material entre o homem e a natureza e, portanto, de manter a vida humana".

Do processo de trabalho fazem parte: os objetos de trabalho, os instrumentos de trabalho e a força de trabalho. Os objetos de trabalho sofrem a ação do homem, são transformados no processo e incorporados ao produto final. Os instrumentos de trabalho são meio, mediação entre o homem e o objeto de trabalho; desgastam-se no processo e não se incorporam ao produto final. Já a força de trabalho é a energia humana gasta no momento da produção.

Pelo trabalho, o homem realiza sua vontade, afirmando-se como sujeito, construtor de sua humanidade. É isso que o diferencia dos outros animais e lhe permite ultrapassar a condição da necessidade para a liberdade. A liberdade construída pelo trabalho, que constitui a própria natureza humana.

O elemento que constitui a essência do ser humano, que lhe possibilita a emancipação e a liberdade, assume na sociedade capitalista o papel degradante dessa existência. Segundo Marx (1989), no processo de produção capitalista "o instrumental de trabalho converte-se em meio de subjugar, explorar e lançar à miséria o trabalhador"; e ainda, menciona o autor, "a combinação social dos processos de trabalho torna-se a opressão organizada contra a vitalidade, a liberdade e a independência do trabalhador" (MARX, 1989, p. 578).

Com isso, o trabalhador deixa de ser sujeito do processo de trabalho. O trabalho não é mais mediação para o homem ser livre e independente. No modo de produção capitalista, o trabalho subordina-se ao capital, tanto do ponto de vista da forma social (das relações sociais que se dão na sociedade) quanto da utilidade do trabalho (o trabalhador é apenas um anexo da máquina).

Este último aspecto pode ser ilustrado com este trecho da obra de Marx (1989), sobre o trabalho realizado nas fábricas: "O próprio autômato é o sujeito e os trabalhadores são apenas órgãos conscientes, coordenados com órgãos inconscientes e juntamente com eles subordinados à força motriz central" (MARX, 1989, p. 480). Ou seja, o homem deixa de se servir da ferramenta para servi-la. É o trabalho morto que domina o trabalho vivo. Porém, é importante destacar que os trabalhadores, nessa sociedade, são "livres" para vender sua força de trabalho; diferentemente do que ocorre, por exemplo, na sociedade escravista, em que os homens não são livres para escolher seus destinos, na sociedade capitalista os homens são levados a crer que dispõem de tal liberdade.

Então, como é possível pensar no conceito de liberdade nesta sociedade? Que liberdade é essa? A liberdade de alguns para usufruir e de outros para servir?

A escravidão a que foram submetidos os negros durante o período colonial e imperial no Brasil foi justificada com "argumentos científicos". A ciência encarregou-se, ao longo do século XIX, de "comprovar" a inferioridade da etnia negra. Demonstrou que os negros tinham cérebros menores, gozando, por isso, de baixa inteligência. A inferioridade biológica do negro justificaria sua incapacidade de decidir sobre seu próprio destino e, consequentemente, sua dominação pelo homem branco.

Na sociedade capitalista, a igualdade caracteriza a definição dos homens, como se fossem todos iguais e dispusessem da mesma capacidade de trabalho. Nessa sociedade, os homens têm sua liberdade garantida juridicamente. Entretanto, logo percebem que de fato não são livres, pois, por não terem como sobreviver, são obrigados a agir de acordo com a vontade de um capitalista. Por não possuírem meios de subsistência, a única alternativa que lhes resta é vender "livremente" sua força de trabalho. Segundo Tom Bottomore (2001), tal liberdade é real do ponto de vista do contrato de assalariamento individual, isto é, o trabalhador é livre para fazer ou não determinado contrato. Porém, "é, na verdade, o que Marx chamou de dupla liberdade do trabalhador: a liberdade de vender sua força de trabalho ou a liberdade de morrer de fome" (BOTTOMORE, 2001, p. 227).

Na medida em que os homens não dispõem dos meios de produção que garantirão sua subsistência, são obrigados a vender a única coisa que lhes pertence: sua força de trabalho. O caráter criador de valor do trabalho passa, assim, a servir ao capital, ao interesse do proprietário dos meios de produção. Ou seja, o homem perde aquilo que talvez mais o caracterize enquanto natureza: sua capacidade criadora. Deixa de ser autor, sujeito, para ser um executor. E, à medida que a divisão pormenorizada do trabalho na sociedade capitalista se complexifica, a potencialidade criativa do homem é degradada.

Segundo Marx (1989), o trabalhador aliena seu trabalho que, ao final do processo, se materializará num produto alheio, propriedade do capitalista. Assim,

> sendo o processo de produção ao mesmo tempo processo de consumo da força de trabalho pelo capitalista, o produto do trabalhador transforma-se continuamente não só em mercadoria, mas em capital, em valor que suga a força criadora de valor, em meios de subsistência que compram pessoas, em meios de produção que utilizam os produtores. (MARX, 1989, p. 664)

Dessa maneira, o trabalho na sociedade capitalista não constitui o meio pelo qual o homem alcança seus objetivos. O trabalho perde seu caráter mediador e passa a ser o fim. O trabalho não é algo do qual o homem se utiliza para realizar seus objetivos, desejos e necessidades, enfim, para se libertar; é algo que o homem é obrigado a fazer, por meio da venda da sua força de trabalho, para garantir sua sobrevivência. Dessa forma, os trabalhadores acabam lutando para ser explorados.

Nessa perspectiva, o próprio conceito de "inclusão", tão alardeado na atualidade, precisa ser questionado, pois, se estar incluído é sinônimo de inserção no mercado de trabalho, então a luta é pela inclusão num sistema de exploração. Esse foi um tema presente em alguns debates da CE. Se, por um lado, as discussões durante o processo de implementação da política conduziam para a luta pela superação do modelo de sociedade vigente e para a necessária ruptura com as formas de exploração da força de trabalho, por outro, tinha-se o dado da realidade de que as pessoas, para sobreviver, precisam submeter-se a esse mercado e até disputar uma "vaga".

Mas, ao vender sua força de trabalho, o homem não produz apenas o que necessita para sobreviver, produz um excedente que é apropriado pelo capitalista. O objetivo do capitalista é sempre expandir seu capital. Essa expansão se dá com a maior exploração do trabalhador e, consequentemente, com a produção de um excedente cada vez maior. O homem, dessa forma, não trabalha para viver, mas vive para trabalhar para o capitalista.

Pode-se considerar que são duas as classes que se estabelecem na sociedade: uma que detém o poder econômico e é proprietária dos meios de produção, os capitalistas; e outra que não dispõe de outra maneira para sobreviver a não ser vendendo sua força de trabalho, os trabalhadores. O que produz um assalariado e um capitalista tem suas raízes, segundo Marx (1989), na sujeição do trabalhador. Tal processo "constitui uma metamorfose dessa sujeição, na transformação da exploração feudal em exploração capitalista" (Marx, 1989, p. 831).

Essa sujeição interessa especialmente a este estudo, pois não se limita às relações estabelecidas no interior da fábrica: expande-se para todas as dimensões do cotidiano do homem. Ou seja, os costumes são adequados às necessidades da produção capitalista. Posteriormente, esse aspecto será aprofundado.

A noção de tempo é antagônica entre a classe trabalhadora e a capitalista. A concepção de tempo do trabalhador está relacionada ao tempo despendido no trabalho alienado a que é submetido. Dessa forma, gera riquezas para os capitalistas, que gozam de autonomia para usufruir seu tempo livre. Segundo Marx (1989, p. 607), "na sociedade capitalista, consegue-se tempo livre para uma classe, transformando a vida inteira das massas em tempo de trabalho".

No trecho a seguir, em que Marx cita Engels, tem-se uma síntese de como se dão as relações na fábrica e a "liberdade" do trabalhador. O exemplo refere-se ao trabalho realizado na Inglaterra, ao longo do século XIX, porém é bastante revelador do ponto de vista da sujeição do trabalhador:

> A escravização em que a burguesia mantém sujeito o proletariado revela-se com maior clareza no sistema fabril. Neste, cessa de direito e de fato toda liberdade. O trabalhador tem de estar na fábrica às cinco e meia da manhã [...]. Tem de comer, beber e dormir de acordo com o comando que recebe [...]. O sino despótico arranca-o da cama, tira-o do desjejum e do almoço. (Marx, 1989, p. 485-486)

E continua, mencionando que na fábrica o proprietário é o legislador absoluto. Resta ao trabalhador cumprir aquilo que acordou "livremente" com o fabricante, pois os tribunais lhe dirão: "uma vez que vos obrigastes espontaneamente dentro do contrato, tendes de cumpri-lo..." (Marx, 1989, p. 486). Ao trabalhador, sem alternativa para sobreviver, cabe cumprir aquilo que acordou no contrato, mesmo que isso comprometa sua dignidade e o degrade como ser humano. Trata-se, no capitalismo, da liberdade do capital de sugar a força de trabalho humana.

No capitalismo, o ideal a ser perseguido é o de deixar de ser empregado para ser patrão. Afinal, todos são livres para alcançar essa finalidade. Entretanto, aprende-se desde muito cedo que, pela incapacidade individual, por falta de sorte ou até porque "Deus quis assim", alguns ocupam determinadas posições e outros, outras. Não se alcança a percepção de que há uma lógica no modo de produção capitalista que não dá a todos a possibilidade de viver nas mesmas condições.

A escola cumpre um papel importante nisso tudo, na medida em que tende a difundir a concepção de mundo de uma classe, dominante não apenas na esfera econômica. Em geral, a formação escolar tradicionalmente não se tem voltado para o questionamento da realidade, mas para sua aceitação como realidade dada e acabada. Isso não significa a inexistência de movimentos de oposição e resistência aos tradicionais programas de educação definidos pelos governos e à natureza das relações que se estabelecem no espaço escolar.

A classe trabalhadora não assiste inerte a todo o processo de exploração e destruição do homem promovido pelo capitalismo. Segundo Marx (1989), ao mesmo tempo em que aumenta a miséria, a exploração, a degradação do ser humano, aumenta a revolta da classe trabalhadora, "cada vez mais numerosa, disciplinada, unida e organizada pelo mecanismo do próprio processo capitalista de produção" (Marx, 1989, p. 881).

A rebeldia dos trabalhadores organizados pode ser destacada em vários momentos da história. Ao longo do Capítulo XIII de *O capital,* o autor mostra como tal rebeldia levou o Estado a "diminuir coercitivamente o tempo de trabalho, começando por impor às fábricas propriamente ditas um dia normal de trabalho" (Marx, 1989, p. 467). Embora a organização dos trabalhadores tenha resultado em uma alteração legal, aparentemente vantajosa para eles, o capital cria logo um mecanismo para neutralizar esse ganho. Segundo Marx (1989), quando o aumento da produção da mais-valia tornou-se impossível pelo prolongamento do dia de trabalho, "lançou-se o capital, com plena consciência e com todas as suas forças, à produção da mais-valia relativa, acelerando o desenvolvimento do sistema de máquinas" (MARX, 1989, p. 467).

O aprimoramento das forças produtivas tende a reduzir a necessidade de trabalhadores, aumentando o número de desempregados. Essa imposição do capital leva os trabalhadores a lutar por jornadas de trabalho ainda menores, com o intuito de preservar seus empregos. Entretanto, a conquista de jornadas menores não significa, necessariamente, nem menos trabalho, nem redução da exploração do trabalhador, pois nesse caso pode haver uma intensificação do trabalho, produzindo-se mais trabalho excedente.

Com o aumento do número de trabalhadores atuando simultaneamente nas fábricas, "cresce sua resistência e com ela, necessariamente, a pressão do capital para dominar sua resistência" (MARX, 1989, p. 380). A leitura do Livro I de *O capital* permite concluir que essa resistência é controlada de três formas. A primeira, dentro da própria fábrica, com o surgimento de um tipo especial de assalariado, encarregado da supervisão, do controle dos trabalhadores. Com o desenvolvimento do capitalismo, essa função deixa de ser exercida pelo capitalista e passa a ser executada por um trabalhador cuja função é, exclusivamente, supervisionar e comandar "em nome do capital". A segunda forma de controle dá-se também dentro da fábrica, com o aprimoramento das forças produtivas que resultaram no acirramento da divisão pormenorizada do trabalho e permitiram, além da aceleração e do estabelecimento de um ritmo, um maior controle sobre a produção. E a terceira, com a criação de leis que asseguram ao trabalhador "certos direitos", minimizando sua resistência à exploração capitalista e conservando, consequentemente, esse modo de produção. Isso pode ser ilustrado com a criação de mecanismos jurídicos que determinaram a limitação da jornada de trabalho, com a definição de uma idade mínima para as crianças começarem a trabalhar, além de uma jornada menor que a dos adultos.

Essa terceira forma de controle interessa particularmente a este estudo, na medida em que constitui uma ação do Estado para conservar o modo de produção vigente. De um Estado que age, evidentemente, em favor de uma classe. Sobre o papel do Estado na sociedade capitalista, tratar-se-á posteriormente.

Como já foi mencionado, o que move o processo de produção capitalista é a maior expansão possível do próprio capital. Isso se dá com a máxima exploração possível da força de trabalho. Quanto maior for a expansão do capital, maior será a exploração dos homens. A dependência da humanidade em relação ao capital acirra-se cada vez mais, pois os meios de produção concentram-se nas mãos de um número cada vez menor de pessoas.

Os pobres têm uma importância fundamental na sociedade capitalista, já que, ao vender sua força de trabalho, constituem a base da riqueza de uma classe. Marx (1989) cita criticamente Bernard de Mandeville, que defende um salário moderado para os trabalhadores, capaz de garantir apenas suas necessidades básicas. Além disso, Mandeville argumenta sobre a necessidade de manter o povo ignorante e pobre, pois é a única maneira de mantê-lo feliz mesmo em condições miseráveis.

É possível caracterizar a sociedade em que vivemos em uma palavra: desigualdade. Todos os avanços científicos alcançados pelo homem, que lhe permitem fazer viagens espaciais, usufruir máquinas que lhe poupam energia, dispor de tratamentos sofisticados para determinadas doenças, entre tantas outras descobertas que asseguram ao homem "viver bem", não estão à disposição de grande parte da população mundial. Todo o conhecimento acumulado historicamente não tem servido para minimizar tais desigualdades; pelo contrário, tem servido para seu aprofundamento. Todo o consistente e próspero desenvolvimento tecnológico não trouxe mais liberdade para o homem: é a incapacidade da humanidade de socializar toda a criação e produção alcançadas.

Relatórios e diagnósticos elaborados por organizações internacionais mostram que muita gente morre de fome, de sede, de doenças para as quais a cura já foi descoberta há muito tempo, enfim, por falta de condições dignas de sobrevivência. Um relatório da Organização Internacional do Trabalho (2003) revela que metade da população mundial é afetada pela pobreza. São 3 bilhões de pessoas que vivem com até US$ 2 por dia. Destas, estima o relatório, 1 bilhão vive com menos de US$ 1 diário. Ao mesmo tempo em que a pobreza cresce no mundo, acentua-se também a diferença entre os mais ricos e os mais pobres. Em 1960, essa diferença era, segundo a OIT, de

30 para 1; em 1999, já havia chegado a ser de 74 para 1. E as expectativas não são de que haja uma inversão nessa tendência nos próximos anos.

No Brasil, os dados não são diferentes. *A síntese de indicadores sociais 2002* do Instituto Brasileiro de Geografia e Estatística (IBGE) mostra que 1% dos mais ricos têm os mesmos rendimentos dos 50% mais pobres, e os 10% mais ricos ganham 18 vezes mais que os 40% mais pobres.

Esse quadro é percebido na nossa sociedade como "natural". O capitalismo tem a capacidade de produzir certas naturalidades. É "natural" que alguns usufruam o acúmulo científico produzido pela humanidade e que outros morram por não ter minimamente meios para subsistir. Essa é a lógica da sociedade capitalista: o "viver bem" está reservado a poucos. A participação dos indivíduos nesse sistema se dá de forma a agirem como reprodutores da dominação, "sem que se deem conta de que eles próprios são cúmplices e autores de sua própria exploração" (GUARESCHI, 2001, p. 20).

Por outro lado, segundo Vicente Faleiros (1991, p. 24), "as situações sociais são transformadas em problemas individuais, como se as oportunidades fossem iguais para todos, dominantes e dominados, exploradores e explorados, ricos e pobres, e como se a ascensão social dependesse de cada um". O discurso da capacidade individual como se cada um fosse responsável por sua própria condição social oculta a desigualdade provocada pelo sistema econômico e minimiza os conflitos sociais. Entretanto, numa sociedade os problemas não são individuais, na medida em que afetam toda uma organização social.

1.2 O papel do Estado na superação ou conservação de uma determinada ordem

A análise realizada no tópico anterior revelou a impossibilidade de os homens exercerem plenamente sua liberdade no modo de produção capitalista, ou seja, de agirem como seres de vontade. Viu-se também que nesse sistema a sujeição do homem não se restringe ao local de trabalho, mas a todo o seu cotidiano. Nesse cotidiano, o Estado cumpre uma função importante, pois, se está a serviço de uma determinada classe, implementa ações para conservá-la.

A referência às funções do Estado na sociedade capitalista interessa a um estudo que centra suas análises em uma política pública cujo propósito central é contar com a participação efetiva da sociedade, na medida em que permite compreender o papel desse Estado na conservação ou superação de uma determinada realidade.

Ao realizar uma análise do papel e das funções do Estado na atualidade, logo surge a dúvida sobre de qual Estado se está tratando. Isso porque, num mundo formado por países desenvolvidos e subdesenvolvidos, parece não ser possível refletir sobre uma concepção única de Estado. Tal consideração é necessária, especialmente do ponto de vista da soberania de um país, pois se sabe que nas relações estabelecidas entre nações desenvolvidas e subdesenvolvidas estas têm pouco poder de decisão e de definição de políticas. Ao permanecer à margem de tais deliberações, acabam apenas cumprindo aquilo que foi definido pelo conjunto das nações com maior poder econômico. Dessa forma, o papel e o poder do Estado em uma nação desenvolvida diferem bastante dos de uma nação subalterna.

O Estado pode ser definido, *grosso modo*, como um complexo conjunto de mecanismos, instituições e poderes políticos. A história das ideias políticas mostra que o aprimoramento das condições materiais de existência provoca transformações no seu papel e nas suas funções. Em uma determinada linha de pensamento, tal aprimoramento levaria até mesmo à extinção desse Estado.

Evidentemente, não se pretende aqui realizar um tratado sobre o papel e as funções do Estado, pois tal tarefa já foi realizada por autores que se tornaram clássicos na literatura. Pretende-se estabelecer algumas discussões que possibilitem compreender as relações de poder que se dão no Estado contemporâneo, bem como os vínculos entre governantes e governados no delineamento e implementação de políticas públicas.

As experiências antigas na Grécia e em Roma forneceram elementos importantes para o conhecimento das relações de poder que se estabelecem entre governantes e governados na sociedade. Entretanto, a organização das sociedades antigas estava voltada fundamentalmente para a defesa e administração das comunidades, pois se sabe que o estado de guerra era constante. Essa organização influenciava as relações entre sociedade e governo, pois, à medida que os escravos encarregavam-se do trabalho, parte da população envolvia-se com as questões políticas, reunindo-se nas assembleias. Apesar da importância dos fundamentos e subsídios que essas experiências forneceram, aplicá-las a sociedades complexas como as de hoje não parece adequado sem a devida contextualização.

É na Idade Moderna que o conceito de Estado é aprimorado. A obra *O príncipe*, de Maquiavel, escrita na segunda década do século XVI, traz contribuições importantes às reflexões sobre o Estado moderno, as quais servirão de referência a muitas obras elaboradas nos séculos posteriores.

Segundo Bobbio (2001), nem seria necessário o adjetivo moderno ao Estado, já que a configuração das organizações políticas que antecederam a crise da sociedade medieval não se aproxima dos grandes Estados territoriais modernos. Dessa forma, o uso da palavra Estado para caracterizar as sociedades políticas que antecederam a Idade Moderna seria inadequado, e o qualificativo moderno para a análise do Estado, desnecessário. Entretanto, essa distinção ainda provoca muitas controvérsias, pois para alguns o uso da palavra Estado para os ordenamentos políticos da Grécia pode significar a identificação de analogias com uma configuração do período moderno; e, para outros, pode servir para revelar as modificações ocorridas em um e em outro ordenamento político. Conforme o mesmo autor, corresponderiam, respectivamente, às perspectivas da continuidade e da descontinuidade na interpretação do conceito de Estado.

No prefácio de *O contrato social*, Pierre de Burgelin (1999) diz que Maquiavel, simulando escrever para os príncipes (na referida obra *O príncipe*), queria, na realidade, dar lições à população sobre o funcionamento do Estado, ou seja, educar politicamente o povo. Nessa perspectiva, Maquiavel pretendia despertar os dominados contra a tirania.

Para Gramsci (1968), dessa forma, suas lições agiriam sobre um povo disperso para "despertar e organizar sua vontade coletiva" contra a dominação e a opressão. De acordo com o mesmo autor, Maquiavel mostra no livro como deve ser o príncipe para conduzir o povo à fundação do novo

Estado. O príncipe como configuração do poder político é um agente de transição que tem a função "educadora" de preparar a sociedade para um novo sistema: a república (Sadek, 2001).

Uma questão importante para Maquiavel refere-se à força. Em suas reflexões, ela tem um lugar de destaque e é redefinida conceitualmente, pois não é mais a violência e a força bruta que prevalecem, mas a sabedoria no uso da força. Dessa forma, ao governante não basta ser o mais forte, já que tal característica lhe permite chegar ao poder, mas não lá permanecer. Ele precisa ser ao mesmo tempo o organizador das massas e a expressão delas. Nesse sentido, de acordo com Gramsci (1968), faz-se necessária a elevação cultural das grandes massas para que se forme uma vontade coletiva.

Além de Maquiavel, outros autores que também se tornaram clássicos da política e que deixaram contribuições importantes para as discussões sobre o Estado e as formas de governo foram Thomas Hobbes e John Locke. Este último teve grande influência nas revoluções liberais, sendo considerado o "pai do liberalismo".

Para Hobbes (2003), os homens, fora dos estados civis, vivem em constante guerra, entendida não somente pelos momentos de batalha. Para o autor, há na natureza três motivos para a discórdia: a competição, a desconfiança e a glória. "A primeira leva os homens a atacar os outros visando o lucro. A segunda, a segurança. A terceira, a reputação" (Hobbes, 2003, p. 97). Segundo Burgelin (1999), seria necessário um poder forte que impedisse "o homem de ser um lobo para o homem". Ou seja, os homens mantêm-se em guerra pela falta de um poder comum. Assim, a origem do Estado estaria no estabelecimento de um pacto (contrato) que estabelece as regras de convívio entre os homens.

Inversamente a Hobbes, para Locke os homens vivem em paz fora dos estados civis. Entretanto, para garantir a proteção de seus direitos (vida e propriedade) consentem na formação de um governo que assegure sua preservação. Segundo Carlos Nelson Coutinho (2002, p. 12), para Locke "a tarefa que então se colocava às forças do progresso era o fim do Estado absolutista, a consolidação de uma ordem burguesa com uma superestrutura política de natureza liberal". Com isso, Locke defendia os setores que lutavam pela liberdade do comércio e da produção, bem como pela manutenção da propriedade. A defesa dos interesses privados constituía o foco central das reflexões de Locke.

Segundo Leonel Mello (2001), os contratos sociais de Hobbes e Locke são antagônicos. Em Hobbes, o contrato social constitui-se num pacto de submissão no qual, para preservar a vida, os homens "transferem a um terceiro (homem ou assembleia) a força coercitiva da comunidade, trocando voluntariamente sua liberdade pela segurança do Estado-Leviatã" (HOBBES, 2003, p. 86). Já em Locke, o contrato social é um pacto de consentimento no qual, para preservar a vida e a propriedade, amparados pela lei, os homens concordam livremente em formar a sociedade civil.

De acordo com Bobbio (2001), as interpretações sobre o Estado podem ser realizadas sob diferentes pontos de vista. No que se refere à Doutrina Geral do Estado, tal análise pode adotar o ponto de vista sociológico, no qual o Estado é concebido como uma complexa organização social, da qual se valem as contribuições de sociólogos e etnólogos, e o ponto de vista jurídico, no qual o Estado é interpretado no seu conjunto como ordenamento jurídico, do qual se valem as contribuições dos juristas. Max Weber é, segundo Bobbio (2001), um defensor dessa distinção entre a concepção de Estado de um jurista e de um sociólogo, já que o primeiro se ocuparia da validade ideal das normas do Estado e o segundo, da validade empírica dessas normas.

Para Bobbio (2001), as interpretações dos juristas, a partir da transformação do puro Estado de direito em Estado social, foram concebidas como formalistas e deixadas de lado pelos próprios juristas. Isso porque as questões relativas ao Estado passaram a ser percebidas para além das doutrinas e ordenamentos legais.

Entre as teorias sociológicas do Estado, a teoria marxista e a teoria funcionalista sobressaem-se pela influência que mantêm no mundo, especialmente esta última, nos Estados Unidos e na Europa (BOBBIO, 2001). Na atualidade, pode-se dizer que tal influência atinge grande parte dos países. Essas teorias têm visões de Estado antagônicas: enquanto a teoria funcionalista volta-se fundamentalmente para a manutenção da ordem, a teoria marxista assenta-se na ruptura da ordem. Tentar-se-á compreendê-las a seguir.

Buscar o entendimento da concepção de Estado em Marx não é tarefa fácil, dada a necessidade de pesquisar em várias de suas obras, pois o autor não trata esse tema de forma sistematizada.

A consulta à vasta literatura marxista dificulta ainda mais essa tarefa, já que são inúmeras as interpretações do pensamento de Marx. Dessas múltiplas interpretações surgiram diferentes correntes de análise marxista, algumas até antagônicas. As diferentes experiências socialistas no mundo, ao longo do século XX, caracterizaram bem as diversas interpretações das ideias de Marx.

O pensamento de Marx sobre o Estado está, segundo Bobbio (2001), disseminado e fragmentado em suas obras. A obra em que Marx mais diretamente discorre sobre o Estado tem como título *Crítica da filosofia do direito público de Hegel*. Nessa obra, segundo Bobbio (2001), enquanto a filosofia da história de Hegel e dos escritores que o precederam se volta para o aperfeiçoamento do Estado, a filosofia de Marx, inversamente, volta-se para a extinção do Estado burguês.

Segundo Marx, na sociedade capitalista a classe dominante não detém apenas o poder econômico, mas também o poder político. É essa classe que tem o controle sobre o Estado. Tal controle possibilita a manutenção da divisão de classes e a exploração dos trabalhadores.

Ao fazer a análise do tema em Marx e Engels, Décio Saes (1987) afirma que, à conservação da relação entre os homens controladores e utilizadores dos meios de produção, há que existir correlatamente um Estado, o que, na perspectiva funcionalista, equivale a um grupo de homens que dedica seu tempo à realização de um elenco de atividades que visam assegurar e conservar a relação de exploração estabelecida na sociedade. Assim,

> se uma coletividade se acha dividida em classes sociais antagônicas (exploradora e explorada), deve ali existir um complexo de atividades, distintas das atividades de produção, destinadas a preservar esse estado de coisas [...]. A esse complexo de atividades Marx e Engels chamam de Estado. (Saes, 1987, p. 11)

Para Marx, era necessário superar esse Estado. Ele vislumbrava uma outra forma de sociedade, que deveria ser construída pela classe trabalhadora, em que não haveria a necessidade de um Estado, nos moldes burgueses, para assegurar a ordem social, pois não haveria a divisão de classes, seria uma sociedade regulada. Essa posição fica evidente em *O Dezoito Brumário de Luís Bonaparte*, obra na qual Marx deixa clara sua ideia de superação desse Estado. Nessa obra, ao analisar as revoluções ocorridas na França no século XIX, Marx conclui que as revoluções, mesmo as proletárias, mais contribuíram para aperfeiçoar a máquina estatal, "ao invés de destroçá-la" (MARX, 2002, p. 126).

Em *O Capital*, Marx (1989) evidencia a necessidade de um longo processo de desenvolvimento histórico para a sociedade chegar a uma série de condições materiais de existência que permitam aos homens, livremente associados, planejar conscientemente a produção material. Com tal desenvolvimento, chegar-se-ia a "uma sociedade de homens livres, que trabalham com meios de produção comuns, e empregam suas múltiplas forças individuais de trabalho conscientemente, como força de trabalho social" (MARX, 1989, p. 87).

Dessa forma, a distribuição do tempo de trabalho seria socialmente planejada, levando em consideração as características individuais, as condições da natureza etc. O trabalho não seria mais individual e sim social, porque as diferentes forças operariam conjuntamente, como uma força comum. O produto do trabalho humano, que resulta na criação de valores de uso necessários à sobrevivência e ao bem-estar, não seria individual, seria social. Tanto o uso dos meios de produção quanto do solo seriam frutos do próprio trabalho. As forças produtivas seriam desenvolvidas e aperfeiçoadas para beneficiar a coletividade e não um grupo de capitalistas.

Diferentemente do que ocorre na sociedade capitalista, na sociedade vislumbrada por Marx não haveria um estranhamento entre o homem e o produto do seu trabalho, entre criador e criatura, o que significaria a extinção das relações de exploração e dominação, bem como a eliminação de qualquer tipo de sujeição do homem. Chegar-se-ia a uma concepção de homem como sujeito, como ser social e histórico. Para tanto, haveria um processo transitório em relação à participação dos homens na sociedade que superaria a ordem capitalista.

Para Marx, o capitalismo era um modo de produção transitório; seu fim estava no limite do próprio capitalismo, ou seja, chegaria um momento em que a centralização dos meios de produção e a socialização do trabalho alcançariam um ponto em que se tornariam incompatíveis com o envoltório capitalista. As contradições históricas dessa forma de sociedade propiciariam a transição para uma outra. Segundo Marx (1989, p. 881), "soa a hora final da propriedade particular capitalista. Os expropriadores são expropriados".

Essas circunstâncias propiciariam, em determinado momento histórico, um movimento político de luta da classe trabalhadora para superar a sociedade capitalista. Seria um movimento de transição do capitalismo para o comunismo. Durante esse período transitório, Marx admitia a necessidade de um Estado autoritário, ou seja, uma ditadura do proletariado.

É na obra *Crítica ao Programa de Gotha* que Marx estabelece as duas etapas que formariam a sociedade comunista: uma primeira fase, em que a troca continua a ocorrer: "o indivíduo recebe por seu trabalho e compra bens de consumo"; e uma segunda fase, em que "cada pessoa contribui para a sociedade de acordo com sua capacidade e dela retira conforme suas necessidades" (BOTTOMORE, 2001, p. 72). Esta última seria, então, uma sociedade regulada, de vontades coletivas, de interesses solidários e cooperativos. As empresas seriam autorreguladas e as decisões, descentralizadas.

Para Bobbio, Marx e os marxistas sempre "prefiguraram a grande mudança, aquela que coloca em crise um determinado sistema e dele cria através de um salto qualitativo outro sistema" (BOBBIO, 2001, p. 59). Por outro lado, à teoria funcionalista interessam as mudanças que ocorrem no interior do próprio sistema e que são por ele absorvidas "mediante pequenos ajustamentos previstos pelo próprio mecanismo do sistema" (BOBBIO, 2001, p. 59).

Coutinho (1996) distingue o projeto de superação do Estado burguês nos escritos da juventude de Marx e Engels e posteriormente no que foi produzido por eles nas últimas décadas do século XIX. Enquanto na juventude Marx e Engels defendiam uma proposta do tipo explosiva para a conquista do socialismo, em que na vanguarda da revolução estaria uma minoria consciente à frente das maiorias inconscientes, na idade madura Marx e Engels admitiram que, para a conquista da nova sociedade, fazia-se necessária a compreensão, por toda a sociedade, do que seria a transformação. Para tanto, havia a necessidade de construir um projeto consensual. Dessa forma, Coutinho (1996) afirma que, mesmo parcialmente, a concepção restrita de Estado havia sido superada nessa segunda etapa da vida dos autores. Ou seja, a compreensão de que a dominação de classes não se dá apenas por meio de coerção, mas de mecanismos que asseguram o consenso dos governados. É a emergência de novas determinações do Estado, que extrapolem a coerção e os instrumentos de força:

> mecanismos de legitimação e obtenção do consenso encarnam nas novas instituições que, graças em parte às lutas da própria classe operária, inscrevem-se no seio dos modernos aparelhos do Estado (parlamento eleito por sufrágio universal, partidos políticos legais e de massa etc.). (COUTINHO, 1996, p. 27)

Na realidade, há um aprimoramento nas formas de tomada do poder estatal. De acordo com Coutinho (1996), foi o Engels maduro, ao introduzir a determinação consensual do Estado, o primeiro marxista a propor o processo de ampliação do Estado. Entretanto, essa formulação é sistematizada no século XX com Gramsci, que amplia a configuração de Estado em Marx e defende que as mudanças no sistema não devem ocorrer de forma explosiva, mas sim através da organização da sociedade. Para que tais mudanças ocorram, faz-se necessária uma sociedade civil forte e autônoma, na qual a esfera do ideológico não se mantenha "umbilicalmente ligada e dependente da sociedade política" (COUTINHO, 1996, p. 57).

A ampliação do conceito de Estado em Gramsci implica, em relação a Marx e Engels, um entendimento diferenciado que estes últimos tinham de sociedade civil.

> Em Marx e Engels [...], "sociedade civil" [...] designa sempre o conjunto das relações econômicas capitalistas, o que eles também chamam de "base material" ou de "infraestrutura". Em Gramsci, o termo "sociedade civil" designa, ao contrário, um momento ou uma esfera da "superestrutura". Designa, mais precisamente, o conjunto das instituições responsáveis pela representação dos interesses dos diferentes grupos sociais, bem como pela elaboração e/ou

difusão de valores simbólicos e de ideologias; ela compreende assim o sistema escolar, as Igrejas, os partidos políticos, as organizações profissionais, os meios de comunicação, as instituições de caráter científico e artístico etc. (COUTINHO, 1996, p. 53-54)

É na obra *Maquiavel, a política e o Estado moderno,* escrita no século XX, que Gramsci (1968) explicita sua concepção de Estado. Para ele, "Estado é todo o complexo de atividades práticas e teóricas com as quais a classe dirigente justifica e mantém não só o seu domínio, mas consegue obter o consentimento ativo dos governados" (GRAMSCI, 1968, p. 87). Em outras palavras, segundo Tom Bottomore (2001), Gramsci define o Estado como força mais consentimento, ou seja, hegemonia armada de coerção, na qual a sociedade política organiza a força e a sociedade civil assegura o consentimento. A sociedade política é entendida como o conjunto de órgãos da superestrutura que desempenham uma função coercitiva e de domínio direto (jurídico ou penal, policial, militar...), e a sociedade civil é compreendida como o conjunto dos organismos vulgarmente ditos "privados", que corresponde à função hegemônica que o grupo dominante exerce sobre toda a sociedade e na qual busca ganhar aliados para seus projetos por intermédio da direção ou do consenso (GRISONI; MAGGIORI, 1974; COUTINHO, 1996). Entretanto, o limite entre a ação da sociedade civil e da sociedade política nos Estados modernos é praticamente inexistente.

Para Gramsci, as forças populares poderiam desenvolver-se no interior da democracia burguesa através da mobilização e da organização política. Assim, elas poderiam desenvolver uma cultura que se tornasse hegemônica e conduzisse à transformação socialista. Na opinião do autor, faz-se necessário enfrentar o problema do consenso democrático e conquistá-lo para o socialismo. Essa é a estratégia elaborada por Gramsci para alcançar tal propósito, via construção de hegemonia.

Sustentando-se nas obras de Gramsci, Coutinho (2002) afirma a necessidade de se construir um projeto que chama de "contra-hegemônico", ou seja, um projeto que possibilite a realização de um efetivo jogo democrático com a universalização das diferentes demandas da sociedade. Segundo Coutinho (2002, p. 27), "Gramsci diria que, em tal modelo, há a 'catarse', há a passagem do momento econômico-corporativo, egoísta-passional, para o momento ético-político, universalizador".

Nas formulações sobre o Estado expostas até aqui, nota-se a perspectiva dos autores sobre um projeto de Estado e sociedade diferente daquele que foi contemporâneo a eles, o que demonstra uma inconformidade com as relações sociais estabelecidas em suas épocas. Isso pode ser observado desde Maquiavel e suas lições ao povo contra a tirania até Gramsci e seu projeto de transformação da sociedade. Na atualidade não é diferente. Grupos com projetos de superação dessa sociedade afloraram em diferentes partes do mundo. O número de pessoas inconformadas com as desigualdades e com a pobreza no planeta é cada vez maior. Corrobora tal situação a presença crescente de um número de pessoas e organizações nos fóruns[1] de debate sobre os caminhos para um mundo melhor.

A busca de alternativas para conter a expansão do capital é, para Leandro Konder (2000), uma necessidade humana. Para o autor, o problema crucial da sociedade burguesa situa-se

> na contradição intrínseca do modo de produção capitalista, que se traduz na tensão entre a autonomia individual e a frustração decorrente do esvaziamento da dimensão comunitária, no choque entre a lógica do mercado que tende a se expandir ilimitadamente e a necessidade humana de impor limites a essa expansão. (KONDER, 2000, p. 8)

Ilse Gomes da Silva (2003) chama a atenção para o papel do Estado na imposição de limites em uma formação social capitalista, de forma a impedir a unidade das classes populares:

> Em uma formação social capitalista, o Estado é a instância na qual se refletem e se condensam as contradições sociais, políticas e econômicas. [...] o seu papel de organizador político dos interesses das classes populares orienta sua prática no sentido de evitar a explosão do conflito entre as classes e dificultar

---

1. Esse fato pode ser ilustrado com a ampliação do número de pessoas e organizações participantes das três edições do Fórum Social Mundial na cidade de Porto Alegre em 2001, 2002 e 2003.

a unidade política das classes populares, mantendo a unidade da formação social. (Silva, 2003, p. 55)

Outro aspecto destacado pela autora é que o Estado, com toda a estrutura jurídica e política que tem a seu favor, contribui, através do "efeito de isolamento", para a reprodução das relações capitalistas, ou seja, atua como agente neutralizador dos produtores diretos na medida em que os converte em pessoas jurídicas com direitos iguais e liberdade para firmar os contratos que desejarem. Dessa forma, segundo Silva (2003) o Estado neutraliza a ação coletiva, já que são todos iguais como habitantes de um território.

Na sociedade capitalista, é necessário impedir conflitos entre os trabalhadores e seus patrões. Esse controle não se limita ao espaço da produção de mercadorias. Como visto, o Estado cumpre um importante papel nesse sentido, por meio de determinadas políticas que preservam a ordem social e asseguram a manutenção do sistema econômico. Faleiros (1991) denomina esse processo, que diz respeito às relações entre Estado e sociedade, de "ideologia da colaboração", o qual está ligado à proteção social. Segundo o autor, do ponto de vista dos políticos, essa ideologia "visa dar o sentimento de segurança e garantias aos 'mais fracos' da sociedade, aos mais desprotegidos, aos carentes, aos marginalizados, aos pobres" (Faleiros, 1991, p. 14).

Nos discursos oficiais, a real condição de exploração e dominação dos mais pobres, fruto da lógica do modo de produção capitalista, é ocultada. As políticas apresentam-se "como proteção a determinadas categorias que seriam mais frágeis individualmente" (Faleiros, 1991, p. 15).

Assim, retoma-se a discussão sobre liberdade na sociedade capitalista, na qual o problema é deslocado da relação entre explorador e explorado para a "debilidade" individual. As desigualdades são justificadas pela falta de competência do indivíduo em usufruir sua liberdade.

Pode-se dizer que o processo em análise neste estudo está na contramão dessa orientação, pois prioriza um conjunto de ações, em um determinado setor, em que os problemas individuais obrigatoriamente precisam ser socializados e passam a ser alvo de uma busca de soluções coletivas.

Diante do exposto até aqui, apresenta-se a seguinte questão: qual é o grau de autonomia do Estado nas suas relações com a sociedade? Em que medida esse Estado dominado pela orientação capitalista pode, através de uma mudança de governo, inverter a lógica de atendimento das vontades das classes dominantes para se voltar ao interesse das classes dominadas? Que tipo de ação implementa um governo estadual que assume a direção de um Estado cujo projeto opõe-se ao projeto hegemônico?

Essa é uma questão fundamental para a interpretação dos dados levantados nesta pesquisa, pois, na medida em que um governo propõe a inversão de prioridades, pressupõe-se que os interesses a serem atendidos não devam mais ser os daqueles que detêm o poder econômico. Dessa forma, pressupõe-se o estabelecimento de um conflito entre aqueles que detêm o domínio econômico e aqueles que detêm o poder político.

1.3 O exercício do poder em diferentes conotações do conceito de democracia

> A política implica antes de tudo a educação do cidadão. Apenas homens esclarecidos não se deixarão enganar por insidiosas propagandas, terão como única paixão o amor pela pátria, só eles poderão estabelecer uma sociedade justa. Enquanto não formos capazes desse esforço, permaneceremos escravos.
>
> JEAN-JACQUES ROUSSEAU

A democracia participativa deveria constituir, de acordo com o discurso oficial do governo do Rio Grande do Sul de 1999 a 2002, o fio condutor de todas as políticas implementadas no estado. Ela deveria ser assegurada através da criação de diversos canais de participação como forma de garantir, na gestão, a transparência no uso dos recursos, evitando a corrupção e o mau uso do dinheiro público. Segundo o então governador Olívio Dutra (2001, p. 9), "a democracia pressupõe participação popular direta e uma nova forma de administração e planejamento, na qual cidadãs e cidadãos se apropriam de dados e informações e exercem o direito soberano de influir nas decisões sobre a aplicação dos recursos públicos".

Então, o que significa "participação popular direta" e "direito soberano de influir nas decisões"? Tais questões conduzem a uma reflexão sobre o conceito de democracia e remetem a outras indagações: o governo deve servir aos indivíduos ou os indivíduos devem servir ao governo? Como se dá a relação entre governantes e governados? Como superar essa relação e tornar todos os indivíduos governantes?

O conceito mais amplo de democracia como regime político da soberania popular[2] encontra ao longo da história diferentes configurações, revelando, muitas vezes, governos que, por trás do discurso da democracia, desenvolvem práticas autoritárias a serviço de interesses privados, perpetuando-se no poder. A história política do Brasil bem ilustra essa situação, na qual, por trás do discurso da soberania popular e da igualdade de direitos, as elites mantêm-se no poder.

Três grandes tradições históricas do pensamento político confluem na teoria contemporânea da democracia: a teoria clássica, também conhecida como teoria aristotélica das três formas de governo; a teoria medieval, de origem romana, na qual uma concepção ascendente se contrapõe a uma concepção descendente da soberania; e a teoria moderna, nascida com o Estado moderno de Maquiavel (Bobbio, 2000a). Mesmo considerando a relevância das teorias clássica e medieval de democracia, este estudo recorrerá à teoria moderna para analisar a questão.[3] Assim como nas discussões sobre o papel e as funções do Estado, optou-se por analisar o conceito de democracia a partir das reflexões do Estado moderno.

Não é possível estabelecer uma discussão sobre democracia sem recorrer a Jean-Jacques Rousseau. Nas discussões sobre o conceito de democracia na literatura, o autor costuma ocupar um lugar de destaque. Percebe-se em seus escritos uma influência das interpretações antigas de democracia, provavelmente por advogar a participação direta do cidadão nas decisões políticas (Bobbio, 2001).

---

2. O termo "democracia" vem do grego e quer dizer governo do povo.

3. Uma análise histórica do conceito de democracia pode ser encontrada em Bobbio, Matteucci e Pasquino (2000); Saes (1987); Goulart (1998); Coutinho (1984); Avritzer (2003).

Para Rousseau, grande defensor da democracia direta durante o século XVIII, "o soberano é o povo": todos os homens fazem as leis e obedecem a elas, são ao mesmo tempo governantes e governados. O debate sobre a democracia direta em Rousseau conduz necessariamente a uma reflexão sobre seu conceito de liberdade, a qual é entendida como participação direta na formação das leis. De acordo com Rousseau (1999, p. 25), "a passagem do Estado de natureza ao Estado civil produz no homem uma mudança considerável, substituindo em sua conduta o instinto pela justiça e conferindo às suas ações a moralidade que lhe faltava". É importante distinguir em Rousseau a diferença entre a liberdade natural e a liberdade civil. A primeira tem por limites apenas a força do indivíduo e um direito ilimitado a tudo quanto deseja e pode alcançar, e a segunda é limitada pela vontade geral.

Rousseau apresenta uma distinção entre a vontade de todos e a vontade geral. Esta se refere ao interesse comum e tende sempre à utilidade pública, e aquela diz respeito ao interesse privado, sendo uma soma das vontades particulares. Para o autor, a vontade particular, por sua própria natureza, tende às predileções, enquanto a vontade geral propende para a igualdade. A passagem a seguir ajuda a entender melhor a distinção estabelecida pelo autor entre a vontade de todos e a vontade geral:

> Se, quando o povo suficientemente informado delibera, os cidadãos não tivessem nenhuma comunicação entre si, do grande número de pequenas diferenças haveria de resultar sempre a vontade geral, e a deliberação seria sempre boa. Mas, quando se estabelecem facções, associações parciais a expensas da grande, a vontade de cada uma dessas associações se faz geral em relação aos seus membros, e particular em relação ao Estado; pode-se, então, dizer que já não há tantos votantes quantos são os homens, mas apenas tantos quantas são as associações. As diferenças tornam-se menos numerosas e dão um resultado menos geral. E, por fim, quando uma dessas associações é tão grande que sobrepuja todas as demais, já não se tem por resultado uma soma de pequenas diferenças, senão uma diferença única; então, já não há vontade geral, e a opinião vencedora não passa de uma opinião particular. (ROUSSEAU, 1999, p. 37-38)

Na perspectiva apresentada pelo autor, em uma legislação perfeita a vontade particular deve ser nula e a vontade geral sempre dominante, única regra de todas as outras. As reflexões sobre as vontades particulares e gerais estão presentes nas obras de clássicos da política.

No *Discurso sobre a desigualdade*, Rousseau posicionou-se duramente contra a sociedade fundada na propriedade (e na divisão do trabalho que ela desencadeia), já que nesta estaria a razão da desigualdade (COUTINHO, 1996). Vale lembrar esse aspecto porque nesse modelo de sociedade prevalecem os interesses privados e, para Rousseau, a propriedade privada deve ser submetida ao interesse coletivo.

Ao longo dos séculos, fracassaram as tentativas de dar lugar à vontade coletiva. Sobre este ponto, Gramsci (1968, p. 7) apresenta a seguinte questão: "quando é possível dizer que existem as condições para que possa surgir e desenvolver-se uma vontade coletiva nacional-popular?". O fracasso das tentativas de fazer valer as vontades coletivas pode ser atribuído, segundo Gramsci, à existência de grupos sociais que formam uma força que se opõe a essa vontade e que geram uma situação denominada pelo autor de "econômico-corporativo".

Paro (2002a) afirma que, "numa sociedade dividida em classes antagônicas, produto da propriedade privada dos meios de produção, os interesses conflitantes impossibilitam a busca de objetivos comuns a toda a sociedade". Dessa forma, segundo o autor, o conjunto das "práxis individuais, movidas por interesses particulares, e subsumidas pelos interesses dominantes, acabam por convergir para a obtenção de um resultado que não representa o interesse comum" (PARO, 2002a, p. 101-102).

De acordo com Gramsci, para fazer valer a vontade coletiva as grandes massas precisam penetrar na vida política. É dessa natureza a referência do pensador italiano à obra *O príncipe*, de Maquiavel. Segundo Gramsci,

> o moderno príncipe, o mito príncipe, não pode ser uma pessoa real, um indivíduo concreto; só pode ser um organismo; um elemento complexo da sociedade no qual já se tenha iniciado a concretização de uma vontade coletiva reconhecida e fundamentada parcialmente na ação. Este organismo já é determinado pelo desenvolvimento histórico, é o partido político: a primeira

célula na qual se aglomeram germes de vontade coletiva que tendem a se tornar universais e totais. (GRAMSCI, 1968, p. 6)

Entretanto, o próprio Rousseau (1999, p. 83) apresenta os limites da democracia: "se tomarmos o termo no rigor da acepção, nunca existiu verdadeira democracia, nem jamais existirá". Para o autor, não era possível imaginar que o povo permanecesse constantemente reunido para se ocupar dos negócios públicos (como nas experiências antigas). Bobbio (2000b; 2001) transpõe tal constatação para os dias atuais e afirma que pensar, nos dias de hoje, na participação de todos os cidadãos em todas as decisões é, no mínimo, insensato, justamente pela complexidade e pelo tamanho da organização das sociedades modernas.

Posição divergente à de Rousseau sobre a importância de uma sociedade efetivamente democrática é identificada em dois autores liberais do século XIX: Alexis de Tocqueville e John Stuart Mill. Para Tocqueville, a democracia constituía uma ameaça à liberdade, já que poderia levar ao despotismo e à tirania da maioria (BOBBIO, 2000b). Os resultados das ações dessa maioria, ou melhor, a soberania popular sobre os preceitos da igualdade poderia significar uma espécie de escravidão e, consequentemente, uma ameaça à liberdade individual.

Já Stuart Mill, cujas ideias sustentaram as correntes liberais que prevaleceram em boa parte do mundo, também teme a democracia por crer que ela conduz à tirania da maioria, mas não a rejeita. Como forma de exercício do poder, Stuart Mill defende a democracia representativa e o sufrágio universal, num sistema eleitoral que assegure a representatividade tanto da maioria como das minorias (BOBBIO, 2000b). Assim, a maioria encontraria um freio "na presença de uma minoria aguerrida capaz de impedir a maioria de abusar do próprio poder e, portanto, a democracia de degenerar" (BOBBIO, 2000b, p. 71).

O conceito de democracia foi sendo adjetivado ao longo dos séculos para dar conta das especificidades dos processos instalados em diferentes territórios e contextos históricos. Então, tem-se a democracia direta, a democracia representativa e, mais recentemente, a democracia participativa[4].

Bobbio (2000a) distingue a concepção de democracia na perspectiva liberal e na socialista. Se no liberalismo, em seu desenvolvimento histórico, o sufrágio universal constituía o ponto de chegada do processo de democratização do Estado, na teoria marxista-engelsiana ele constituía o ponto de partida.

Na concepção liberal de democracia, a participação é definida como manifestação de uma liberdade particular para eleger representantes para o parlamento e para ser eleito, indo além do "direito de exprimir a própria opinião, de reunir-se ou associar-se para influir na política do país" (BOBBIO, 2000a, p. 324).

A única forma de democracia compatível com o Estado liberal, isto é, "com o Estado que reconhece e garante alguns direitos fundamentais, como são os direitos de liberdade de pensamento, de imprensa, de reunião etc.", é a democracia representativa ou parlamentar, "onde o dever de fazer leis diz respeito, não a todo o povo reunido em assembleia, mas a um corpo restrito de representantes eleitos por aqueles cidadãos a quem são reconhecidos direitos políticos" (BOBBIO, 2000a, p. 323-324).

O autor faz menção à democracia representativa e ao Estado parlamentar, mas o que os diferencia? Em linhas gerais, na democracia representativa as deliberações que dizem respeito à coletividade inteira não são tomadas diretamente por aqueles que dela fazem parte, mas por pessoas eleitas para essa finalidade. Já no Estado parlamentar, o parlamento constitui o órgão central, ao qual chegam reivindicações e do qual partem decisões fundamentais (BOBBIO, 2000c). Neste, outras instâncias de decisão se fazem presentes, como conselhos, fóruns etc. De acordo com o autor, não existe hoje nenhum Estado representativo em que o princípio da representação se concentre apenas no parlamento, porque se verifica a atuação de outras instâncias de decisão, como o presidente da República, os conselhos regionais etc.

---

4. Na literatura é possível encontrar, ainda, as expressões "democracia social", "democracia popular", "democracia econômica".

Essa discussão remete a uma reflexão sobre o próprio conceito de "representatividade". O que é representado numa democracia: os interesses particulares ou gerais? Quem é representado? O que faz o eleitor eleger este ou aquele representante?

Duas características, segundo Bobbio (2000c, p. 60), são essenciais ao representante numa democracia representativa:

> a) na medida em que goza da confiança do corpo eleitoral, uma vez eleito não é mais responsável perante os próprios eleitores e seu mandato não é revogável; b) não é responsável diretamente perante os seus eleitores exatamente porque convocado a tutelar os interesses gerais da sociedade civil e não os interesses particulares desta ou daquela categoria.

Isso significa dizer que o representante, a partir do momento em que é eleito, deve perder o vínculo com sua base eleitoral, trabalhando em prol da sociedade e não atrelado aos interesses daqueles que o elegeram. Certamente não é o que se presencia a cada eleição no Brasil, quando são escolhidos os "representantes do povo".

A história política do Brasil revela a perpetuação de determinados grupos no poder. Muitos, para aí se manterem, utilizam-se da máquina pública conferindo favores e benefícios a determinados segmentos da população, que acabam por formar seus centros eleitorais, ou melhor, nichos que garantem reeleições. Esses segmentos recebem muitas vezes auxílios elementares que são seus por direito, mas, por falta de condições (informação, entendimento) de reivindicar tais direitos, acabam atribuindo eventuais conquistas a um determinado político. Em uma simples visita a uma câmara de vereadores é possível ver pessoas solicitarem conserto de um telefone, troca de uma lâmpada em via pública, vaga em escola. Nesses casos, em vez de reclamar seus direitos nos órgãos responsáveis por tais serviços, buscam auxílio junto aos vereadores, que de forma oportunista fazem a interlocução com tais setores e conseguem aquilo que foi reivindicado.

Situação análoga pode ser encontrada em nível nacional. A cada pleito surgem candidatos com propostas voltadas para a defesa de uma determinada corporação. A existência de bancadas dos evangélicos, dos ruralistas, dos futebolistas no Congresso Nacional ratifica essa situação. Eleitos, tais parlamentares lutam para defender os interesses de uma determinada corporação e não os interesses mais gerais da população, até porque precisam responder pelos votos e recursos recebidos daqueles que estão nas bases das corporações.

Retomando a argumentação de Bobbio sobre a distinção liberal e socialista do conceito de democracia, no caso das doutrinas socialistas tal processo pode ser entendido de duas maneiras:

> Além do sufrágio universal, o aprofundamento do processo de democratização da parte das doutrinas socialistas acontece de dois modos: através da crítica da Democracia apenas representativa e da consequente retomada de alguns temas da Democracia direta e através da solicitação de que a participação popular e também o controle do poder a partir de baixo se estenda dos órgãos de decisão política aos de decisão econômica, de alguns centros do aparelho estatal até à [sic] empresa, da sociedade política até à [sic] sociedade civil pelo que se vem falando de Democracia econômica, industrial ou da forma efetiva de funcionamento dos novos órgãos de controle (chamados de "conselhos operários"), colegial, e da passagem do autogoverno para a autogestão. (BOBBIO, 2000a, p. 324-325)

Na perspectiva socialista, a democracia direta deve atingir outras esferas da vida além da política. Sobre essa questão, fica evidente nas leituras de Marx sua postura contrária à democracia burguesa, em cujo parlamento concentra-se o poder de decisão. Marx parece identificar-se com uma concepção de democracia direta. Porém, em suas obras, especialmente nos *Manuscritos econômico-filosóficos,* o autor alega não bastar ao homem a emancipação política, é necessário alcançar a emancipação humana. Nesse sentido, retoma-se a discussão sobre liberdade travada no início deste capítulo, na qual a emancipação humana depende da superação do modo de produção vigente, sendo o trabalho assalariado um obstáculo a tal emancipação.

Para a existência da democracia direta — no sentido próprio da palavra, isto é, no sentido em que "direto" significa que o próprio indivíduo participa nas deliberações que lhe dizem respeito — é preciso que entre os indivíduos deliberantes e a deliberação que lhes diz respeito não exista nenhum intermediário (BOBBIO, 2000a). Como já foi mencionado, a complexidade e o tamanho das sociedades modernas tornam praticamente impossível a implementação de um processo com tais características.

Ao fazer uma revisão do conceito de democracia nos clássicos da política, Coutinho (2002) mostra como ao longo do século XIX o liberalismo apresentava-se como alternativa à democracia, para no século XX assumi-la e defendê-la. É evidente que, ao assumi-la, empobrece seus conceitos e reduz suas determinações. Na realidade, graças à luta organizada dos trabalhadores e dos movimentos sociais, alguns princípios democráticos que não faziam parte do ideário liberal foram por ele incorporados. Assim, passa-se dos primeiros regimes liberais de participação restrita[5] aos regimes liberal-democráticos do século XX (COUTINHO, 2002).

Por trás de aparentes conquistas das classes trabalhadoras, presencia-se, na realidade, o fortalecimento de um regime que não se volta para os interesses gerais da população. O sufrágio universal não constituiu um precursor da radicalização da democracia e de uma concepção de mundo pautada em valores universais. Através de um conjunto de mecanismos, a classe social dominante preserva valores privados, nos quais apenas uma parte da sociedade tem supridas suas necessidades. Entretanto, a preservação de determinados direitos políticos e civis permite a essa sociedade definir-se como democrática e ainda ostentar o discurso de que todos são iguais.

Para Marcelo Pedroso Goulart (1998), o modelo de democracia elaborado sob a hegemonia do pensamento liberal tem apenas efeitos retóricos. É uma democracia "meramente formal, limitadora da participação efetiva de todos na tomada das decisões na esfera pública e excludente no que se refere à participação (não-participação) da classe trabalhadora na tomada das decisões na esfera econômica" (GOULART, 1998, p. 43).

É justamente o modelo liberal de democracia que predomina no mundo hoje. Numa breve análise sobre os regimes democráticos na atualidade, Bobbio (2000a) argumenta que:

---

5. Como afirma Coutinho (2002), só tinham direito a voto os homens detentores de propriedades ou que pagassem uma determinada importância de impostos.

ao longo de todo o curso de desenvolvimento que chega até nossos dias, o processo de democratização, tal como se desenvolveu nos Estados, que hoje são chamados de Democracia liberal, consiste numa transformação mais quantitativa do que qualitativa do regime representativo. (BOBBIO, 2000a, p. 324)

Boaventura de Sousa Santos e Leonardo Avritzer (2002) chamam a atenção para a consolidação da concepção hegemônica de democracia liberal nas sociedades capitalistas e para a maneira como elas procuram estabilizar a tensão entre democracia e capitalismo. Mostram que essa estabilização ocorreu por duas vias:

> pela prioridade conferida à acumulação do capital em relação à redistribuição social e pela limitação da participação cidadã, tanto individual, quanto coletiva, com o objetivo de não "sobrecarregar" demais o regime democrático com demandas sociais que pudessem colocar em perigo a prioridade da acumulação sobre a redistribuição. (SANTOS; AVRITZER, 2002, p. 59)

Em outras palavras, as funções do Estado capitalista são, por um lado, apoiar e garantir a *acumulação* do capital e, por outro, assegurar a *legitimação* desse mesmo Estado. Ou seja, "o Estado deve tentar manter, ou criar, as condições em que se faça uma lucrativa acumulação de capital. Entretanto, o Estado também deve manter ou criar as condições de harmonia social" (O'CONNOR apud AFONSO, 1999, p. 137).

Se a democracia representativa é uma resposta à impossibilidade de reunir todos os cidadãos para decidir sobre as coisas, então, em uma sociedade na qual alguns são eleitores e outros são candidatos, a população deveria exprimir suas necessidades por intermédio do representante eleito. Porém, não é o que normalmente ocorre. Segundo Goulart (1998), a democracia representativa promove um distanciamento entre os eleitos e a base da sociedade. Para o autor, a *delegação* é um fenômeno decorrente desse processo, no qual

> a relação entre representantes e representados, vinculada pelo programa partidário, perde o sentido, desaparecendo a corresponsabilidade entre ambos na definição das políticas públicas. O voto perde o caráter de mandato, que

supõe fiscalização do eleitor e prestação de contas permanente do eleito, para se transformar num ato de mera delegação. (GOULART, 1998, p. 53)

Pode-se concluir que tanto a restrição à participação nos processos decisórios exposta por Santos e Avritzer (2002) quanto o distanciamento entre representantes e representados definido por Goulart têm como propósito inibir qualquer ameaça à organização social vigente.

Fábio Konder Comparato (2001b) critica a constante apropriação do poder constituinte pelos governantes, pois a constitucionalização da nação é o traço mais elevado da soberania popular. As alterações constitucionais provenientes do poder delegado são, para o autor, uma abominável usurpação, ou seja, são "a transformação do poder político inferior, delegado pelo povo aos governantes em poder político soberano destes" (COMPARATO, 2001b, p. 79).

A democracia restrita ao exercício do voto em dia de eleição tem sido amplamente criticada nos diferentes setores da sociedade. No Brasil, a pretensa "igualdade liberal" de o indivíduo ser portador de direito a voto esbarra nas condições desiguais de vida dos seres humanos, o que compromete até mesmo esse restrito exercício democrático. De acordo com Coutinho (2002), do ponto de vista formal todos os votos de todos os brasileiros têm o mesmo peso. Entretanto, o autor ressalta, por exemplo, o poder de manipulação das consciências que o proprietário de um conglomerado do setor das comunicações pode exercer sobre a população, transformando "a suposta igualdade formal entre nós e ele numa mera mistificação" (COUTINHO, 2002, p. 20).

Rousseau já mencionava que o povo inglês só era livre durante a eleição dos membros do parlamento, pois logo após este ato voltava à condição de escravo. Segundo Paro (1999), é justamente na participação política da população apenas no momento de eleger seus governantes e representantes legislativos que se situa a fragilidade da democracia.

Benevides (2002) destaca a necessidade de se pensar numa cidadania democrática, na qual a pessoa não pode ser tratada apenas como um eleitor, um contribuinte ou um consumidor. Isso implica, segundo a autora, "considerá-la um sujeito histórico que tem o direito de participação nos processos decisórios da sociedade, a começar pelos espaços na escola, no trabalho, na associação, na vizinhança, no seu partido, sindicato, igreja etc." (BENEVIDES, 2002, p. 81).

A conquista do voto pelas classes assalariadas e pelas mulheres foi, do ponto de vista de Coutinho (2002), respectivamente uma conquista democrática da classe trabalhadora e do movimento feminista. Entretanto, mesmo a conquista dos direitos políticos pela maioria da população, bem como a participação organizada da sociedade em determinados setores, esbarram na permanência de um Estado apropriado por um pequeno número de pessoas, membros da classe economicamente dominante ou por uma restrita burocracia a seu serviço. A constatação de Coutinho vai ao encontro das ideias de Stuart Mill, que admite um regime democrático representativo com sufrágio universal ao entender que essa maioria é "freada" para não abusar do poder.

Coutinho (2002) vai além da proposta de Benevides para uma cidadania democrática, ou seja, a participação em diferentes processos decisórios na sociedade. Para o autor, não basta a socialização da participação política ou a socialização daquilo que Bobbio (2001) chama de participação social (participação em processos deliberativos em instituições não-estatais como igrejas, associações etc.); é necessário socializar o poder:

> A democratização só se realiza plenamente na medida em que combina a socialização da participação política com a *socialização do poder*, o que significa que a *plena realização da democracia implica a superação da ordem capitalista*, da apropriação privada não só dos meios de produção, mas também do poder do Estado, com a consequente construção de uma nova ordem social [...]. (COUTINHO, 2002, p. 17, grifos do autor)

Ou seja, a efetiva democracia só poderá ser construída a partir da igualdade de condições socioeconômicas, culturais, educativas etc. dos seres humanos na produção de sua vida individual e social. Para Gaudêncio Frigotto (2002, p. 53), o "horizonte desta base material, social, cultural (objetiva e subjetiva) não pode ser outro senão o de avançar de uma democracia de massa para relações sociais socialistas".

Ao fazer uma análise do processo democrático no capitalismo, Paul Singer (1998) afirma o caráter contraditório de tal processo:

> O capitalismo democrático é uma contradição em termos: à medida que o capitalismo desencadeia concentração de renda e da propriedade, exclusão social e destruição de empresas e empregos tecnicamente obsoletos, as vítimas destas tendências sempre têm a possibilidade de usar seu *status* de cidadãos para mobilizar o poder do seu Estado em seu favor. (SINGER, 1998, p. 117)

Nesse sentido, seria possível instalar, nas "brechas" do capitalismo democrático, por meio da organização do poder popular, um processo de libertação das classes subalternas e criar aquilo que Gramsci chama de "vontade nacional-popular", na qual a vontade geral prevaleça sobre a vontade singular. Isso significa, como escreve Comparato (2001a), "libertar os povos da condição degradante de massas consumíveis e descartáveis, a serviço da acumulação do capital, para deles fazer-se povos livres, iguais e solidários, sempre mais fortes e ricos em sua esplêndida diversidade".

Retomando as discussões do início do capítulo, para efetivamente consubstanciar a democracia faz-se necessário criar condições para a produção da liberdade, numa sociedade na qual os sujeitos sejam efetivamente portadores de vontade. Para Coutinho (2002), trata-se da construção de uma nova ordem, na qual não apenas os meios de produção sejam socializados, mas também o poder. Logo, a radicalização da democracia depende da superação da ordem social capitalista.

Dessa forma, partindo da argumentação de Benevides (2002, p. 74) de que "a democracia não é fruto de uma evolução considerada 'natural' da sociedade política", e ainda de que a "democracia vai-se institucionalizando ao longo de um incessante e penoso trabalho de defesa da dignidade humana", faz-se necessário dar prosseguimento ao curso de construção de um processo radicalmente democrático.

Ao relacionar a discussão realizada até aqui com a temática deste estudo, surge a seguinte indagação: as políticas participativas, como a aqui investigada, constituem formas de aperfeiçoamento da democracia representativa ou um tipo de democracia direta?

Ao analisar experiências participativas em países da América do Sul e da África, Santos e Avritzer (2002) afirmam que o procedimento democrático não pode estar restrito a práticas de legitimação de governos, como ocorre na democracia representativa. Os autores situam a democracia participativa entre as concepções não-hegemônicas de democracia instaladas no pós-guerra.

Para Santos e Avritzer (2002), a participação ampliada de atores sociais de diversos tipos em processos decisórios é a base da democracia participativa. Um princípio é apresentado pelos autores como fundamental nesse processo de intensificação democrática: o reconhecimento da pluralidade das formas de vida existentes na sociedade, com a consequente negação da forma homogeneizadora de organização social. Para ser plural, a política deve contar com o assentimento desses atores em processos racionais de discussão e deliberação.

Nessa linha de argumentação, parece ser possível inferir que os canais de participação definidos dentro da lógica da democracia participativa constituem processos de intensificação democrática, na medida em que ampliam a participação dos atores sociais e consideram a pluralidade das decisões. Por outro lado, se uma política, ao ser delineada, constitui um instrumento de organização da sociedade para reivindicar junto aos seus representantes suas vontades, de certa forma ela constitui um aperfeiçoamento da democracia representativa.

Com base nas definições anteriormente expostas, pode-se supor que a democracia participativa situa-se entre a democracia representativa e a democracia direta, na qual um maior número de pessoas se apropria dos processos decisórios. Isto é, as decisões não se restringem aos representantes parlamentares escolhidos durante as eleições.

Entretanto, na maior parte das vezes aquilo que foi decidido ainda fica na dependência da execução (implementação) daqueles que detêm os mandatos. Leonardo Avritzer (2003) destaca a importância da vontade política dos detentores de mandato nesses processos. Ou seja, trata-se da dependência entre aquilo que foi definido num canal de participação e sua implementação.

No caso da CE, parece que a categoria "vontade política", destacada por Avritzer (2003), constituiu um elemento essencial, uma vez que eram ou não revistas prioridades de atendimento e de investimento. Em grande parte, os princípios e diretrizes definidos pelo conjunto das escolas ao longo de dois anos dependiam da vontade política para ser executados.

É imprescindível lembrar que a execução dos princípios e diretrizes não dependia exclusivamente da vontade política dos detentores de mandato, mas tinha nesta um elemento essencial, já que tanto a dotação orçamentária quanto as condições de infraestrutura dependem de autorização dos gestores. A execução dependia também da disponibilidade da sociedade e, mais especificamente, da disponibilidade dos educadores para reverem suas ações. Este último aspecto implica uma mudança na própria cultura escolar. Assim, a implementação dos princípios e diretrizes definidos na CE dependia dos aspectos macroestruturais, mas também da consideração da cultura escolar: das relações estabelecidas, das vivências, do cotidiano etc.

1.4 O Estado brasileiro: a formação sociopolítica e a participação

A ampliação do conceito de democracia na atualidade pressupõe o alargamento das possibilidades de inserção do cidadão em processos decisórios. Podem ser muitas as formas de participação do cidadão nas deliberações na sociedade. Resguardadas as suas especificidades no que tange ao tipo de envolvimento, a inserção em um partido político, em uma associação comunitária ou em um sindicato constituem formas de participação. Ou seja, a participação não se restringe aos canais criados por um governo para propiciar à população a tomada de decisões. Pode-se dizer que uma sociedade é mais ou menos democrática pelo número de instituições em cujas ações prevalece o preceito democrático, embora Bobbio (2001, p. 156) afirme que "pode muito bem existir um Estado democrático numa sociedade em que a maior parte das instituições, da família à escola, da empresa aos serviços públicos, não são governados democraticamente".

Como já foi tratado neste capítulo, a história tem revelado que um povo consciente dos problemas sociais e participativo politicamente não interessa aos grandes grupos que detêm o poder. Talvez pela tradição de que alguns mandam e outros obedecem, tem-se instalada hoje na sociedade uma postura de resistência ao envolvimento político.

Por outro lado, o interesse pelas questões políticas é algo que precisa ser despertado e aprendido, não é natural do ser humano; faz-se necessário provocar desde cedo o interesse por tais questões, pois "é necessário que todos tenham consciência de que todos os dias são tomadas decisões que, com maior ou menor intensidade, afetam a vida de muitos" (DALLARI, 1999, p. 23). De fato, muitas vezes as pessoas não têm a dimensão plena da importância do ato de tomar decisões.

Para Coutinho (2002), embora o número de pessoas que participam politicamente de forma organizada, constituindo-se como sujeitos coletivos, seja cada vez maior, o Estado permanece apropriado restritamente por "um pequeno grupo de pessoas, por membros da classe economicamente dominante ou por uma restrita burocracia" (COUTINHO, 2002, p. 17).

Ao longo da história brasileira, observa-se um descomprometimento do Estado com os anseios dos cidadãos. São governos que exercem o poder comprometidos com determinados interesses privados mais do que com a soberania do povo. Prevalece a participação nas decisões do governo restrita a certos grupos que defendem seus próprios interesses.

A formação sociopolítica do Brasil tem a influência de uma forte tradição oligárquica rural e escravista que se perpetuou por diferentes períodos da sua história. Especialmente durante a República Velha, primeiro momento da história republicana brasileira, identifica-se o predomínio da ação do Estado com um limitado grau de governo.

As características predominantemente oligárquicas e rurais da economia brasileira são, segundo Angela de Castro Gomes (2002, p. 510), "responsáveis pela produção de uma multiplicidade de poderes ameaçadora à unidade do espaço público. Daí a necessidade imperiosa de instrumentos capazes de estimular a integração social, de criar a nação conforme nossa realidade".

Dessa forma, os planos de criação de um projeto mais geral para o Brasil e a ampliação do poder do governo tinham justamente nos grandes interesses privados seu entrave. A década de 1920 marca um período de crise, de reivindicação por direitos políticos e sociais, de grande movimentação urbana e questionamento sobre o papel do Estado no país. A modernização econômica, social, política e cultural do país estava no centro dos debates durante esse período. Porém, dependia da ampliação do poder político e do fortalecimento do Estado brasileiro, mais centralizado e com autoridade nacional, agindo como promotor da paz e da ampla proteção dos cidadãos (GOMES, 2002).

A partir da década de 1930, com o Estado Novo e um regime presidencialista, a "base do modelo era a ampliação da participação do 'povo', organizado em associações profissionais, os sindicatos" (GOMES, 2002). Os sindicatos representavam toda uma categoria profissional e estavam sujeitos ao controle estatal. Em tal proposta não havia nem pluralidade nem liberdade sindical, e ela se sustentava no monopólio da representação e na tutela do Estado. Cada categoria precisava organizar-se em torno de um sindicato, o que conferia a cada uma certa unidade. De acordo com Angela de Castro Gomes, a unidade e a tutela formavam um "corporativismo democrático", sendo um instrumento crucial da "democracia social". É interessante destacar que os "empregados" percebiam vantagens nesse modelo de organização, especialmente em relação aos direitos trabalhistas e sociais adquiridos. Entretanto, a conquista de tais direitos significava a perda do controle das categorias e a permanente tutela do Estado, que era facilitada justamente pela forma como estavam organizadas. Ou seja, os trabalhadores poderiam "participar" politicamente em suas organizações, porém tal participação estava atrelada a certo controle.

Mesmo as conquistas do direito de voto pela mulher, do voto secreto e da instituição do salário mínimo na Constituição de 1934 não alteraram as relações de poder entre governo e povo. Este permaneceu na sua condição de subordinação. Segundo Gomes (2002, p. 533), há esse superpoder do Executivo perante o povo: "a figura pessoal do presidente torna-se o centro de fixação e simbolização de todo o poder da república, advogando e recebendo maior legitimidade popular que os outros dois poderes, e até mesmo investindo contra eles". Tal situação ameaça a "estabilidade de um regime democrático, acentuando um viés anti-institucionalizante e reforçador de personalismos" (Gomes, 2002, p. 533).

Sucederam-se, a partir da década de 1930, governos autoritários marcados pela implementação de políticas públicas de massa, que, ampliadas pela propaganda oficial, conferiam às administrações o traço populista. O apelo às massas garantia aos governos legitimidade em situações de instabilidade política perante determinadas elites. Segundo Gomes (2002, p. 546),

> A "manipulação populista" não é, de maneira simplista, uma estratégia "urdida por políticos espertos para enganar o povo ingênuo". É bem mais complexa, pois dotada de uma ambiguidade intrínseca: é tanto uma forma de controle sobre as massas como uma forma de atendimento das reais demandas.

No centro do debate intelectual e político, até praticamente meados dos anos 1970, mantém-se o diagnóstico, há muito compartilhado, de que:

> "sobra poder privado e falta poder público" no Brasil, uma sociedade dominada por arranjos clientelistas e personalistas que datariam do "período colonial". Porém, tais arranjos não se manifestariam apenas pelo "mandonismo local", expresso nos currais eleitorais dos coronéis do interior e pelos viciados partidos de "notáveis". Essa face "tradicional-privada" de nossa vida política estaria igualmente presente na atuação de um sistema partidário nacional e de massas, enraizado nos grandes centros urbanos, mas considerado fraco e incapaz de representação legítima, sendo presa fácil dos sempre existentes políticos profissionais. (Gomes, 2002, p. 540-541)

O cenário das últimas décadas no Brasil é o de uma sociedade que se modernizou, industrializou e urbanizou, mas não deixou para trás os contrastes e as desigualdades, em que, nas palavras de Vera Telles (2001, p. 14), ainda estão presentes "os velhos dualismos nas imagens de um atraso que ata o país às raízes de seu passado e resiste, tal como força da natureza, à potência civilizadora do progresso".

Com o fim da ditadura militar e com a Nova República, aparecem nos discursos oficiais as promessas de minimização das desigualdades como condição para se ter um país melhor. A Constituição de 1988 define os princípios e diretrizes norteadores das ações nos planos social, cultural, econômico e político no Brasil, a partir da democratização do país. O cenário em que ela foi elaborada é marcado pela expectativa de grande parte da sociedade brasileira acerca dos rumos da nação e pelo anseio de liberdade e democracia depois de um longo período de ditadura militar.

Pouco mais de uma década depois de sua promulgação, Comparato (2001b) afirma que o texto constitucional de 1988 continuará a integrar o mundo dos vivos, "mas será um corpo sem alma". O autor utiliza essa metáfora para denunciar o conjunto de poderes da República, que deliberam constantemente desrespeitando a Constituição.

A década de 90 do século XX interessa particularmente a este estudo por ser um período de revisão do papel do Estado brasileiro e um período de delineamento e implementação da política pública aqui analisada. Observa-se nessa década, especialmente durante as gestões de FHC, a intensificação do uso de um discurso no qual o Estado brasileiro tem de se adaptar às demandas do mundo sem, entretanto, deixar de ser eficiente. No que tange à área social, não há uma correspondência entre seu lugar privilegiado nos discursos oficiais e sua dotação orçamentária. Trata-se de uma nova definição do papel do Estado brasileiro.

Apoiando-se nas ideias de Marx, Gramsci e Poulantzas, Ilse Gomes da Silva (2003) argumenta que a queda da taxa de lucro (decorrente da elevação do capital constante sobre o capital variável) constitui uma das causas da crise do capitalismo. Segundo a autora, a intervenção do Estado[6] ocorre, entre outras coisas, com a finalidade de conter a tendência decrescente da taxa de lucro.[7] Dessa forma, ao implementar reformas, o Estado contribui

---

6. Para explicar esse papel do Estado na conservação do capitalismo, Francisco de Oliveira (1998) demonstra como os fundos públicos e o serviço da dívida pública atuam em favor do capital para neutralizar os efeitos da tendência decrescente da taxa de lucro. Como diz também Bottomore (2001), os governos e os Estados arcam com uma parte dos custos da produção.

7. A lei da tendência decrescente da taxa de lucro anuncia períodos de crises do capitalismo. De acordo com Bottomore (2001), tais crises não são fruto de acontecimentos específicos, como perdas em colheitas, perturbações monetárias..., mas sim o resultado de grandes perturbações econômicas que normalmente sucedem um longo período de acumulação. Essas crises podem constituir um momento crônico para o capitalismo em face dos graves declínios da atividade econômica ou conduzir ao enfra-

para responder às crises do capitalismo. Evidentemente, seu papel na reprodução do capital é modificado a cada transformação nas relações de produção capitalista.

A partir das ideias de Gramsci, Silva (2003) afirma que as crises econômicas podem conduzir a uma crise no Estado, o que não necessariamente significa a ruptura do equilíbrio entre as forças: estrutura e superestrutura.

Nos países centrais, o capitalismo entrou em crise nas décadas de 1970 e 1980, tendo reflexos nos campos político e ideológico. Segundo Silva (2003, p. 53), tal crise "se expressou no esgotamento dos mercados internos de alguns países centrais, na queda da produtividade e de lucratividade e na desvalorização do dólar".

Em um evidente deslocamento do problema, o modelo do Estado de bem-estar social foi colocado "em xeque" naqueles países, como se fosse o responsável pela crise. Segundo Silva (2003, p. 55), com a "tese da ingovernabilidade, os neoconservadores afastaram do debate sobre a chamada crise do Estado os fatores intrínsecos ao capitalismo originários da esfera econômica, invertendo a localização do problema".

A tímida tentativa de construção de um Estado de bem-estar social no Brasil com a Constituição de 1988 assegurou a inclusão de alguns direitos sociais historicamente reclamados (Oliveira, 2000). Todavia, mesmo sem atender plenamente às reivindicações da sociedade civil positivadas no texto constitucional naquele momento, alguns anos após sua promulgação constata-se um movimento de retirada de determinadas conquistas.

No Brasil, a reforma do Estado, implantada fundamentalmente ao longo da década de 1990, não teve motivos e argumentos diferentes da-

---

quecimento de uma sociedade, provocando sua transformação. Para Marx, com o desenvolvimento das forças produtivas tendencialmente haveria um crescimento da importância de capital constante que incidiria sobre o valor da mercadoria, e uma consequente redução do capital variável. Embora com a intensificação da exploração da força de trabalho possa haver um aumento da taxa de mais-valia ($s' = s/v$), isso não necessariamente conduz a um aumento da taxa de lucro ($p = s/c+v$). Isso porque o necessário aumento da composição orgânica do capital, resultante justamente do desenvolvimento das forças produtivas, poderia produzir uma redução na taxa de lucro. De acordo com Paul M. Sweezy (1982), esta seria uma tendência (dadas as influências compensadoras que anulariam seus efeitos), e é justamente por isso que Marx preferiu chamá-la de lei da tendência decrescente da taxa de lucro e não de lei da taxa decrescente de lucro.

queles promovidos em outros países. Para Petras e Veltmeyer (2001), a tática política de FHC seguiu a mesma orientação de Reagan nos Estados Unidos e de Thatcher na Inglaterra, ou seja, primeiro atacar os sindicatos mais fortes e aqueles que apresentavam algum perigo ao seu projeto para depois estender esse ataque a outras áreas e, assim, criar condições para a penetração do capital internacional.

No ano de 1994, ainda como senador, integrante do governo de Itamar e candidato à Presidência da República, Fernando Henrique Cardoso (1995) já anunciava uma necessária reforma do Estado, motivada pela "mudança no padrão estrutural da economia e da sociedade contemporânea" (CARDOSO, 1995, p. 176), mesmo não admitindo seguir as orientações do Consenso de Washington nem ter um programa neoliberal.

Ao mesmo tempo em que FHC negava qualquer monitoramento do FMI, afirmava ser necessário tornar o Estado mais competente, "com carreira e treinamento adequado dos funcionários, mais voltado para a inovação social e menos preso aos interesses corporativos das empresas estatais e dos segmentos 'cutizados' da burocracia" (CARDOSO, 1995, p. 179).

Para Paulo Nogueira Batista (1995), com a adoção da agenda de reformas definidas no Consenso de Washington em 1989 e na Rodada do Uruguai em 1994, passou-se simplesmente "a admitir como premissa que o Estado não estaria mais em condições de exercer um atributo essencial da soberania, o de fazer política monetária e fiscal" (BATISTA, 1995, p. 16). O discurso da necessária modernização do país foi especialmente assumido pelos meios de comunicação.

Segundo o mesmo autor, o Consenso de Washington nem chegou a tratar das questões sociais. Isso porque as políticas sociais decorrentes das reformas seriam vistas "como decorrência natural da liberalização econômica" (BATISTA, 1995, p. 19).

Se a história republicana do Brasil já demonstra uma limitada participação da sociedade na esfera política, nas gestões de FHC isso se intensificou, na medida em que tanto o Poder Legislativo quanto o Judiciário foram enfraquecidos. Há uma relação direta entre o aumento do poder do Executivo e o enfraquecimento dos outros poderes, responsáveis pela interlocução do governo com a sociedade.

Segundo Bobbio (2000b), a tese da ingovernabilidade (utilizada no Brasil para convencer a população sobre a necessidade das reformas) tende a sugerir soluções autoritárias, cujo resultado pode ser tanto o fortalecimento do Poder Executivo quanto a restrição às decisões tomadas com base no preceito democrático, isto é, a regra da maioria.

Percebe-se, assim, um desgaste do Legislativo enquanto instituição democrática, tendo em vista que votos são constantemente trocados por favores, além do frequente apelo a medidas provisórias. A desnacionalização da economia constitui também uma ameaça à democracia, ao limitar qualquer controle da população sobre os processos econômicos, que a atingem diretamente. Segundo Silva (2003), o fato de o controle das estatais estar nas mãos de blocos comerciais supranacionais afeta a comunidade nacional.

Por outro lado, o fato de as orientações dos organismos internacionais produzirem uma redefinição das políticas internas constitui uma ameaça ao regime democrático. Isto porque não há uma submissão direta dessas indicações ao voto do cidadão. E também porque aqueles que têm assento nesses órgãos e são os produtores dessas orientações não foram eleitos pelos cidadãos das nações atingidas por suas determinações. Representam, dessa forma, os interesses de uma minoria cujo propósito é conservar um modelo de sociedade.

Pelo aqui exposto, pode-se dizer que, com as crises e reformas, mantém-se o Estado com toda sua estrutura jurídica e política a serviço do sistema econômico. Assim, as modificações sugeridas pelas agendas internacionais de reestruturação no campo econômico são incorporadas às políticas implementadas por todos os setores de um governo, inclusive às educativas.

Capítulo 2
Estado e educação: políticas públicas e participação

Para o seu desenvolvimento, diferentemente dos outros animais, o homem precisa de muito mais que alimentos e água, precisa ter a possibilidade de apropriar-se daquilo que foi produzido pela humanidade ao longo de toda a sua história cultural e social. Como diz a letra da música: "A gente não quer só comida, a gente quer comida, diversão e arte..."[1]

Do ponto de vista cultural, no momento do nascimento, todos os homens são iguais. Nesse momento, o que os diferencia são as características genuinamente herdadas de seus ascendentes. Ao nascer, nenhum ser humano goza do acúmulo de qualquer privilégio cultural. É por meio da educação (apropriação daquilo que é produzido pela humanidade) que o homem se desenvolverá culturalmente. Entretanto, o tipo de relação que estabelecerá com o mundo dependerá das condições de sobrevivência e do acesso que terá aos bens culturais.

A escola pública, na qualidade de instituição responsável por viabilizar o acesso a esses bens produzidos historicamente pela humanidade à maior parte da população, tem um papel importante a cumprir no desenvolvimento desse homem, de modo a criar condições que contribuam na formação dos sujeitos envolvidos no processo pedagógico. Assim, no convívio de pessoas com idades e características diferentes podem ser construídas práticas e estabelecidas relações que possibilitem tanto o domínio quanto a elaboração de novos saberes que conduzam a ações autônomas e livres.

---

1. Trecho da música "Comida", de Arnaldo Antunes, Marcelo Fromer e Sérgio Britto.

A heterogeneidade dos sujeitos que frequentam a escola e a complexidade das situações sociais em que estão inseridos impossibilita tratar a educação escolar como um processo homogêneo, embora muitas políticas educacionais e propostas pedagógicas tendam a considerar e tratar todos os sujeitos como se fossem iguais.

Não há um modelo de escola a ser seguido. A pluralidade das experiências relatadas por educadores nos encontros e congressos realizados pelo país afora revela os diferentes significados que suas práticas assumem em cada localidade. Porém, a singularidade de cada experiência construída em diferentes espaços não significa o esquecimento de princípios fundamentais na ação educativa.

Dessa forma, um princípio subsidia as discussões aqui expostas, qual seja: a escola é pública e, sendo assim, pertence ao conjunto dos cidadãos e não aos governantes. Por ser pública, precisa ser responsável pelo atendimento dos interesses gerais da população. Desse modo, uma primeira discussão que se pretende realizar neste capítulo é justamente sobre o conceito de "público", articulado à questão em foco neste estudo, que é a participação da sociedade no controle público sobre as ações do governo.

Para atender às necessidades mais amplas da população, pressupõe-se também que a escola pública precisa ter o princípio das relações democráticas como um de seus pilares. Assim, pretende-se também aqui pensar a escola e seu papel na formação do sujeito. Para tanto, faz-se necessário traçar o papel que a escola tem assumido na sociedade atual para vislumbrar a possibilidade de pensar numa escola efetivamente democrática.

Uma reflexão sobre o papel que as políticas educacionais têm tido no reforço ou na superação de uma visão de escola hierarquizada, centralizadora de decisões e não-aberta à sociedade, enfim, uma escola que não condiz com sua adjetivação de pública, também se faz presente neste capítulo.

2.1 A questão do público na relação Estado e educação

> Público é aquilo que é comum a todos, ou seja, o que não pode ser apropriado nem por pessoas individualmente nem

por grupos, partidos, facções, alianças, grupos econômicos e familiares.

Maria Victoria Benevides

A atribuição de significados ao conceito de público e privado acompanha o homem há muitos séculos. Nas Ciências Sociais, no Direito, na História, entre outras áreas, a dicotomia público-privado faz-se presente, tanto nos contrastes entre uma e outra quanto nas suas aproximações. Segundo Giorgio Pastori (2000, p. 14):

> sejam quais forem a origem da distinção e o momento de seu nascimento, a dicotomia clássica entre direito privado e direito público reflete a situação de um grupo social, no qual já ocorreu a diferenciação entre aquilo que pertence ao grupo enquanto tal, à coletividade, e aquilo que pertence aos membros singulares [...].

Assim, tem-se a distinção clássica entre o público e o privado: aquilo que é de interesse comum e aquilo que é de interesse particular. Porém, tal discussão não é tão simples quanto parece, pois os limites entre um e outro nem sempre são tão nítidos.

Por outro lado, como afirma Pastori (2000), o público assume diferentes conotações a partir do modo como é entendido o ente coletivo (a nação, a classe, a comunidade, o povo), "a favor do qual o indivíduo deve renunciar à própria autonomia" (Pastori, 2000, p. 14), em prol do que o autor vai chamar de "heteronomia".

Segundo Pastori (2000, p. 10), "a expressão administração pública designa o conjunto das atividades diretamente destinadas à execução concreta das tarefas ou incumbências consideradas de interesse público ou comum, numa coletividade ou numa organização estatal". Como visto no capítulo anterior, o Estado tem voltado suas ações à conservação do modelo econômico capitalista vigente. Dessa forma, esse Estado, comprometido com a lógica da acumulação de capital, implementa um conjunto de ações de interesse privado. As análises políticas e sociais da organização das sociedades têm revelado o predomínio desses interesses sobre aquilo que pertence à coletividade. Ou seja, aquilo que em princípio deveria atender aos interesses mais gerais acaba sendo apropriado por um determinado setor da sociedade.

A história tem revelado também que a relação estabelecida entre o Estado e os indivíduos é de subordinação e não de participação conjunta e atendimento dos interesses da coletividade. De acordo com Pastori (2000, p. 15), isso tem significado "o aumento da intervenção estatal na regulação coativa dos comportamentos dos indivíduos e dos grupos infra-estatais, ou seja, o caminho inverso ao da emancipação da sociedade civil em relação ao Estado". Dessa forma, não é o interesse da coletividade que define as ações do Estado no espaço público, mas o próprio Estado que, através de mecanismos de coação, manipula o interesse comum.

Essa relação de subordinação para com o Estado coloca o cidadão à margem da possibilidade de ser sujeito das decisões políticas. Ou seja, quanto mais se teatralizar a política – quanto mais os cidadãos forem reduzidos a público, a espectadores das decisões políticas –, menor será o caráter público das políticas adotadas pelo Estado e, consequentemente, menor o seu compromisso com o interesse da coletividade (RIBEIRO, 1992).

Para Benedicto Silva (1986), "na ciência política o povo se reconhece como público enquanto sujeito da opinião pública". Para tanto, é necessário que o Estado implemente ações que garantam efetivamente ao povo reconhecer-se como sujeito público. Isso significa colocar o cidadão não apenas no centro das discussões, mas disponibilizar o conhecimento sobre toda a estrutura da máquina estatal. Entretanto, faz-se necessário estimular no povo o interesse por tais mecanismos, já que a participação política é algo que precisa ser despertado no homem. Por outro lado, o cidadão precisa dominar um conjunto de elementos da cultura que lhe permita compreender essa organização estatal.

Como já mencionado anteriormente, ao longo dos últimos anos assistiu-se no Brasil à perda do controle público em setores estratégicos[2] de atuação do Estado. Benevides (2002), ao fazer uma análise da administração

---

2. Foram atingidos os setores de energia, telefonia, mineração, entre outros. Os resultados desse processo foram a eliminação de parte da força de trabalho e a queda na qualidade dos serviços prestados à sociedade.

FHC e considerá-la lamentável sob todos os aspectos, resume-a "numa pequena frase: a manutenção da dolorosa realidade da nossa tradição política que é a privatização do público. A privatização daquilo que na sua essência não pode ser privatizado" (BENEVIDES, 2002, p. 69).

Dessa forma, além da privatização do público por meio da priorização de interesses privados em detrimento de interesses coletivos, presencia-se de fato o repasse de recursos públicos para a iniciativa privada e a transferência de responsabilidades do setor público para o setor privado. Essa tendência atinge todas as áreas de atuação do governo.

Outra tendência observada é a de que, quando efetivamente não ocorre a privatização de determinados setores, até pela repercussão negativa e pela resistência que pode desencadear, há uma ação de retirada dos meios que assegurem o seu funcionamento. Isso se dá fundamentalmente através da redução de recursos destinados pelo Estado nas mais diversas áreas, que tem como consequência a precarização dos serviços públicos e o fortalecimento da ideia de que o público não funciona.

No que tange à educação, por exemplo, é no ensino superior que se presencia constantemente o repasse de verbas públicas sob a alegação de que é necessário garantir o acesso e o direito à educação. Em contraposição à limitação de recursos para as instituições federais, torna-se corrente o discurso de que o financiamento estudantil e a concessão de isenção fiscal a instituições de caráter privado são imprescindíveis. Como contrapartida dessa renúncia fiscal, as instituições de ensino devem fornecer algumas vagas a alunos desprovidos de recursos financeiros para pagar as mensalidades.

Assim, as instituições educacionais que de certa forma já têm privilegiado em seus discursos a importância de uma formação voltada para a inserção no mercado de trabalho, a partir do momento em que grupos empresariais voltam sua atenção para o ensino (mercado do ensino) como fonte geradora de lucro, acentuam o papel da escola na formação para o trabalho (alienado), para o mercado.

Outro aspecto que merece destaque no debate sobre público/privado é a criação de uma esfera pública, ou seja, a criação de um conjunto de instituições que não são nem públicas nem privadas — o que dificulta imensamente o controle e a identificação de responsabilidades sobre os serviços prestados. Silva (2003) recorre a uma distinção adotada por Luiz Carlos Bresser Pereira para definir os quatro tipos de instituições existentes na sociedade:

> a pública estatal detém o poder de Estado e/ou é subordinada ao aparato do Estado; a pública não-estatal está voltada para o interesse público, não tem fins lucrativos, ainda que regida pelo direito privado; a corporativa também não tem fins lucrativos, mas está orientada para defender os interesses de um grupo ou corporação; a privada, finalmente, está voltada para o lucro ou o consumo privado. (SILVA, 2003, p. 96-97)

A partir do momento em que determinados setores da iniciativa privada são subsidiados com recursos públicos, tais recursos deixam de ser administrados (destinados e fiscalizados) pelo Estado e perdem a possibilidade de controle público. Segundo Silva (2003), embora sem a finalidade específica da sociedade capitalista de gerar lucros, o público não-estatal "coloca-se em um espaço virtual/híbrido que não é nem público nem privado, dificultando a identificação da responsabilidade institucional e facilitando a apropriação dos recursos públicos" (SILVA, 2003, p. 98).

Isso se reflete no âmbito educacional nas escolas comunitárias, confessionais e filantrópicas que, dado seu caráter não-lucrativo, reivindicam verbas públicas. Dessa forma, a discussão sobre a esfera pública manifesta-se no setor educacional "de modo a incorporar como públicas as instituições não-estatais ou comunitárias, considerando que estas não visam lucro" (DOURADO, 2001, p. 289). Assim, outras organizações passam a prestar serviços que antes eram de responsabilidade do Estado.

O autor ressalta, ainda, a pressão das entidades integrantes do Fórum Nacional em Defesa da Escola Pública para assegurar, tanto na Constituição de 1988 quanto na LDB (Lei n. 9.394/96), que recursos públicos fossem exclusivamente destinados às escolas públicas. Porém, na disputa de forças com setores da iniciativa privada, tal projeto foi derrotado no Congresso Nacional. A derrota do projeto desse fórum insere-se numa campanha de desqualificação da escola pública.

Segundo Saviani (1992), a partir do final da década de 1980 a orientação política (neoliberal) assume o discurso do fracasso da escola pública como se tal fato não decorresse da incapacidade do Estado em atender às demandas e necessidades da população. Essa postura, de acordo com o autor, "possibilita que se advogue, também no âmbito da educação, a primazia da iniciativa privada regida pelas leis do mercado" (SAVIANI, 1992, p. 11).

Outra discussão sempre presente no debate público/privado no setor educacional refere-se ao caráter laico do ensino. Na disputa de forças, décadas se passaram sem que se conseguisse assegurar uma educação pública laica. O próprio repasse de verbas para as escolas confessionais, há pouco mencionado, ratifica essa conclusão.

Ao fazer uma revisão sobre o embate público/privado na educação brasileira, Cury (1992) mostra como a polêmica sobre o caráter laico ou religioso do ensino já está presente na sociedade brasileira desde a Constituição de 1891. Desde esse momento o embate já tinha, de um lado, os defensores do ensino laico e livre e, do outro, os defensores do ensino oficial com influência religiosa. Para o autor, a

> recorrente presença do ensino religioso nas escolas públicas representa uma negociação política, cujas raízes se assentam na correlação de forças e não na coerência com as doutrinas do Estado que, por postularem a liberdade religiosa e de consciência, defendem a isonomia do Estado ante toda e qualquer religião. (CURY, 1992, p. 89)

Essa marca privada na educação pública brasileira mantém-se na atualidade. Na correlação de forças durante o processo de elaboração da atual LDB, foi assegurada a oferta do ensino religioso nos horários normais das escolas públicas de ensino fundamental.

Outro aspecto na dicotomia público/privado refere-se à questão da qualidade dos serviços públicos e do compromisso daqueles que atuam na prestação de tais serviços. Foi sendo criada no imaginário social a ideia de que os serviços públicos gozam de má qualidade e de que os servidores não têm responsabilidade pelas funções que executam nas instituições estatais. Produto da intencional precarização dos serviços prestados pelo

Estado nas últimas décadas, essa concepção se faz presente nos serviços da saúde, da infraestrutura, da educação etc.

Para provar sua ineficiência, a lógica da redução da participação do Estado na oferta de serviços se dá através da precarização dos serviços públicos, que pode ser ilustrada com inúmeros exemplos. A demanda por atendimento aumenta sem uma correspondente dotação orçamentária e de recursos humanos. Os salários dos servidores públicos não acompanham as perdas inflacionárias, o que compromete seu acesso a bens culturais. Faltam investimentos na manutenção de prédios e espaços públicos.

Assim, todos aqueles que podem de alguma forma "comprar" os serviços privados o fazem, na busca por maior qualidade. Afinal, todos são "livres" para procurar tais serviços. Resta àqueles que efetivamente não dispõem de outra possibilidade de atendimento procurar os serviços públicos. Estes, por sua vez, são voltados para uma população que, em grande parte, pela situação econômica e social em que vive, não tem condições de reivindicar algo melhor. Assim, reféns de sua própria condição social, conformam-se com os serviços "gratuitos" prestados pelo Estado, que precariamente asseguram a sobrevivência. Dessa maneira, ratifica-se a premissa de que cabe ao Estado, num contexto de produção capitalista, assegurar um clima social que não comprometa a acumulação do capital e a propriedade privada.

Renato Janine Ribeiro (2000) estabelece uma distinção entre o uso dos termos "sociedade" e "social" no discurso dos governantes. O primeiro designa o conjunto dos interesses dos que detêm o poder econômico, são os que respondem pelos interesses de todos. O segundo é usado pelos governantes como adjetivo às políticas paliativas de socorro à miséria. Segundo o autor, isso ocorre porque "o social e a sociedade não se referem aos mesmos meios sociais, às mesmas pessoas, à mesma integração que tenham no processo produtivo, no acesso aos bens, ao mercado, à sociedade, ao mundo dos direitos" (RIBEIRO, 2000, p. 21).

Tudo isso tem como pano de fundo a tentativa de comprovar a eficiência do setor privado em contraposição ao setor público. E, por outro lado, justificar a privatização de determinados setores e a adoção dos princípios privados na administração pública. Na linguagem habitual do "mercado", cidadão não é uma expressão comumente usada; mais adequado é falar do cliente, o potencial consumidor de bens e serviços. Desse raciocínio estão excluídos todos aqueles que não conseguiram vender a sua força de trabalho para garantir sua própria subsistência e, consequentemente, usufruir os confortos e facilidades materiais disponíveis no mundo.

Do que foi visto, pode-se dizer que o privado assume na sociedade brasileira tanto a referência para o público quanto a sua própria função, à medida que funções estratégicas do Estado são de fato repassadas para o setor privado. Da mesma forma, viu-se que no setor educacional tal configuração se manifesta por meio da divisão de responsabilidades com o setor privado, com o constante repasse de recursos para esse setor, que no limite constituem ações para absorver os princípios capitalistas nos programas educacionais.

2.1.1 As políticas públicas educacionais no Brasil

A expressão "política pública" está sendo adotada neste texto para analisar um conjunto de ações implementadas pelo Estado em determinada área. Encontraram-se em alguns autores definições que permitem um aprimoramento do conceito.

Para Janete M. Lins de Azevedo (1997), as políticas públicas representam o "Estado em ação"[3], ou a materialidade da intervenção do Estado. Do ponto de vista da autora, o conceito de políticas públicas "implica considerar os recursos de poder que operam na sua definição e que têm nas instituições do Estado, sobretudo na máquina governamental, o seu principal referente" (AZEVEDO, 1997, p. 5). Na mesma linha, Asa Laurell (1997, p. 153) define política pública como o "conjunto de medidas e instituições que têm por objeto o bem-estar e os serviços sociais".

Edite da Penha Cunha e Eleonora Schettini M. Cunha (2002, p. 12) entendem que a "política social é um tipo de política pública cuja expressão se

---

3. A expressão "Estado em ação" foi extraída, pela referida autora, de Jobert e Muller (1987).

dá através de um conjunto de princípios, diretrizes, objetivos e normas, de caráter permanente e abrangente, que orientam a atuação do poder público em uma determinada área". As autoras indicam, ainda, que as "políticas públicas têm sido criadas como resposta do Estado às demandas que emergem da sociedade e do seu próprio interior" (CUNHA; CUNHA, 2002, p. 12).

Já Nilson do Rosário Costa (1998, p. 7) considera como política pública "o espaço de tomada de decisão autorizada ou sancionada por intermédio de atores governamentais, compreendendo atos que viabilizem agendas de inovação em políticas ou que respondem a demandas de grupos de interesses".

Os autores citados convergem para uma definição de política pública como uma expressão das ações do Estado em determinada área para atender as demandas da sociedade. Dessa forma, pressupõe-se que uma política pública deva voltar-se para o atendimento dos interesses mais gerais de uma coletividade, mas não é exatamente isso que tem ocorrido.

Segundo Faleiros (1991), nos países periféricos as políticas não são de acesso universal, decorrentes do fato de residência no país ou cidadania; "a assistência varia conforme a prioridade dada aos recursos do governo, aos arranjos políticos, às conjunturas eleitorais [...]; não existe um sistema de bem-estar com acesso gratuito, igual e aberto a todos os cidadãos" (FALEIROS, 1991 p. 30). Diante dessa constatação, retoma-se a discussão travada sobre o público e o privado no Estado com a questão: a quem se destinam as políticas públicas? Para Faleiros (1991), a resposta a essa questão parece evidente: os serviços privados destinam-se aos ricos, e os públicos destinam-se aos pobres. Os pobres não têm garantia de inserção, de participação e, consequentemente, de reivindicação de direitos.

Por outro lado, as políticas públicas criam na população, através da publicidade e dos discursos dos governantes, a falsa ideia de inclusão social, de que o governo faz a sua parte. Essa prática pode perfeitamente ser ilustrada por inúmeros programas governamentais lançados nas últimas décadas. Assim, a ilusão criada é de que, se o cidadão não vai bem, por exemplo na escola, é porque fracassou individualmente. De acordo com Faleiros (1991), esses programas fazem a população acreditar na bondade do sistema e no fracasso individual, o que o autor chama de "culpabilização da vítima".[4] E continua:

> Não prevalece o direito de acesso universal do cidadão aos serviços, mas um sistema clientelístico de favores e vantagens. Os benefícios surgem como uma vantagem pessoal, como favores do Estado, e quem os obtém parece ficar devendo uma obrigação a quem os presta. Essa obrigação pode significar até o atrelamento do voto em futuras eleições. (FALEIROS, 1991, p. 31)

Como já visto no capítulo 1, outro aspecto a ser considerado é o atrelamento das políticas públicas no Brasil às determinações de organismos internacionais, como o Fundo Monetário Internacional (FMI) e o Banco Mundial[5], que definem as prioridades dos países periféricos à revelia de suas carências e da vontade de seus cidadãos.

Em artigo publicado no jornal *Folha de S.Paulo*, Silvia Mugnatto (2001) denuncia que o governo federal não cumpriu as metas dos programas estratégicos para o primeiro semestre de 2001. O artigo apresenta números de um relatório elaborado pelo Ministério do Planejamento. Segundo Mugnatto (2001), "o relatório indica baixa liberação de recursos, problemas técnicos e paralisação das obras devido a irregularidades. O governo tem submetido os ministérios a um rigoroso controle de gastos. O dinheiro economizado serve para pagar juros da dívida pública". Em áreas como segurança pública, habitação, obras em rodovias e reforma agrária, observa-se a inércia do governo no investimento dos recursos. Embora na educação a situação não seja tão crítica como nas áreas mencionadas, a média dos gastos liberados ficou em torno de 20%. Esses dados revelam o desinteresse

---

4. A expressão "culpabilização da vítima" é utilizada pelo autor ao referir-se aos trabalhadores que sofrem acidentes no local de trabalho e são considerados culpados por falta de atenção e de compromisso com a função. Porém, as condições e o tempo de trabalho desses sujeitos muitas vezes sequer são considerados. Tal conceito de análise pode perfeitamente ser transferido à escola pública, pois os alunos pobres, que não obtêm a aprovação ou que abandonam a escola, são considerados muitas vezes os culpados pelo seu fracasso escolar. Isso sem considerar as condições de vida desses sujeitos e da própria escola que frequentam.

5. No caso do Banco Mundial, o poder de voto é definido pela soma de capital que cada país disponibilizou. Assim, países como Estados Unidos, Japão e Alemanha concentram a maior parte dos votos. Uma análise dessa questão pode ser encontrada no texto de Soares (2003).

do Estado em relação às políticas públicas essenciais. As camadas menos favorecidas economicamente são, evidentemente, as mais atingidas por essa ineficiência do gasto do recurso público. A educação pública, que depende diretamente dos recursos provenientes dessa rubrica específica, é fortemente afetada. E quem sofre as consequências desse mau uso do recurso público? Certamente, aqueles que já têm acesso aos serviços sociais mais precários: os destituídos de direitos.

A referência à reportagem de Mugnatto serve para ilustrar que os cortes nas políticas sociais constituíram uma constante no governo FHC e continuam ocorrendo na administração Lula. Sabe-se que o rigoroso controle de gastos e o contingenciamento dos recursos têm como finalidade garantir o superávit primário. Assim, recursos que já são insuficientes pela falta de prioridade de aplicação na área social são estreitados por acordos feitos com organismos internacionais, que estabelecem o corte ou o contingenciamento de verbas para pagamento de dívidas ou para garantir as reservas do Brasil contra possíveis ataques especulativos.

O cidadão que depende dos serviços públicos, sem qualquer poder de decisão sobre esses recursos e com dificuldade para lutar e se mobilizar contra essa orientação, é o mais diretamente atingido. Entretanto, é preciso reconhecer que alguns movimentos organizados conseguem, por meio da pressão social, mesmo que esporadicamente, assegurar a preservação de alguns direitos.

Alguns aspectos têm caracterizado as políticas educacionais implementadas no processo de reforma do Estado no Brasil durante a década de 1990. Um deles é a transferência de responsabilidades da União para com estados e municípios por meio da descentralização de recursos, cujo importante exemplo foi a criação do Fundo de Manutenção e Desenvolvimento do Ensino Fundamental e de Valorização do Magistério (Fundef), Lei n. 9.424/96, cuja vigência tornou-se obrigatória a partir de 1º de janeiro de 1998. Outro aspecto é a centralização do controle e das decisões na esfera educacional, tanto por meio da criação de precários mecanismos de avaliação quanto da definição de parâmetros e diretrizes para o ensino.

No caso do Fundef, o primeiro ponto a ser observado é a restrição do atendimento ao ensino fundamental, desconsiderando os outros níveis de ensino da educação básica: infantil, médio e a educação de jovens e adultos. Um outro ponto a ser observado é a questão dos recursos financeiros. A esse respeito, Nicholas Davies (2001) afirma que, com a criação do Fundef, não houve dinheiro novo na educação, apenas a sua redistribuição; entretanto, tal fato não equilibrou a distribuição de recursos nas diferentes regiões do país, dada a desigualdade tributária em cada uma delas. O autor chama, ainda, a atenção para o projeto de reforma tributária do governo, que tem como finalidade extinguir e redimensionar impostos. Caso ocorra a eliminação de algum imposto que compõe o Fundef, este estará automaticamente extinto[6].

Em relação ao financiamento da educação, por melhores que sejam as ações e a aplicabilidade dos recursos, sabe-se que não é possível atingir grandes avanços nos projetos educacionais se não houver uma ampliação da dotação orçamentária. Afora isso, há que se ter mecanismos de controle e fiscalização desses recursos para que efetivamente sejam aplicados na área educacional e não sejam desviados para outras finalidades.

Por outro lado, é necessário evitar de toda forma que as escolas busquem determinadas alternativas para driblar as dotações orçamentárias insuficientes para a manutenção de suas instalações e de seu funcionamento, como é o caso da locação de espaços, da cobrança de contribuições, do estabelecimento de parcerias com empresas privadas, que comprometem o caráter público do ensino.

Numa análise sobre a política educacional que vem sendo implementada no Brasil nos últimos anos, Saviani (2001, p. 37) afirma que a flexibilização e a centralização de responsabilidades têm forçado

> os municípios a assumir os encargos do ensino fundamental associados a apelos à sociedade de modo geral, aí compreendidas as empresas, organizações não-governamentais, a comunidade próxima à escola, os pais e os próprios cidadãos individualmente considerados, no sentido de que cooperem, pela

---

6. Sobre financiamento da educação, consultar Pinto (2000). Uma análise detalhada sobre o Fundef pode ser encontrada em Davies (2001).

via do voluntarismo e da filantropia, na manutenção física, na administração e no próprio funcionamento pedagógico das escolas.

No que tange aos recursos destinados à educação, é preciso salientar a pouca disposição de alguns governantes para aplicar os percentuais previstos em lei para esse setor, embora quase sempre os dados oficiais mostrem certa adequação na aplicação desses percentuais. No caso do estado do Rio Grande do Sul, a Constituição do Estado prevê que 35% dos recursos oriundos da arrecadação de impostos sejam destinados para a educação.

Se a partir dos anos 1990 as políticas educacionais priorizaram a "descentralização" de recursos, o mesmo não ocorreu com a definição de diretrizes e com a avaliação para o sistema educacional. A centralização na fixação de parâmetros curriculares e na criação de formas de avaliação do ensino (Saeb, Enem, ENC[7]) revela a manutenção do controle sobre o sistema educacional. De acordo com Oliveira (2000, p. 78), "quem define o que será examinado passa a deter o poder indutor sobre o conjunto do sistema educacional, sem ter que arcar com o ônus de eventuais insucessos na gestão pública".

Outro ponto que merece destaque nos textos das políticas educacionais refere-se à apropriação e à desconfiguração de questões tradicionalmente defendidas por setores progressistas, como a autonomia, a gestão democrática e a implantação de ciclos. Segundo Oliveira (2000), princípios antes defendidos pelos progressistas são incorporados às reformas educacionais na década de 1990, o que torna qualquer luta contra o projeto hegemônico bastante difícil. Dessa forma, assumir uma postura contrária à implementação desses projetos (os ciclos, por exemplo) pode denotar uma postura conservadora e parecer uma defesa do que se tinha antes, que evidentemente não é o que se quer.

Em uma reflexão sobre as políticas educacionais no sistema capitalista, Davies (2001) afirma que para as classes populares, por melhores que sejam,

---

7. Sistema Nacional de Avaliação da Educação Básica (Saeb); Exame Nacional do Ensino Médio (Enem); Exame Nacional de Cursos (ENC), o "Provão". Em 2004 foi implementado o Sistema Nacional de Avaliação da Educação Superior (Sinaes), que substituiu o ENC.

os avanços na área educacional estarão limitados a obstáculos de natureza estrutural, ou seja,

> uma escola pública em quantidade e qualidade (mesmo a burguesa) para todos não parece ser viável dentro da ordem burguesa, pelo simples fato de isso não ser necessário às classes dominantes brasileiras e aos seus representantes nos governos federal, estaduais e municipais, que, subservientes que são à ordem capitalista mundial e à sua reprodução no âmbito nacional, precisam incorporar à escola, ao mercado de trabalho e de consumo apenas uma parcela da população (e de modo bastante diferenciado!). (DAVIES, 2001, p. 46)

2.1.2 As possibilidades de uma política pública participativa

Já foi mencionado neste estudo que, se o dinheiro público administrado pelo Estado pertence ao povo, então há que existir mecanismos que possibilitem o efetivo controle de tais recursos. Segundo Bobbio (2001, p. 889), o ideal democrático pressupõe

> cidadãos atentos à evolução da coisa pública, informados dos acontecimentos políticos, ao corrente dos principais problemas, capazes de escolher entre as diversas alternativas apresentadas pelas forças políticas e fortemente interessados em formas diretas ou indiretas de participação.

Não há quem se diga contrário à participação. Os discursos oficiais estão repletos de argumentos em favor da democracia e da participação da sociedade nas decisões governamentais. Entretanto, escassos são os canais e mecanismos criados para assegurar essa intervenção. A presença dos conselhos e de fóruns ainda é muito incipiente nas administrações públicas. Em muitos casos, tais organismos são compostos por pessoas indicadas por aqueles que integram o Poder Executivo e apenas legitimam intenções e ações dos próprios governantes.

No caso das políticas educacionais não tem sido diferente. São raras as experiências que contam com a participação da sociedade na definição de seus encaminhamentos. Sobre essa questão, Paro (2001a, p. 43) afirma:

Com relação às pessoas envolvidas no cotidiano escolar, parece que as políticas educacionais têm passado à margem da opinião, da vontade e da disposição daqueles de quem o ensino depende inquestionavelmente para ser realizado, quais sejam, os atores da prática educativa escolar, especialmente professores e estudantes.

A participação tem constituído foco de investigação em diversas áreas. Em especial na área educacional, nas últimas décadas afloraram os estudos (Patto, 1999; Paro, 2000c; Sousa, 1996; Yukizaki, 2002) que têm seu objeto de investigação na análise da participação dos usuários da escola e dos movimentos sociais organizados.

Grande parte desses estudos faz uma análise mais centrada na relação escola e comunidade, ou seja, volta-se para a reflexão sobre a participação dos pais, dos alunos e dos educadores nas decisões no interior da escola. A contribuição de tais produções, no que tange ao envolvimento das comunidades nas decisões escolares, diz respeito ao desvelamento das relações produzidas no interior da escola e do modo como estas sofrem a influência de agentes externos, dada sua inserção num determinado contexto histórico, político e econômico.

Alguns estudos mostram até mesmo como algumas escolas no discurso definem suas práticas como sendo democráticas,[8] mas implantam ações autoritárias, que apenas contribuem para a formação de sujeitos submissos. Na realidade, ao se considerar a noção de democracia disseminada na sociedade, parece coerente que os educadores concebam as ações restritas a consultas sobre determinadas questões como características de uma gestão democrática.

No Brasil, as escolas públicas estão inseridas numa realidade social cujos problemas nas esferas da moradia, da alimentação, do acesso a bens culturais, afetam as populações em desenvolvimento e certamente limitam sua participação mais efetiva nas decisões políticas e até mesmo a reivindi-

---

8. No livro *Reprovação escolar: renúncia à educação*, Vitor Paro ilustra em sua pesquisa esse tipo de situação.

cação dessa participação. De certa forma, pode-se dizer que tal configuração facilita a manipulação das opiniões.

Este estudo propõe-se a analisar como uma escola inserida num determinado contexto se organiza para participar na definição de princípios e diretrizes de uma política educacional. Propõe-se a analisar como se manifestam e caracterizam as disputas numa determinada correlação de forças. Dessa forma, se pensar na gestão democrática no espaço da escola já é algo que assusta — sobretudo aqueles que mantêm uma postura conservadora diante da possibilidade de envolvimento do cidadão nas decisões políticas —, imaginar a construção de um processo de reflexão sobre as ações escolares que conduza ao delineamento de uma política pública parece algo mais complexo. Paro (2001a) vai além do envolvimento no processo decisório, ao defender que as políticas públicas comprometidas com objetivos democráticos devem propor a ruptura com uma estrutura didática e administrativa não comprometida com a liberdade e com a formação de sujeitos históricos.

No caso de uma política participativa, em que as prioridades ou os princípios são definidos pelos cidadãos, faz-se necessário um processo de reflexão organizado que leve os sujeitos envolvidos na definição da política a perceberem a necessidade de ruptura com uma determinada estrutura escolar, o que não é tarefa trivial, sobretudo em situação de pouca tradição participativa.

O processo de preparação e implementação da CE pressupunha a organização de grupos de discussão nas escolas para diagnóstico, avaliação e encaminhamento de sugestões para a elaboração dos princípios e diretrizes da educação no Rio Grande do Sul. Como já exposto, o agrupamento de pessoas de diversos segmentos constituía uma característica do processo. O contato "face a face" deveria ocorrer tanto em pequenos quanto em grandes grupos. Nesses espaços, as ideias e vontades deveriam ser discutidas, analisadas e encaminhadas para ser tratadas nas etapas seguintes.

Em um processo com tais características, logo se questiona como ocorrem as decisões: se são fruto de opções da coletividade ou fruto de vontades individuais que entram em disputa. Para que este último caráter não prevaleça, parece ser necessário todo um período de amadurecimento de ideias e de efetivo exercício democrático de reflexão sobre as necessidades da coletividade. No caso de uma política governamental, pode-se pensar, ainda, na influência que podem ter aqueles que fazem parte da equipe de governo, na medida em que são portadores de uma determinada posição.

A teoria das decisões coletivas parece fornecer alguns elementos para subsidiar essa discussão. Segundo Roberto D'Alimonte (2000), as decisões coletivas são aquelas "em que o sujeito que decide não é o singular, mas o 'coletivo' ou, melhor, o 'grupo'". Isso significa que uma decisão coletiva pode ser tomada por uma só pessoa que represente a vontade de um grupo. Por outro lado, ainda de acordo com o autor, "parte dos escritores prefere falar de decisões coletivas só quando se trata de grupos em que a relação entre os membros é do tipo 'face a face'" (D'Alimonte, 2000, p. 309).

Em relação ao problema do conjunto de vontades e interesses individuais num processo de decisão coletiva, para essa teoria conta mais a existência de um grau mínimo de interdependência entre os membros do grupo do que propriamente o contato face a face (D'Alimonte, 2000).

É necessário mencionar que as decisões coletivas, no estudo aqui realizado, eram feitas em pequenos e grandes grupos. As reuniões realizadas nas escolas contavam com a participação dos membros da comunidade escolar. Já as reuniões regionais contavam com a participação de representantes dessas comunidades. Nos pequenos grupos, pressupõe-se uma maior proximidade e afinidade dos membros (o que necessariamente não significa homogeneidade de posições) e um contato face a face mais efetivo. Já nos grandes grupos, a proximidade dos membros é menor e a tendência de que as pessoas pouco se conheçam é mais provável.

Um aspecto fundamental na decisão coletiva diz respeito à maneira como ocorre o processo decisório. Segundo D'Alimonte, quando se tem no processo a definição de metade mais um, tem-se uma maioria hegemônica. Para o autor, esse critério pode não caracterizar a "equidade" dos resultados do processo decisório, pois dentro de um grupo uma maioria pode predominar sobre uma minoria, e os benefícios de uns se darem às custas do prejuízo de outros. Um processo com tais traços pode não beneficiar a coletividade. Assim, "a decisão coletiva poderá ser de 'soma zero', no sentido de que uma parte ganha o que a outra perde" (D'Alimonte, 2000,

p. 310). Em vários momentos da coleta de dados deste trabalho, presenciou-se tal fato.

Por outro lado, a "regra da maioria" poderá funcionar se, mesmo não existindo formalmente tal maioria, as preferências e interesses dos membros do grupo forem suficientemente homogêneos. Assim, uma certa homogeneidade nas preferências individuais poderá garantir que se chegue a um denominador comum que satisfaça os interesses dos membros do grupo, o que implica necessariamente convencer por meio de argumentos. Dessa forma, todos cedem em prol de um interesse mediano que não necessariamente produz um consenso, mas uma convergência de ideias.

Outro aspecto destacado por D'Alimonte diz respeito às compensações. Isso significa que um determinado grupo cede numa certa decisão a fim de que possa reivindicar outras em processos resolutivos posteriores, ou seja, os membros do grupo trocam "seu assentimento a uma decisão de hoje, pela obtenção da satisfação dos próprios interesses amanhã" (D'ALIMONTE, 2000, p. 311). Tal estratégia foi observada nesta investigação em situações do tipo: "eu voto no teu projeto e depois tu votas no meu", o que caracteriza o popular "toma lá dá cá".

Há dois elementos presentes na história política que merecem destaque sobre as decisões coletivas: a persuasão e a coerção. Enquanto a persuasão refere-se ao convencimento, a levar alguém a aceitar ou a fazer algo e aceitá-lo como certo, a coerção volta-se para uma forma de obrigar, de impor uma vontade a alguém, podendo ocorrer mediante o uso da força. O debate sobre esses pontos será retomado nos últimos capítulos deste livro.

Inúmeros e complexos aspectos podem comprometer o sucesso de uma política pública que pretende contar com a efetiva participação da sociedade no seu delineamento. No que tange às políticas participativas, talvez a experiência mais conhecida no Brasil seja a do Orçamento Participativo (OP), cujo funcionamento foi objeto das análises de diversos autores. Entre essas análises, é possível mencionar o trabalho realizado por Leonardo Avritzer (2003).

Ao analisar uma dessas experiências, o autor mostra como a implementação de uma política difere de uma localidade para outra. Entretanto, alguns aspectos, comuns a qualquer localidade, podem facilitar ou dificultar o desenvolvimento dessa política. O autor destaca quatro desses aspectos: a infraestrutura associativa; a vontade política da administração local; o desenho institucional da política implementada; e a capacidade financeira de realizar políticas participativas e de implementar seus resultados (AVRITZER, 2003).

A infraestrutura associativa refere-se às condições pré-existentes de organização da sociedade na tomada de decisões coletivas. Assim, naquelas localidades que já possuem um conjunto de associações com uma sólida tradição de debate, discussão e envolvimento nas questões políticas, torna-se mais fácil propor uma política participativa.

A vontade política da administração, tanto na implementação da política quanto no cumprimento daquilo que foi decidido coletivamente, constitui um elemento fundamental para garantir o sucesso das ações propostas. Dessa forma, é essencial o compromisso coletivo daqueles que ocupam cargos no governo com o processo decisório instalado.

É imprescindível o cuidado com a forma como será conduzido o processo, em outras palavras: com seu desenho institucional. Faz-se necessário criar um mecanismo que assegure a efetiva participação e, além disso, permita aos sujeitos envolvidos no processo perceber sua evolução e seu aprimoramento. O cuidado com o desenho institucional é importante porque em determinados processos de decisão coletiva não é raro constatar-se a realização de um grande número de reuniões que mantêm determinadas pautas sem avançar nos debates e sem definir prioridades. Inversamente, também podem ocorrer encontros nos quais os participantes apenas votam em uma ou outra proposta, sem muitas vezes terem a clareza plena do que está sendo desenvolvido. Dessa forma, o desenho institucional da política ganha grande importância na medida em que motiva ou não os participantes a permanecerem envolvidos nos processos decisórios.

A capacidade financeira de realizar políticas participativas e de implementar seus resultados define a credibilidade da política participativa, ou seja, a viabilidade de atender às demandas indicadas durante o processo deliberativo. Esse aspecto cumpre um papel fundamental, pois, se é criado um canal de participação para a tomada de decisão sobre algo não-exequível, denota-se uma falsa proposta administrativa, que compromete tanto a credibilidade do projeto quanto a instalação de novos processos deliberativos. Assim, todas as expectativas daqueles que participaram do processo são frustradas.

Dessa forma, ao mesmo tempo em que se criam os mecanismos que propiciam a participação coletiva também podem ser criados os canais para seu esvaziamento. Ou seja, se um governo estimula a participação popular sem, entretanto, responder às suas demandas, isso pode conduzir a um esvaziamento e a uma desarticulação desses movimentos, através de vetos ou mesmo do não-atendimento de solicitações.

Outro aspecto que precisa ser considerado na análise de uma política refere-se à sua abrangência. Segundo Avritzer (2003), é muito diferente analisar uma política municipal e uma estadual, dadas as suas distintas competências e sua possibilidade de execução de determinadas prioridades.

É, ainda, possível identificar nessa discussão um processo que se poderia chamar de "participação ilusória". Isto é, uma administração cria uma estratégia de consulta popular sem que haja na realidade qualquer ponto em questão para efetivamente ser decidido. Trata-se apenas de um mecanismo para legitimar as pretensões e as ações de uma administração que utiliza um processo participativo para criar uma imagem democrática e progressista perante a opinião pública.

Uma política participativa pode também se constituir numa forma de controle dos movimentos sociais. A partir do momento em que tais grupos dispõem, mesmo que parcialmente, de instrumentos para fazer valer suas vontades, configuram-se como parceiros daqueles que são os gestores. E não representam, dessa forma, uma ameaça à administração.

2.2 A escola pública e a formação para a democracia

A história da humanidade é marcada pelo aprimoramento das suas condições de existência. Para aprimorar-se historicamente, o homem precisa apropriar-se daquilo que foi produzido por outras gerações. Todos os bens culturais que, por princípio, deveriam ser de acesso universal e servir para o homem viver melhor não estão à disposição da maior parte da população mundial. Pelo contrário, têm servido para acirrar as disparidades entre as classes sociais, fazendo com que uma delas viva cada vez pior.

Uma pergunta que certamente aflige aqueles que não se conformam com a situação social vigente é: por que uma parcela tão grande da população que está à margem de todo o acúmulo cultural produzido pela humanidade não reivindica o acesso a esse patrimônio coletivo?

Uma explicação para isso estaria na consciência das pessoas sobre suas reais condições de existência, o que limita qualquer mobilização em prol de uma transformação social. E essa consciência é produzida pela própria sociedade capitalista. De acordo com Marx (1977, p. 24), "o modo de produção da vida material condiciona o desenvolvimento da vida social, política e intelectual em geral. Não é a consciência dos homens que determina o seu ser; é o seu ser social que, inversamente, determina a sua consciência". Na lógica desse modelo de sociedade, as desigualdades são camufladas nos princípios da individualidade e da liberdade de cada um para agir.

Sobre essa questão, Vitor Paro (2002), apoiando-se nas ideias de Sanchez Vásquez, afirma que a consciência está presente em toda atividade humana. Segundo o autor, a consciência manifesta-se mais intensamente na práxis criadora, mas também se mostra na práxis reiterativa ou imitativa. Dessa forma, quanto maiores forem as possibilidades de apropriação daquilo que foi produzido pela humanidade para o desenvolvimento do homem, maiores serão as chances de elevação do seu grau de consciência. E, consequentemente, serão ampliadas as possibilidades de produzir uma práxis reflexiva que permita ao homem não se conformar e lutar pela superação das condições de vida propiciadas pela sociedade capitalista.

Em outras palavras, as pessoas não têm a dimensão plena do quanto são exploradas e dominadas e do quanto suas péssimas condições de vida são necessárias à manutenção do capitalismo. Isso é produzido por esse modo de produção: "a religião, a família, o Estado, o Direito, a moral, a ciência, a arte etc., constituem apenas modos particulares da produção e submetem-se à sua lei geral"; é o que Marx chama de "vida humana alienada" (MARX, 2001, p. 138).

A eficiência desse modo de produção está na sua capacidade de afetar a vida humana em todas as suas dimensões: política, econômica, social e cultural. Segundo Konder (2000), o mercado é o centro da vida social na sociedade capitalista. As ações dos homens, em todas as esferas do seu cotidiano, são influenciadas pela ideologia dominante.

Nesse sentido, a educação, entendida como apropriação da cultura produzida historicamente, cumpre um papel importante, pois à medida que fornece certos elementos intelectuais acaba por "possibilitar às pessoas das classes subalternas captarem de maneira mais objetiva a própria realidade social contraditória" da qual fazem parte (Paro, 2002, p. 108).

Evidentemente, isso não interessa às classes dominantes. Assim, o não-acesso ao saber torna-se fundamental para manter a condição de explorados dos mais pobres. Nas análises realizadas por Marx (1989), isso é evidenciado ao longo dos séculos XVIII e XIX. De acordo com o autor, já na época de suas análises, para o capitalista era importante manter os trabalhadores sem educação. Quanto menos tivessem acesso à educação, menos reivindicariam seus direitos e menos condições teriam de resistir à situação degradante de trabalho e de vida que tinham.

Obviamente, dos escritos de Marx até hoje muita coisa mudou no mundo; porém, de fato pode-se dizer que a educação a que têm acesso os filhos da classe trabalhadora ainda é muito precária.

Em uma reflexão sobre a formação da identidade dos professores, Miguel Arroyo (2002) mostra como durante as décadas de 1980 e 1990 a preocupação com a politização dos professores marcou a atuação dos sindicatos e movimentos de educadores. Para o autor, muitos eventos organizados deram ênfase à formação política, das análises globais e críticas acentuadas às políticas oficiais. Se, de certa forma, tais análises ampliaram a consciência política e a visão dos professores sobre suas responsabilidades no interior da escola, por outro lado induziram uma interpretação sobre a escola, como se para entendê-la bastasse olhar para as estruturas e ideologias que a produzem e por ela são, em certa medida, reproduzidas. Segundo esse autor, "a consciência do papel social e da identidade de mestre terá de articular o cotidiano de sua prática com as múltiplas determinações do social" (Arroyo, 2002, p. 208). Ou seja, uma reflexão sobre a escola pública não deve centrar-se no privilégio das questões estruturais nem na concessão apenas às questões do cotidiano, da vivência, das práticas diárias.

De certa forma, a CE parece ter privilegiado uma ação nesse sentido, uma reflexão sobre as questões macroeconômicas, mas também uma reflexão sobre o cotidiano, sobre as vivências, sobre os limites da ação docente. Assim, além da denúncia e da reflexão sobre as políticas oficiais, era previsto nos encontros que deveriam ser realizados em cada escola um espaço para exposição de experiências e problematização das dificuldades vividas no cotidiano escolar.

Como já foi visto, o fundamento básico da democracia é a soberania popular, o respeito à vontade do povo. Mas, como pode um povo decidir autonomamente se não é capaz de interpretar um projeto governamental ou mesmo perceber que um projeto lhe é prejudicial e reivindicar que não seja executado? Se esse povo não tem acesso a uma educação que lhe permite lutar pelos direitos já garantidos, bem como exigir novos direitos, como pode inserir-se numa luta pela transformação social?

Primeiramente, é necessário pensar na escola como um espaço de formação desprendido do mercado como referência das decisões. Uma escola onde os professores não vendam simplesmente sua força de trabalho, como ocorre na empresa capitalista. Segundo Arroyo (2002), é preciso mudar a imagem social do professor, tão pobre, utilitarista e adestradora. De acordo com o autor:

> A imagem que a sociedade faz do professor e que muitos ainda fazem de sua função, transmitir saberes escolares, ensinar competências e habilidades, preparar para concursos e vestibulares, aplicar provas, dar notas, aprovar ou reprovar, credenciar, atestar para passar de ano, de série, de nível... tem pouco de profissional e de específico, qualquer um pode fazer desde que saiba esses saberes e seja treinado. Essa imagem tem pouco de pública, pois reproduz e serve à lógica do privado, do mercado. Mantendo essa imagem será difícil afirmar uma cultura profissional pública. [...] pouco adianta lutar por salários, por reconhecimento social se continuarmos vendo-nos a nós mesmos e sendo vistos como treinadores da juventude para concursos, provas e vestibulares. (ARROYO, 2002, p. 193-194)

É preciso pensar na escola pública como um espaço dinâmico onde se encontram sujeitos em constante formação, que se modificam e modificam o ambiente ao seu redor. Segundo Paulo Freire (1999, p. 25), "é preciso que, [...] desde os começos do processo, vá ficando cada vez mais claro que, embora diferentes entre si, quem forma se forma e reforma ao formar e quem é formado forma-se e forma ao ser formado".

Assim, considerar a condição de sujeito daqueles envolvidos no ato educativo e possibilitar a ampliação do seu olhar sobre o mundo de modo crítico e consciente torna-se imprescindível. Podem-se lembrar aqui as preocupações de Maquiavel em torno do Estado, que há mais de cinco séculos levaram-no a escrever lições para o povo sobre sua necessária educação política para que aquele pudesse lutar contra a tirania.

Por outro lado, o povo precisa ser capaz de perceber que, embora determinados projetos estampem em seus "rótulos" a minimização das desigualdades e da exclusão social, na realidade muitos deles destinam-se a atender aos interesses da classe dominante. Marx (2002, p. 52) já atentava para esse fato:

> E assim como na vida privada se diferencia o que um homem pensa e diz de si mesmo do que ele realmente é e faz, nas lutas históricas deve-se distinguir mais ainda as frases e as fantasias dos partidos de sua formação real e de seus interesses reais, o conceito que fazem de si do que são na realidade.

Retomando a discussão sobre o fato de os princípios que orientam as ações do mercado afetarem a vida do homem, pode-se dizer que a própria formação da personalidade humana é atingida. As crianças são levadas a crer que devem acumular o máximo de conhecimentos, pois estes lhes serão úteis num invisível futuro altamente competitivo que terão de enfrentar quando adultos, como se coubesse a cada uma, individualmente, a capacidade de definir seu próprio destino. Aos mais pobres recai a culpa e o fracasso individual de sua própria pobreza, como se isso não fosse produzido socialmente.

A infância e a adolescência tornam-se, na sociedade capitalista, verdadeiras preparações para a inserção no mercado de trabalho. Faz-se necessário, dessa forma, "aprender" a falar outras línguas, a manusear programas de computador, pois esses conhecimentos "farão a diferença" na disputa por uma vaga no mercado de trabalho.

Essa percepção está disseminada entre as diferentes camadas econômicas da população. Sobre essa questão, Paro (2001a, p. 20) afirma: "a vida dos membros das camadas trabalhadoras, desde a infância, é preenchida por preocupações a respeito do trabalho alienado que está desenvolvendo ou vai desenvolver".

Os valores que permeiam isso tudo são os da competitividade, do superar o outro, do individualismo, em detrimento da cooperação, da solidariedade e da generosidade. Como escreveu Marx (1989, p. 551), "numa sociedade de interesses antagônicos, cada um concorre para o bem comum procurando obter seu próprio proveito pessoal".

Na realidade, a escola, como instituição inserida em um determinado modelo de sociedade, incorpora os valores ali predominantes. De acordo com István Mészáros (2004), esta escola orientada para o mercado volta-se para o aprender a vencer. Nessa perspectiva, os valores humanos não constituem conteúdo do ensino e tornam-se irrelevantes na medida em que não geram lucro direto. Assim,

> o interesse hoje é de criar meios de expansão do capital. O que as pessoas aprendem para sua realização pessoal, os chamados valores úteis, têm cada vez mais sido compreendidos como valores comerciais ou valores de troca. A grande reforma será redirecionar o conceito de valor útil para eliminar as condições miseráveis da humanidade hoje. (Mészáros, 2004)

Ao longo da década de 90 do século XX predominou, da escola à fábrica, o discurso da qualidade e da produtividade, da necessidade de formar um homem eficiente, com iniciativa, criativo e adaptável a novas situações. Esse novo perfil exigido do trabalhador serve como "justificativa" para o afastamento de um grande número de pessoas do emprego. É uma tentativa de culpar os próprios trabalhadores pela perda do espaço no mercado de trabalho com o argumento da ausência de capacidade criativa, quando as funções que executam exigem, na maior parte das vezes, a mera operação de determinados equipamentos.

De fato, toda essa orientação está impregnada dos princípios da ideologia neoliberal, predominante no mundo nas últimas décadas, que tem como representante principal o teórico Friedrich Hayek. Para esse autor, "o princípio fundamental é a liberdade do mercado, pois este é o único justiceiro que premia, de acordo com o esforço individual, os mais capazes e aptos" (Frigotto, 2000, p. 88).

Em um mundo onde impera a lógica de que apenas alguns serão vitoriosos, prevalece a ideia de que os que estão excluídos são culpados pelo seu fracasso. Afinal, todos podem ter acesso, por exemplo, à escola. Não estuda quem não quer. Os pobres são levados a arcar com a culpa de sua pobreza, pois não se esforçam para ter uma vida melhor.

Os países subdesenvolvidos e em desenvolvimento, entre eles o Brasil, são constituídos por sociedades em que apenas uma parte minoritária da população tem uma vida digna. Em sociedades em que as condições de acesso à cultura, à educação, ao lazer, ao trabalho, à moradia são quantitativa e qualitativamente tão diferentes entre as camadas mais e menos economicamente favorecidas da população, as desigualdades tendem apenas a se acirrar.

As crianças e os adolescentes provenientes das camadas subalternas têm como única eventual alternativa a matrícula na escola pública. O problema não é o fato de a escola ser pública. O problema, já mencionado anteriormente, é que essa escola pública, de pretenso acesso universal, tem-se voltado para a preparação para o trabalho alienado. Isso significa que essa escola, destinada aos filhos das classes trabalhadoras, é orientada quase exclusivamente pelos interesses da classe dominante.

De acordo com Frigotto (2000), o aniquilamento da escola pública constitui, no campo educativo, um dos propósitos do projeto neoliberal. Isso ocorre

> mediante os mais diversos subterfúgios: escolas cooperativas, sistemas escolares de empresas (Bradesco, Xerox, Rede Globo de TV); adoção da ideia de bônus educacional de Friedman, adoção por empresas de escolas públicas, escolas organizadas por comunidades ou centros habitacionais populares. (Frigotto, 2000, p. 103)

Em alguns países, a adoção de uma "lógica de mercado na educação" já pode ser percebida há alguns anos através da introdução de mecanismos de desregulamentação e privatização do ensino. A introdução de tais mecanismos reduz, evidentemente, o controle público sobre a educação, já que dispersa as formas de oferta educativa.

De acordo com João Barroso (2003), alguns dispositivos adotados traduzem essa tendência em educação. São eles: 1) o reforço da autonomia das escolas: transferência de responsabilidades para as escolas, conferindo a cada nível de ensino a elaboração da política educativa e o compromisso com o funcionamento geral da escola. O argumento usado para a adoção de tal medida é intensificar a produtividade e a eficácia da escola; 2) privatização da gestão: nesse caso, a gestão passa a ser responsabilidade de uma organização que é financiada com recursos públicos. Nesse modelo, a organização tem a responsabilidade sobre todas as ações, desde a contratação de pessoal à elaboração de currículos; 3) flexibilização das normas: as escolas recebem uma autorização que as desobriga de cumprirem determinações do Estado. Trata-se de um mecanismo de desregulamentação; 4) contratualização: as escolas públicas são entregues a um grupo de contratantes que assumem todas as responsabilidades pela gestão da escola. O exemplo mais conhecido deste modelo é o das *charter-schools* nos Estados Unidos; 5) financiamento direto às famílias: é um recurso conhecido como *voucher*. Trata-se de um financiamento direto às famílias, que recebem um bônus para escolherem uma escola privada para os filhos; 6) ensino doméstico: modalidade mais presente nos Estados Unidos; nesse caso, as famílias recebem auxílio do Estado e são responsáveis pelo ensino obrigatório dos filhos.

As orientações dos acordos estabelecidos internacionalmente para que se tenha um projeto uniforme de educação são sentidas em várias partes do mundo. A exemplo disso, principalmente a partir do Tratado de Maastricht[9], assiste-se nos países europeus ao desenvolvimento de debates sobre a formulação de um modelo europeu de educação que sirva para homogeneizar as ações empreendidas naqueles países no campo educacional.

---

9. O Tratado de Maastricht foi um acordo firmado em 1991 que criou a União Europeia, ampliando para 15 o número de países que integravam o bloco econômico europeu. Trata-se de uma estratégia capitalista para superar crises econômicas e enfrentar a concorrência em nível mundial.

Nesse sentido, pode-se inferir que nações com padrões diferentes de desenvolvimento econômico, com realidades sociais bastante diversas e com distintas formas de governo adotam princípios semelhantes no setor educacional.

Ao fazer uma análise desses mecanismos, Barroso (1999) conclui que são fundamentalmente os alunos provenientes da classe média que se beneficiam dessas medidas. O autor justifica essa constatação com o fato de que nem todas as famílias dispõem de uma mesma "bagagem cultural" e material para poderem fazer as melhores escolhas "racionais" para seus filhos.

Em *O capital*, Marx (1989) cita um relatório no qual a educação é avaliada como um mal aos trabalhadores, já que os torna independentes. O autor mostra também como se expressavam aqueles que defendiam a exploração ilimitada dos trabalhadores: "o saber aumenta e multiplica nossos desejos, e quanto menos um homem deseje, mais fácil é satisfazer suas necessidades" (MANDEVILLE apud MARX, 1989, p. 715). Ou seja, quanto menos acesso à informação e ao conhecimento tem o homem, mais fácil torna-se convencê-lo e manipulá-lo.

Sem desconsiderar Mandeville, Saviani (1992) argumenta que o entendimento presente nos clássicos da política é de que uma instrução básica pode ser benéfica aos trabalhadores, desde que seja à custa do poder público e não ultrapasse os aspectos rudimentares. Um diagnóstico da qualidade da educação a que tem acesso a imensa maioria da população brasileira revela a contemporaneidade dessas reflexões produzidas ao longo do século XIX.

Desse trecho surge o seguinte questionamento: o que levou a burguesia a situar a educação no âmbito do poder público? No texto em que faz uma reflexão sobre a relação entre Estado e educação, Saviani (1992) permite uma resposta a tal questão. Afirma que, para Adam Smith, um mínimo de educação (ler, escrever e calcular) para o povo deveria ser garantido pelo Estado, já que a instrução permite ao povo ser mais decente e causar menos desordem. No que tange à educação destinada a toda a população, "o empreendimento capitalista se inviabiliza, demandando a interveniência do poder público" (SMITH apud SAVIANI, 1992, p. 19). Assim, a educação dos trabalhadores deveria limitar-se à instrução. Saviani (1992, p. 21) estabelece uma distinção entre o papel do Estado em relação à educação no liberalismo e no socialismo:

> Em síntese, dir-se-ia que o liberalismo, enquanto ideologia da burguesia no poder, podia definir sem reservas a responsabilidade do Estado em matéria de educação já que, por controlar o Estado, a burguesia estaria, dessa forma, controlando a educação. O socialismo, não tendo os trabalhadores o controle do Estado, só poderia definir com reservas o papel do Estado na educação, o que significa que a luta dos trabalhadores pelo controle da instrução se articulava com a luta mais ampla pelo controle do processo produtivo e do próprio Estado.

Entretanto, as mudanças no mundo capitalista refletem adaptações nas estratégias liberais de intervenção do Estado na vida social.

Os neoliberais, defensores do "Estado mínimo", advogam que todas as formas de proteção aos trabalhadores tendem a "tolher a livre iniciativa e a individualidade, acabando por desestimular a competitividade e a própria ética do trabalho" (Azevedo, 1997, p. 13). Isso porque é no mercado que o indivíduo deve satisfazer livremente suas necessidades. Dessa forma, segundo Azevedo (1997), a ação do Estado tende a desrespeitar os princípios da liberdade e da individualidade e pode levar o indivíduo à acomodação e à dependência de recursos estatais, estimulando a indolência e a permissividade social. Entretanto, a autora mostra como os neoliberais, no âmbito das políticas educacionais, coerentes com os ideais liberais, não questionam o papel do governo no provimento da educação. Porém, apontam para a revisão do sistema educacional de modo a atender às leis e orientações do mercado. Compartilham responsabilidades com a iniciativa privada, como "um meio de estimular a competição e o aquecimento do mercado, mantendo-se o padrão de qualidade na oferta de serviços" (Azevedo, 1997, p. 15).

Nesse sentido, é possível entender por que, mesmo com toda a luta das entidades organizadas no Fórum Nacional em Defesa da Escola Pública, não foi possível assegurar na legislação que os recursos públicos fossem destinados exclusivamente às escolas públicas. Esse fato, já tratado no debate anterior sobre o público e o privado, explicita esse compartilhamento de responsabilidades.

De acordo com Paro (2002), embora a escola pública não seja a única instituição responsável pela transmissão da cultura dominante, ela tem um papel importante nesse sentido. De certa forma, os princípios da hierarquia e da submissão que orientam as relações na sociedade acabam adentrando na escola pública. Assim, qualificar esta escola que atende à maior parte da população implica negar a situação existente.

Dois aspectos que caracterizam a negação do papel educacional da escola pública na sociedade capitalista: os limitados recursos públicos destinados à educação e a minimização do saber destinado às massas (Paro, 2002).

Uma política que respeita e valoriza os trabalhadores em educação evidentemente não se restringe apenas a reposições e aumentos salariais, mas supõe um processo de permanente formação e diálogo com os profissionais que integram as unidades escolares. Embora não se restrinja à questão financeira, uma política tem, nesse aspecto, um peso importante, pois as condições salariais desses trabalhadores, como se sabe, deixam muito a desejar. Esse fato, além de criar uma desvalorização social da profissão, impede que os educadores tenham acesso a determinados meios culturais indispensáveis para sua formação, como livros, jornais, cursos etc.

Especialmente os educadores que atuam no serviço público assistem, governo após governo, à desvalorização de suas ações. Tal desvalorização ocorre pelo achatamento salarial, pelas péssimas condições de trabalho, pela ausência de programas de formação permanente e pela imposição de ações no setor educacional.

As políticas públicas educacionais, em geral, têm tido um efeito analgésico. O que se quer dizer é que as políticas têm tido um caráter compensatório de abrandar os problemas sem resolvê-los. A educação pública acaba virando refém de parcos recursos públicos que apenas asseguram o seu precário funcionamento. Por outro lado, as políticas públicas educacionais, em geral, podem ser definidas pelo seu caráter centralizador, ou seja, não propiciam a participação da sociedade, principal interessada nos seus resultados.

Quanto ao saber, percebe-se que sua distribuição não se dá de maneira justa na sociedade. Segundo Paro (2002, p. 111), a distribuição desigual do saber "ratifica as diferenças sociais inerentes à sociedade capitalista". A ampliação do número de vagas e a garantia de escolaridade por no mínimo oito anos[10] não possibilitaram os mesmos níveis de acesso aos bens produzidos culturalmente. Para Oliveira (2000), eliminou-se um tipo de exclusão, a do acesso ao ensino fundamental; mas manteve-se outra, a do acesso ao conhecimento.

A política pública para a educação, a CE, tinha como propósito garantir a participação da população na definição e na implementação da política, opinando sobre aquilo que lhe era mais importante. Assim, as ações e a aplicação de recursos não deveriam ser definidas apenas nos gabinetes daqueles que ocupavam postos no governo, mas deveriam contar com a participação da sociedade.

Retomando a discussão sobre a concepção de homem sujeito, ou seja, ser de vontade, que age e toma decisões, parece que experiências da natureza da política aqui analisada, à medida que cumprem seu propósito, contribuem na formação desse homem, pois, mesmo que não possibilitem a alteração de sua condição econômica, permitem ao cidadão ser sujeito do processo político e, ainda, perceber a condição de existência na sociedade em que vive.

Se na sociedade capitalista é a classe dominante que detém o poder político, a partir do momento em que os cidadãos pertencentes às camadas subalternas têm a oportunidade de participar das decisões que definirão os rumos dos recursos públicos, de certa forma estão-se emancipando politicamente. Tal emancipação pode constituir o início de um processo de desalienação. Para Singer (1998, p. 130):

> O desejo de participar, que é a forma concreta de anseio pela desalienação, normalmente não é despertado e é frequentemente reprimido quando se manifesta. Por isso, o desejo de saber, de assumir poder e responsabilidade,

---

10. A Lei nº 11.274 de 6 de fevereiro de 2006, art. 5º, confere aos Municípios, aos Estados e ao Distrito Federal prazo até 2010 para implementar a obrigatoriedade de 9 anos para o ensino fundamental.

seja pela escola dos filhos, pelo hospital do bairro ou pela empresa em que se trabalha, tem que ser cuidadosamente cultivado.

Entretanto, para Marx não basta a emancipação política, é preciso alcançar a emancipação humana que depende da superação do modelo de sociedade vigente. Segundo Paro (2002, p. 94):

> [...] há uma impossibilidade estrutural de se construir, sob o capitalismo, uma sociedade na qual possa haver o livre desenvolvimento e realização do homem, já que os antagonismos de classe implicam a satisfação dos interesses de uns seja condição necessária da negação dos interesses de outros. Uma sociedade onde vigore não a força e o poder de uns sobre os outros, mas a colaboração recíproca entre seus membros deve fundar-se não no antagonismo de interesses, mas na existência de interesses fundamentais comuns aos diversos grupos e pessoas que a compõem. Uma transformação social que tenha como horizonte esse tipo de organização social precisa ter, portanto, como meta prioritária a eliminação dos antagonismos de classe que caracterizam a sociedade capitalista. Tais antagonismos, por sua vez, só desaparecerão quando forem eliminadas as causas que o engendram, ou seja, a divisão da sociedade em classes sociais e a propriedade privada dos meios de produção.

A criação de mecanismos que propiciem a participação do cidadão nas decisões do governo parece fundamental quando se pensa na formação de sujeitos autônomos. De acordo com Konder (2000), o aprendizado da democracia constitui um pré-requisito essencial no desenvolvimento de uma ação política que se contrapõe ao modelo vigente.

A CE tinha como um de seus pressupostos a educação para a democracia. A análise dos documentos distribuídos pelo governo durante a implementação dessa política demonstra uma defesa da formação do aluno na perspectiva de uma democracia direta. Pressupõe-se que, para alcançar tal propósito, muitas condições precisariam ser modificadas, desde aquelas que dizem respeito à ação governamental até aquelas situadas no cotidiano da escola, até porque é à concepção hegemônica de mundo e de homem que os alunos têm tido acesso nas escolas públicas de hoje. É essa também que tem orientado as políticas educacionais implementadas nas últimas décadas. Dessa forma, é necessário mudar toda uma cultura vigente já enraizada na sociedade brasileira.

Para fechar este capítulo, pode-se dizer que a participação da sociedade na esfera política está condicionada ao domínio de determinados elementos da cultura. Dessa forma, a leitura, a escrita e a interpretação constituem domínios imprescindíveis aos indivíduos. Entretanto, é essencial ressaltar mais uma vez que a função social da escola vai além da transmissão de conhecimentos e técnicas. Ela precisa viabilizar a aquisição de valores solidários e democráticos que conduzam os homens a defender ações que atendam às necessidades da maioria e não projetos de interesses privados, como os que prevalecem no modelo social vigente. E, além disso, nunca perder o horizonte de que todos têm direito à cultura e que a escola como espaço de desenvolvimento do ser humano, por sua vez, precisa possibilitar o acesso a todo o acervo cultural produzido pela humanidade.

Pensar em uma escola democrática implica pensar em alunos que são sujeitos do processo educacional. Uma escola democrática precisa ultrapassar os discursos e ter efetivamente hábitos democráticos. A participação na tomada de decisões e as relações entre aqueles que integram a comunidade escolar necessariamente precisam superar hierarquias. Uma educação para a democracia não pode concretizar-se apenas em atos esporádicos de exercício do voto em determinadas decisões; ela precisa fazer parte da vida das pessoas. A formação para a democracia pressupõe ações efetivamente democráticas no cotidiano da escola.

Capítulo 3

A Constituinte Escolar passo a passo: contextualização do processo e trajetória do estudo

Aqui se inicia a segunda parte do estudo cujos próximos capítulos concentram a descrição e a discussão dos dados levantados na investigação. Para facilitar a compreensão dos vários momentos do processo pelo qual passou a política aqui investigada, optou-se por fazer neste capítulo uma descrição das diversas etapas da política e também uma exposição do desenvolvimento da pesquisa.

Este capítulo está assim organizado: primeiramente, buscou-se contextualizar a CE, ou seja, mostrar quais eram os antecedentes históricos recentes no setor das políticas educacionais no Rio Grande do Sul. Em um segundo momento, organizou-se uma descrição de todo o processo, contemplando as respectivas etapas de desenvolvimento da política. Nesse momento também foram apresentados os princípios que deveriam nortear todas as ações implementadas no processo. Realizada essa descrição, passou-se à explicação do desenvolvimento da pesquisa. Nessa parte, apresentaram-se os locais e os ambientes em que foram coletados os dados, de acordo, evidentemente, com as orientações metodológicas já descritas na introdução.

3.1 O contexto de implementação da Constituinte Escolar no Rio Grande do Sul

Nas administrações públicas estaduais até 1998, os trabalhadores em educação e a comunidade gaúcha presenciaram a implantação de políticas educacionais que iam de encontro aos seus interesses e necessidades.

A década de 80 do século XX foi marcada pela realização de longas greves, organizadas pelo sindicato dos trabalhadores em educação no estado, os quais reivindicavam melhores salários e condições de trabalho. Ao longo da década de 1990, as greves não foram tão constantes, porém os "pacotes pedagógicos" continuaram chegando às escolas. Esse aspecto merece destaque, pois revela o tipo de relação estabelecida entre as antigas delegacias de Educação[1] e as escolas da rede estadual de ensino, caracterizada pela unilateralidade e pela centralidade nas decisões a cada administração que assumia o governo do estado do RS.

Para ilustrar, é possível lembrar que na gestão de Alceu Collares (1991-1994) foi instituído, pela Secretaria da Educação (SE) do estado, um calendário escolar rotativo pelo qual as escolas funcionavam o ano inteiro ininterruptamente, com três ingressos diferentes. Essa medida foi adotada de forma unilateral, à revelia da comunidade escolar, causando inúmeros problemas para as administrações locais, além de não se refletir em benefícios para o ensino público. Mesmo todas as reivindicações contrárias às medidas impostas pela SE, provenientes das comunidades escolares e do sindicato, não foram suficientes para alterar tais ações. A centralização das decisões marcou o Sistema Estadual de Educação nessa administração.

Nessa gestão, foi criado o Projeto Melhoria da Qualidade do Ensino, segundo o qual os professores deveriam reunir-se para realizar aprofundamentos teóricos. Para isso, documentos organizados pelo governo estadual para os diferentes níveis de ensino foram enviados às escolas. Entretanto, esse esforço não teve boas consequências nas escolas, já que havia grande indignação dos docentes com o tipo de relação estabelecida entre governo e escolas estaduais (SARTURI, 2003).

Na gestão de Antonio Britto (1995-1998), a "qualidade" seria adotada pela SE como princípio para a educação pública estadual, seguindo explicitamente a orientação neoliberal da qualidade para a competitividade. De fato, é evidente que as medidas adotadas no setor educacional por essa

---

1. Desde o ano de 1999, as delegacias de Educação no Rio Grande do Sul passaram a ser denominadas Coordenadorias Regionais de Educação.

administração simplesmente acompanharam as orientações do projeto político mais amplo de governo.

Nesse período, deixaram de ser concedidas as progressões previstas no plano de carreira dos professores. Foi instalado um processo de demissão voluntária que, aliado à falta de contratação de novos profissionais, criou um déficit de servidores nos diferentes setores do estado. Embora a escolha de diretores tenha sido restabelecida após a gestão de Alceu Collares, na gestão Antonio Britto continuou a ser realizada por meio de uma lista tríplice enviada pelas escolas à SE. Entretanto, é importante salientar que logo no início da gestão restabeleceu-se o tradicional calendário de aulas da rede pública estadual de ensino, com um único ingresso para todos os alunos.

De acordo com Rosane Carneiro Sarturi (2003), percebe-se uma forte sintonia entre os princípios defendidos pelo governo estadual na educação e as orientações do governo federal. Os Parâmetros Curriculares Nacionais (PCN) serviram de referência para as discussões do Padrão Referencial de Currículo (PRC). Embora os documentos elaborados pela SE ressaltassem a importância do caráter democrático e participativo do processo, tais princípios ficaram apenas no papel, pois a responsabilidade pelas decisões ficou restrita apenas aos administradores, deixando a comunidade escolar ausente de qualquer discussão e poder de decisão (SARTURI, 2003).

Assim, após sucessivas administrações marcadas pelo caráter centralizador da gestão e pela grande insatisfação dos educadores com as políticas educacionais, foi apresentado à sociedade um projeto que se propunha a romper com esse modelo. Foi então, nesse contexto, que no início de 1999 Olívio Dutra assumiu o governo do estado do Rio Grande do Sul e, juntamente com a equipe da Secretaria de Educação, anunciou os projetos para a educação gaúcha.

3.2 Constituinte Escolar — escola democrática e popular: caracterização do processo

A política pública Constituinte Escolar — Escola Democrática e Popular, brevemente apresentada na introdução deste texto, tinha por objetivo definir de forma democrática e participativa os princípios e diretrizes da educação para a rede pública estadual de ensino do Rio Grande do Sul, assim como sua posterior implementação.

Para operacionalizar essa política pública, a Secretaria da Educação do Estado do Rio Grande do Sul contava com uma estrutura que se subdividia em trinta coordenadorias regionais de Educação (CRE) que abrangiam os 467 municípios do estado. Para demonstrar a extensão de atendimento da rede estadual de ensino do Rio Grande do Sul, organizou-se o quadro a seguir, com dados referentes ao último ano da gestão aqui investigada.

Quadro 1
Alunos matriculados na rede estadual de ensino do Rio Grande do Sul em 2002[2]

Nível de ensino	Número de alunos
Educação Infantil — Creche (até três anos de idade)	153
Educação Infantil — Pré-escola (de quatro a seis anos de idade)	60.407
Ensino Fundamental — 1ª a 4ª série	373.666
Ensino Fundamental — 5ª a 8ª série	473.838
Ensino Fundamental — Total	847.504
Ensino Médio (incluindo Curso Normal)	409.622
Educação Especial	4.268
Educação de Jovens e Adultos (EJA) — Supletivo Total	93.347
Educação de Jovens e Adultos (EJA) — Supletivo Fundamental	65.623
Educação de Jovens e Adultos (EJA) — Semipresencial Fundamental	4.938
Educação de Jovens e Adultos (EJA) — Semipresencial médio	5.852

Faziam parte do quadro docente da rede estadual de ensino aproximadamente 80 mil professores, dos quais 87,2% atuavam na zona urbana e 12,8% na zona rural. A maioria desses docentes (55,41%) possuía licenciatura plena e 19,57% tinham formação de ensino médio na habilitação

---

2. Dados obtidos na 5ª CRE durante a coleta de dados em 2003.

Magistério. Aqueles que possuíam licenciatura curta eram 14,54%, e outros constituíam 9,34%[3].

Como também já foi mencionado, a operacionalização da CE pretendeu garantir diversos fóruns e espaços de reflexão e debate que contassem com a participação de professores, pais, alunos e funcionários das escolas, organizações da sociedade civil e instituições do Poder Público.

É importante salientar que, durante todas as etapas da CE, todos os segmentos foram convidados a participar do processo. A participação voluntária incluía também aqueles que tinham um vínculo funcional de trabalho: os professores e os funcionários. Em nenhum momento houve convocação de qualquer dos segmentos para participar da CE. Evidentemente, a rejeição ao convite para participar de muitas atividades tornava-se mais embaraçosa quando estas eram realizadas em horários e dias habituais de trabalho na escola.

Esse movimento, que teve início em janeiro de 1999, abrangeu as escolas da rede pública estadual de ensino de todos os municípios do estado do Rio Grande do Sul. As discussões ocorreram tanto no nível das escolas como no nível das microrregiões e regiões. O último momento da política pública culminou com a execução daquilo que foi definido nos projetos pedagógicos, nos regimentos escolares e nos planos de estudo, tanto nas escolas quanto nas coordenadorias regionais e na Secretaria Estadual de Educação. Posteriormente, explicar-se-á de forma detalhada cada um dos momentos da CE.

Com a participação popular — definida como eixo fundamental da administração pública aqui analisada —, tinha-se em vista inserir os segmentos historicamente excluídos das decisões políticas, da distribuição de renda e dos investimentos públicos nas áreas sociais; e, ainda, propunha-se a participação da comunidade na formulação, gestão e fiscalização das políticas públicas para o setor educacional. Isso significaria, de acordo com os pressupostos definidos nos documentos do governo, conceber a educação como elemento fundamental na democratização do espaço público.

---

3. Dados fornecidos pela SE durante a coleta de dados no ano de 2001. Vale ressaltar que a soma dos percentuais dos dados referentes à formação dos professores não fecha 100%.

Na área educacional, a participação popular era apontada como condição fundamental para a realização da CE. Nesse sentido, tal política pública objetivava assegurar a gestão democrática e garantir o controle público dos investimentos, sobretudo viabilizando a participação dos cidadãos na definição das prioridades e metas educacionais para o estado.

Por outro lado, essa política foi definida pela administração estadual como parte de propostas políticas mais amplas, nas quais o delineamento da escola almejada implicava a discussão de um projeto de desenvolvimento socioeconômico compatível com as características regionais, com um programa de geração de renda e emprego e com o respeito à diversidade sociocultural. Isso significa que havia a intenção de que as políticas no âmbito educacional fossem compatíveis com as definições políticas mais amplas do governo.

O processo desenvolvido junto à Rede Estadual de Ensino do Rio Grande do Sul deveria estar fundamentado em cinco pressupostos (RIO GRANDE DO SUL, 1999a):

1) *educação como direito* de todos os cidadãos e cidadãs, enfatizando principalmente a situação daqueles que, ao longo da história, tiveram esse direito negado, não conseguindo sequer entrar na escola ou sendo dela excluídos;

2) *participação popular* enquanto método de gestão das políticas públicas na área de educação, estimulando e garantindo condições para a construção coletiva da educação. Nesse sentido, a garantia da individualidade de cada um era definida como fundamental nas tomadas de decisões coletivas (RIO GRANDE DO SUL, 1999a);

3) *dialogicidade* como princípio ético-existencial de um projeto humanista e solidário, respeitador das diferenças e da pluralidade de visões de mundo, porém crítico perante as desigualdades e injustiças sociais;

4) *radicalização da democracia* enquanto objetivo estratégico de um governo de esquerda, comprometido com os interesses da maioria — as classes populares –, estimulando a co-gestão da esfera pública na direção da soberania e do controle popular do Estado;

5) *utopia* como sonho impulsionador da educação e da escola almejada, e também do projeto de desenvolvimento sustentável, possível e necessário para a imensa maioria de marginalizados e explorados do sistema capitalista, como força impulsionadora da sociedade que se quer construir.

Tais pressupostos tinham como corolário a utopia de impulsionar a construção de uma nova sociedade, mais justa e democrática. Pode-se afirmar que esse projeto incorporou os princípios historicamente defendidos pelos setores que atuam em defesa da escola pública.

Os princípios aqui apresentados deveriam orientar as ações de todo o processo de desenvolvimento da CE, programado para ocorrer em cinco momentos. Foi criada uma comissão na SE/RS para definir os rumos a serem trilhados na elaboração da política, bem como para fixar quais seriam as bases teóricas e a metodologia adotada no processo que se iniciaria.

No primeiro momento, desenvolvido de janeiro a maio de 1999, foi realizada a sensibilização e preparação para o desencadeamento do processo na comunidade gaúcha. Essa etapa foi marcada pela apresentação da proposta à comunidade e à sociedade em geral pela SE, por meio das CREs. Comunidade e sociedade foram informadas sobre o projeto do governo do estado para a educação pública estadual e convidadas a participar dos próximos momentos de elaboração da CE. Houve um lançamento oficial da CE em cada uma das CREs e os diversos meios de comunicação do estado foram convidados a cobrir e divulgar a esse momento.

Nesse momento, para discutir a proposta apresentada pelo governo do estado, deveriam comparecer a cada CRE um representante da direção da escola, um representante de cada segmento da comunidade escolar e representantes de organizações populares existentes na comunidade. Esses sujeitos deveriam ser informados sobre a operacionalização do processo, bem como receber material (cartazes, *folders* e cadernos explicativos) e orientação sobre o processo que se iniciava.

Após essa apresentação inicial, cada escola deveria escolher sua coordenação da CE. Esse processo deveria ser "participativo e democrático, considerando as especificidades de cada escola, e ainda, de cada segmento da comunidade escolar" (RIO GRANDE DO SUL, 1999a, p. 11). Após a escolha dos coordenadores, cada escola deveria elaborar seu plano de ação do processo da CE.

No segundo momento, compreendido entre maio de 1999 e fevereiro de 2000, deveriam ser realizados o estudo da realidade regional (social, econômica, política e cultural), o levantamento de práticas pedagógicas e a socialização de experiências. Dessa fase deveria resultar um conjunto de temáticas para serem posteriormente estudadas e debatidas.

Esse foi um momento de conflito do processo, marcado pela greve dos professores e funcionários, cuja consequência foi o atrelamento da CE à questão salarial. Aqui, a partir da determinação aprovada na assembleia do Cpers, de boicote à política pública[4], as escolas reviram sua participação. Em algumas, os segmentos dos pais, dos alunos, dos funcionários e dos professores continuaram participando ignorando a decisão do sindicato; em outras, houve uma participação parcial. Nas demais, a partir da deliberação foi interrompida a participação.

A opção por partir das práticas pedagógicas concretas das escolas deu-se a partir da avaliação de que o modelo clássico de formação, em que os professores saem da escola para outros espaços onde participam de palestras e conferências ou de cursos universitários, não era adequado ao processo que se estava iniciando (CAMINI, 2001).

É importante salientar que em cada reunião deveriam ser escolhidos, entre os presentes, um relator, um secretário e um coordenador, cujas funções seriam registrar e conduzir as atividades realizadas. Nas coordenadorias regionais de educação havia comissões de sistematização das informações encaminhadas pelas escolas.

Segundo os documentos de introdução da proposta, as experiências individuais e coletivas vividas pelos sujeitos que fizeram parte do processo constituíram elemento essencial em um projeto que tinha como pressuposto a ampla participação. O estudo da realidade e o levantamento das práticas pedagógicas possibilitaram a definição de temas e temáticas para serem

---

4. A discussão sobre o impacto e as implicações da definição do Cpers na CE está no capítulo 4.

aprofundados no terceiro momento, realizado de março a maio de 2000. No segundo momento, foram levantadas quatro temáticas:

1. Educação: democracia e participação;
2. Construção social do conhecimento;
3. Políticas públicas e educação;
4. Concepção de educação e desenvolvimento.

Além das temáticas mais amplas, foram levantados 25 temas para serem estudados ao longo do processo:

1. Gestão democrática administrativa, financeira e pedagógica;
2. Planejamento participativo;
3. Estrutura do sistema escolar;
4. Relações de poder na escola e na sociedade, interpessoais, de trabalho, família-escola, escola-comunidade, escola e diferentes organizações da sociedade;
5. Concepções pedagógicas/teorias de ensino—aprendizagem;
6. Processo de ensino—aprendizagem e construção do conhecimento a partir da realidade;
7. Conhecimento científico e saber popular;
8. Currículo: avaliação como processo, metodologia, interdisciplinaridade, ritmo, tempo, espaço, conteúdos/conhecimento;
9. Evasão e repetência;
10. Avaliação e prática educativa;
11. Papel do Estado, do serviço público e função social da escola;
12. Escola como espaço público, de produção de conhecimento, cultura, lazer e recreação;
13. Escola: humanização ou exclusão?;
14. Projetos de desenvolvimento socioeconômico e educação;
15. Qualificação, valorização e formação permanente dos(as) trabalhadores(as) em educação;
16. Saúde dos(as) trabalhadores(as) em educação;

17. Educação ambiental;

18. Educação no meio rural;

19. Educação e tecnologias;

20. Violência;

21. Trabalho infantil e do adolescente;

22. Influência dos meios de comunicação na formação, controle e alienação dos sujeitos sociais;

23. Diversidade sociocultural, étnica e de gênero;

24. Ética, cidadania e valores;

25. A construção da unidade político-pedagógica na diversidade dos níveis e modalidades de ensino.

Os temas foram sistematizados em cadernos, totalizando 25 volumes que foram distribuídos para todas as escolas do estado como subsídio para as reflexões e para os debates. Cada caderno continha partes de textos de autores reconhecidos, indicações bibliográficas, questões problematizadoras e roteiros de discussão.

A definição dos princípios e diretrizes deveria constituir o quarto momento, nos meses de junho a setembro de 2000. Foram realizadas, de 10 a 26 de julho, 191 pré-conferências municipais ou microrregionais para elaborar e sistematizar os princípios e diretrizes, das quais participaram mais de 60 mil pessoas.[5] Desses encontros resultou um texto base, que foi debatido e reelaborado em 31 conferências regionais, realizadas em agosto de 2000 com a participação de mais de 9 mil pessoas.

Das conferências municipais ou microrregionais deveriam participar os representantes escolhidos nas escolas. Preferencialmente, cada instituição deveria encaminhar para essa etapa do processo um representante de cada segmento da comunidade escolar. Para as cidades menores, com baixo número de habitantes e, consequentemente, reduzido número de escolas

---

5. Dados fornecidos pela Secretaria Estadual de Educação durante a coleta de dados, em 2002.

estaduais, eram organizadas conferências microrregionais, de forma a reunir um maior número de participantes e ampliar as discussões.

Das conferências regionais participavam os representantes escolhidos nas conferências municipais ou microrregionais. O mesmo procedimento foi adotado com os participantes da conferência estadual. Essas conferências eram organizadas pelas equipes das coordenadorias regionais de educação e secretaria de educação. Normalmente, na primeira parte das conferências os participantes debatiam em pequenos grupos, para posteriormente levar para o grande grupo uma síntese daquilo que havia sido discutido. Na plenária maior, cada grupo apresentava seus dados para posteriormente serem debatidos. Nessas etapas do processo da CE, havia uma preocupação em misturar os participantes naqueles pequenos grupos, para que representantes de uma mesma escola não ficassem, preferencialmente, juntos. Assim, uma das estratégias utilizadas para alcançar tal propósito foi colocar cartões de diversas cores dentro das pastas que eram entregues no credenciamento dos participantes. As cores corresponderiam aos grupos e locais para onde cada um deveria se dirigir.

Além dos debates nos pequenos e grandes grupos, também aconteciam nessas conferências: momentos de integração, com exercícios e jogos de sensibilização e recreação; atividades artístico-culturais, com apresentação de grupos de dança, de teatro e corais; e palestras com conferencistas convidados. As escolas também eram estimuladas a expor trabalhos realizados. Neste último caso, normalmente as experiências eram expostas em pôsteres.

É evidente que, dadas as peculiaridades das diferentes regiões do Rio Grande do Sul, as conferências municipais, microrregionais e regionais assumiam formatos diferentes, embora os procedimentos de trabalho e o material que subsidiava cada etapa fossem os mesmos para todo o estado.

Vale ressaltar que na maior parte das localidades as conferências se estendiam por um período de dois a três dias. Nesses casos, todos os participantes tinham alimentação e transporte providenciados pela SE. Quando havia deslocamento de uma cidade para outra, também era assegurada hospedagem aos participantes.

No caso dos professores e funcionários eleitos representantes de suas escolas para participar dessas etapas da CE, deveriam ser acordadas com as direções as datas de afastamento, para não comprometer o funcionamento da instituição. Nessas situações, não havia interferência direta das CREs. Como essas pessoas saíam como representantes de suas escolas, ao retornar para seu local de trabalho deveriam criar estratégias para compartilhar com a comunidade escolar as decisões tomadas nas plenárias maiores.

Na conferência estadual, o texto base foi concluído pelos(as) 3.500 delegados(as) representantes da comunidade escolar e de outras instituições. Nesse momento, foram definidos os princípios e as diretrizes para a educação gaúcha.

Por fim, foi definida a reconstrução do projeto pedagógico no âmbito da Secretaria da Educação, das coordenadorias regionais da Educação e das escolas de todo o estado, ocorrida até o final de 2001. Além dos projetos pedagógicos, as escolas deveriam nesse momento elaborar seus regimentos e definir seus planos de estudo. Esse constituiu o quinto momento da política, ou seja, de prosseguimento das discussões sobre a educação pública, porém no âmbito de cada escola na construção dos referidos projetos e regimentos.

Cada escola tinha autonomia para definir as estratégias e as formas de implementação daquilo que havia sido definido. As escolas deveriam recorrer à CRE de sua região para solicitar, se necessário, apoio na revisão de suas ações, principalmente se as mudanças afetavam substancialmente as rotinas escolares. Um exemplo disso é o caso das escolas que optaram pela ruptura com o ensino seriado e adotaram o ensino em ciclos. Nesses casos, as mudanças sugeriam a necessidade de maior acompanhamento e assistência das coordenadorias regionais.

De acordo com as informações obtidas durante a coleta de dados, a avaliação do processo era realizada paralelamente ao desenvolvimento de cada uma das etapas da CE. Ações eram revistas, aprimoradas ou modificadas a partir do resultado e do impacto que apresentavam na comunidade escolar.

Quadro 2
Síntese das etapas da Constituinte Escolar

Etapa/Período	Atividades realizadas
1ª etapa: jan.-abr. 1999	— preparação do processo na SE — divulgação — lançamento oficial em nível regional e estadual em 22 de abril de 1999
2ª etapa: maio-nov. 1999	— estudo sobre a realidade local — levantamento de práticas pedagógicas — resgate da história da escola na comunidade, seu papel e sua relação com o desenvolvimento da localidade e da região — definição de 25 temas para serem debatidos
3ª etapa: nov. 1999-jun. 2000	— aprofundamento dos estudos sobre os temas levantados — distribuição de material com referências teóricas para auxiliar o debate na comunidade escolar
4ª etapa: jul.-ago. 2000	— realização de pré-conferências municipais ou microrregionais em que foram elaboradas e apontadas as diretrizes para a educação no RS — realização das conferências regionais — realização da conferência estadual, em que foi redigido o texto final com as diretrizes para a educação no estado
5ª etapa: ago. 2000-dez. 2001	— implantação das decisões tomadas nas etapas anteriores da CE por meio da reconstrução dos projetos pedagógicos e da formulação dos planos de estudo

3.3 O desenvolvimento da pesquisa

Durante a campanha eleitoral de 1998 e nos primeiros meses de 1999, o governo eleito para o mandato de 1999-2002 já anunciava a intenção de contar com a participação efetiva da sociedade na elaboração de uma política pública para a educação no Rio Grande do Sul. Na realidade, a participação da sociedade nas decisões governamentais constituía uma das principais bandeiras dessa administração e, sendo assim, não deveria estar restrita à esfera educacional, mas se estender a todas as áreas de atuação do governo.

Especialmente em relação à educação, a expectativa parecia ser mais intensa por se tratar de um setor que foi pouco ouvido e teve poucas reivindicações atendidas pelas administrações até 1998, além de quase nenhuma participação na definição das políticas.

Por outro lado, tal expectativa também poderia ser atribuída à amplitude do atendimento da rede estadual de ensino no Rio Grande do Sul, que já contava em 1998 com mais de 3 mil escolas. Assim, o alcance de uma política educacional cujos princípios centram-se no aprimoramento da democracia e na qualificação do ensino público em um estado com tais dimensões poderia ser bastante significativo.

Outro aspecto que provavelmente contribuiu para essa expectativa foi o fato de a educação sempre estar no centro das campanhas eleitorais sem, entretanto, receber destaque e atenção correspondentes durante a gestão. Dessa forma, já que o discurso do conjunto de partidos que estavam assumindo o governo sempre abrigou a defesa dos interesses da classe trabalhadora e que tais partidos sempre estiveram presentes nas lutas por mais qualidade na educação, pressupunha-se que a educação pública realmente mereceria uma atenção especial. Esse fato certamente contribuiu para aumentar as expectativas em torno do que seria proposto e traçado para a educação gaúcha.

Durante os anos de 1999 e 2000 foi possível acompanhar, com os alunos da Universidade Federal de Pelotas, o processo da CE através de um trabalho[6] que era realizado nas escolas públicas da cidade de Pelotas. Nesses dois anos, observando os diferentes movimentos que ocorriam nas escolas, foi possível apreender um pouco do processo da CE e assimilar alguns de seus limites, avanços e contradições. Algo que chamava a atenção nesse convívio com integrantes de diferentes segmentos da comunidade escolar era a reação positiva ou negativa das pessoas em relação às propostas apresentadas pelo governo. Isso já parecia ser um indicador de que a adesão ao projeto da CE, por parte das escolas como um todo e de cada escola em particular, seria parcial. Certamente, esse foi um dos principais motivos

---

6. Esse trabalho consistia no acompanhamento de grupos de estagiários que desenvolviam ações nas escolas da periferia de Pelotas.

da pretensão de realizar este estudo sobre a questão da participação na CE. Isso porque parecia que a adesão ou não àquilo que estava sendo proposto às comunidades escolares estava atrelada a um conjunto de razões de natureza diversa e complexa, por vezes até contraditórias.

No ano 2000, apesar de se estar ciente das possíveis dificuldades decorrentes do fato de se tratar de uma política pública ainda em andamento naquele momento, decidiu-se sistematizar um projeto de pesquisa para estudar a CE. O fato mencionado acima é considerado por alguns autores como obstáculo para a análise de políticas públicas, já que alguns resultados só são visíveis a médio e longo prazos. Ainda assim, resolveu-se correr esse risco, porque o acompanhamento do processo era muito instigante.

Vários aspectos na CE poderiam ser escolhidos para investigação: a distribuição dos recursos públicos, a formação dos educadores, a gestão, a interdisciplinaridade, entre outros. Porém, optou-se por focalizar este estudo no tema da participação, sobretudo pelo papel central atribuído a esse aspecto na política mais ampla do governo. Além disso, pressupõe-se que a efetiva participação da sociedade nos rumos de uma política pública pode conduzir a uma modificação na forma de conceber as relações entre Estado e sociedade, tanto na escola como fora dela.

Um processo dessa natureza possui evidentemente um conteúdo educativo, por possibilitar às pessoas a reflexão sobre suas práticas individuais e coletivas. Sendo assim, o contato com outras pessoas pode extrapolar o espaço do diálogo e da convivência das próprias etapas da CE e permitir aos sujeitos envolvidos a revisão e a reelaboração de seus conceitos e visões de mundo e, consequentemente, a revisão de suas próprias ações, dentro e fora da escola.

A análise do processo da CE ocorreu sob dois ângulos: dos usuários das unidades escolares e dos integrantes da equipe do governo de 1999 a 2002. Assim, o estudo foi desenvolvido tanto nas unidades escolares quanto no espaço daqueles que, fazendo parte da equipe de governo, atuaram diretamente na implementação da CE.

Posteriormente, era necessário definir como seria desenvolvido o estudo nas unidades escolares. Inicialmente, pensou-se em desenvolvê-lo em duas escolas, adotando como critério de seleção a participação ou não no processo de elaboração e implementação da CE. Logo se entendeu que essa alternativa não permitiria colher os elementos necessários para apreender o nível e tipo de participação dos diferentes segmentos das unidades escolares. Isso porque se percebeu que os níveis de participação variavam de uma escola para outra: algumas participaram de todo o processo; outras não participaram; algumas perceberam a importância da política e resolveram participar durante o processo; e outras, ainda, interromperam a participação em determinados momentos. Ou seja, não era possível simplesmente classificar as escolas como participantes ou não da CE; era necessário considerar níveis intermediários de envolvimento no processo.

Assim, com o intuito de levantar informações que orientassem a seleção das escolas que seriam investigadas, iniciou-se uma série de contatos com integrantes de diferentes comunidades escolares da região de Pelotas. Tais contatos eram realizados diretamente nas escolas, com professores, funcionários e alunos. Após esse diagnóstico inicial, combinaram-se os diferentes tipos de participação com as características das escolas e reuniram-se dez instituições para serem pesquisadas[7]. Quanto ao tipo de participação, esse foi um critério utilizado porque, como já foi mencionado, as escolas participaram de formas distintas do processo da CE. Quanto à caracterização, esse era um critério que precisava ser considerado por haver qualidades distintas de uma unidade para outra, que poderiam influenciar no tipo de envolvimento das escolas na CE. Assim, nesse aspecto foram considerados a *localização* em diferentes regiões da cidade e os *níveis de ensino* atendidos em cada unidade escolar. A localização, para permitir a apreensão do processo em diferentes realidades, já que as condições econômicas, sociais e culturais de uma comunidade podem interferir positiva ou negativa-

---

7. É importante explicitar que, para evitar reconhecimentos, tanto os nomes das escolas como dos sujeitos participantes do estudo foram modificados, isto é, são fictícios. Optou-se por não preservar os nomes de apenas dois sujeitos participantes do estudo: o ex-governador Olívio Dutra e a ex-secretária de Estado da Educação Lucia Camini. Por serem pessoas que ocuparam postos de grande evidência na gestão aqui analisada, constantemente expunham suas ideias nos veículos de comunicação, o que tornaria muito fácil o reconhecimento de suas declarações. Dessa forma, solicitou-se autorização para o uso dos nomes dessas pessoas na investigação.

mente nas relações estabelecidas nesse espaço. Os níveis de ensino, para relacionar o tipo e o grau de inserção da comunidade na escola e o estágio em que se encontravam os alunos no processo de escolarização. Isso para compreender, por exemplo, se uma escola que atende somente alunos das séries iniciais do ensino fundamental teve o mesmo envolvimento na CE que outra que atende alunos dos ensinos fundamental e médio. Em alguns casos, o estudo revelou que os pais dos alunos das séries iniciais do ensino fundamental foram mais atuantes nas diferentes etapas da CE do que os dos outros níveis de ensino.

Na cidade de Pelotas foram investigadas nove escolas. De acordo com dados obtidos na 5ª CRE, a cidade possuía, em 2002, 51 escolas pertencentes à rede estadual de ensino. Nesse ano, o total de alunos matriculados na rede estadual era de 1.115 na educação infantil; 25.245 no ensino fundamental, sendo 11.083 nas séries iniciais e 14.162 nas séries finais; 11.688 no ensino médio, incluindo o curso normal; 80 na educação especial e 3.329 na educação de jovens e adultos (EJA), sendo 2.055 no ensino fundamental.

Na cidade de Pedro Osório (RS), uma escola foi investigada. Conforme dados levantados na 5ª CRE, a cidade possuía, em 2002, três escolas pertencentes à rede estadual de ensino. No ano de 2002, o total de alunos matriculados era de 674 no ensino fundamental, sendo 294 nas séries iniciais e 380 nas séries finais; 330 no ensino médio e 111 na educação de jovens e adultos.

As referidas unidades escolares constituíram uma parte do universo deste estudo, pois, além delas, a investigação também foi desenvolvida junto a alguns integrantes da equipe de governo da gestão de Olívio Dutra no RS.

Para participar dessa parte da investigação, selecionaram-se as pessoas que ocupavam cargos nos escalões mais elevados da administração e que poderiam avaliar o processo aqui investigado de forma ampla e no conjunto das demais políticas implementadas pela gestão. Também foram selecionadas as pessoas que ocupavam cargos e tinham responsabilidade direta sobre o processo de preparação e implementação da CE. A opção por entrevistar esses dois grupos de pessoas deve-se, no caso do primeiro grupo, ao fato de cumprirem um papel central no delineamento e condução das políticas do governo, e no caso do segundo grupo, ao fato de terem a responsabilidade pela operacionalização de todas as etapas da CE e fundamentalmente por terem acompanhado mais diretamente todo o processo.

Além das escolas e dos setores do governo também se coletaram dados no Centro dos Professores do Estado do Rio Grande do Sul (Cpers) — Sindicato dos Trabalhadores em Educação.

Todo o desenvolvimento da pesquisa teve como referência os princípios metodológicos da abordagem qualitativa. Nos anos de 2001 e 2002 foi coletada a maior parte dos dados desta investigação. No ano de 2003, com o processo encerrado por ter havido mudança de governo, ainda foram realizadas algumas entrevistas e houve o levantamento de algumas informações.

É importante lembrar que o início da coleta de dados do estudo se deu com a política pública ainda em andamento. Assim, percebeu-se nas entrevistas, conversas e visitas realizadas após o encerramento da gestão Olívio Dutra uma maior facilidade dos participantes do estudo para avaliar a CE, talvez pela possibilidade de perceber o processo como um todo e como algo ligado a uma administração que não estava mais no poder.

Nos próximos capítulos serão apresentadas as interpretações dos dados levantados. Com o intuito de facilitar o entendimento dos dados obtidos, optou-se por estabelecer algumas temáticas para apresentação e discussão das informações obtidas na pesquisa. Mesmo considerando toda a amplitude do processo de participação na CE e a quantidade de temáticas que dele poderiam aflorar num trabalho que pretende analisar a participação da sociedade na definição de uma política educacional, apresentar-se-á aqui as informações que se sobressaíram como condicionantes da participação.

A defesa do "controle público sobre o Estado" constituiu, durante a gestão de Olívio Dutra, um argumento sempre presente nos discursos daqueles que eram gestores das políticas. Para esses, tal característica constituía o diferencial do projeto que defendiam em relação aos projetos dos governos anteriores. Dessa forma, outras questões também orientam as análises realizadas nos próximos capítulos: efetivou-se o controle público sobre as ações do governo na gestão aqui analisada? Em que medida as políticas implementadas pelo governo aqui analisado estão pautadas nessa orientação? Como os cidadãos interferiram na elaboração e na implementação dessa política pública? Quais foram os meios criados pelo governo para possibilitar a participação da sociedade nas decisões públicas? Quais fatores impediram ou permitiram que houvesse essa participação? Considerando a complexidade da sociedade em que estamos inseridos, como é possível haver a participação da sociedade nas decisões de governo? Quais tensionamentos marcaram a elaboração e a implementação dessa política pública?

Especificamente em relação aos participantes do estudo, norteiam as análises as seguintes indagações: em que medida a participação nas discussões da CE foi avaliada, pelos participantes do processo, como um espaço de exercício de cidadania e de construção de uma sociedade mais democrática? Para os professores, constituiu-se num espaço de formação permanente, de reflexão e de diálogo sobre a prática? Para os alunos, configurou-se como uma forma diferenciada de lidar com o conhecimento?

Capítulo 4
A participação na Constituinte Escolar: uma possibilidade de apropriação do espaço público?

> Porque a escola não é só pra gente aprender matérias: ciências, matemática, português, é pra gente também ter noções de civismo, assim de socialismo [...] porque aqui a gente passa uma grande parte da nossa vida aqui, né? Aqui que a gente tá construindo o nosso futuro. E a gente não pode construir o nosso futuro sozinho. Então, a gente se unia assim pra ver os vários pontos comuns de trabalhar com a família, pais, professores, pra fazer assim, uma escola bem democrática, pra todos darem a sua opinião, todos terem uma importância [...].
>
> Trecho do depoimento de um aluno participante do estudo

Neste capítulo são apresentadas as informações levantadas em todos os espaços pesquisados, tendo como foco de análise as implicações das condições sociais, econômicas, culturais e políticas de vida dos sujeitos e a participação na CE.

4.1 O cidadão diante da decisão política: da ausência herdada à presença possível

4.1.1 O reflexo, na escola, de uma cultura de não-participação

O sucesso e o êxito da política educacional aqui investigada, em todas as etapas de execução, dependiam fundamentalmente da participação das comunidades que circundam as escolas, bem como de seus usuários e dos profissionais em educação. Isso porque todo o delineamento da política deveria ocorrer por meio de um processo que contasse com a participação da sociedade na definição dos rumos e diretrizes para a educação no Rio Grande do Sul.

A legitimidade de uma política como a CE estava justamente na instalação de um processo orientado pelos princípios da democracia direta em conformidade com a democracia representativa formalmente praticada. Trata-se, conforme visto anteriormente, de um aprofundamento da democracia representativa denominado, nas últimas décadas, de "democracia participativa". A implementação desses processos não é nada simples, dadas as tensões entre aqueles setores que defendem um maior envolvimento da sociedade nas decisões políticas e aqueles para os quais essa participação representa uma ameaça ao poder que detêm.

Na formação sociopolítica do brasileiro, a noção de participação nas decisões políticas está limitadamente presente. Além do ato de votar em dias de eleição, que é, sem dúvida, um importante exercício democrático, são raros os canais à disposição do cidadão para efetivamente se apropriar do conjunto de informações e decisões de uma administração pública, ou seja, apoderar-se daquilo que lhe pertence como cidadão.

Entretanto, sabe-se que, mesmo com a criação de canais de participação, tal disposição para socializar decisões não é despertada de uma hora para outra. É um processo lento de formação de cidadãos, que percebem a importância de sua participação nas decisões políticas à medida que têm a chance de participar de processos decisórios e compreender que suas escolhas poderão contribuir na modificação de uma determinada realidade.

O entendimento de que o tipo de ação do Estado vai influenciar a vida de todos em uma sociedade também é fundamental e, por isso, quanto maiores forem as oportunidades de intervenção do cidadão no delineamento desse tipo de ação, maiores serão as chances de atendimento dos interesses mais gerais da população. De acordo com John Friedmann (1996, p. 90):

> A democracia participativa exige um Estado com uma capacidade fortemente desenvolvida de inovação e regulação, um Estado que ajudará a nascer

uma nova maneira de governar, se empenhará em planificações de recursos e investimentos a longo prazo e criará condições mais equitativas por todo o território.

O desejo de participar precisa ser cultivado. Como afirmou Singer (2001), as pessoas não nascem com esse desejo e, muitas vezes, quando decidem expressar e manifestar suas opiniões são frequentemente reprimidas. Essa foi uma questão geradora de dúvida entre os gestores: como estimular as pessoas a aderirem a uma proposta diferente da que se tinha naquele momento no Rio Grande do Sul?

Os processos participativos implicam uma revisão de papéis em que o povo deixa de ser espectador e passa a ser protagonista da decisão pública. Entretanto, toda essa distribuição de poder não interessa aos setores que tradicionalmente definiram os rumos políticos e econômicos no estado. Assim, não surpreende que um conjunto de forças que representam os interesses desses setores se mobilize para deslegitimar processos participativos. Até porque o maior conhecimento das condições injustas de vida da maior parte da população poderá conduzir a uma inversão de prioridades.

A análise dos dados levantados na investigação permite afirmar que a pouca tradição de envolvimento da população nas decisões políticas constituiu um elemento dificultador da adesão das pessoas ao processo da CE. Esse traço cultural da não-participação constituiu-se em um dos principais entraves à implementação e à execução da CE. Nas palavras de Caio, representante do governo:

> O povo brasileiro, e aí o gaúcho está no meio também, não tem uma história que lhe dê elementos para entender o processo de participação. Isso para mim foi um elemento de dificuldade. O ponto de tu conseguires uma linha que tu pudesses dizer, por aqui nós vamos conseguir a motivação pra fazer o processo de participação. [...] talvez tenha sido uma das dificuldades maiores que nós tenhamos encontrado no processo da CE seja isso: como motivar?

Ainda impera no senso comum a visão de que cabe ao político (na concepção de que político é aquele que ocupa cargos no governo) a decisão sobre os rumos da sociedade. O depoimento do ex-governador Olívio Dutra é revelador dessa questão:

> A cultura tradicional resiste a esta provocação da participação cotidiana, inteira, integral; compartimentando as pessoas: olha, político é aquele que tem cargo, político é aquele que faz carreira. [...] Então, o primeiro entrave é você ir rompendo com essa cultura. Isso não se faz de forma vertical, arbitrária. É uma nova cultura que vai surgindo por dentro da velha cultura.

Além da pouca tradição de intervenção da população na gestão pública, prevalece na sociedade uma concepção liberal de democracia de que durante as eleições todos têm assegurada a sua liberdade política para eleger seus representantes (BOBBIO, 2000c). Nesses momentos são delegadas a algumas pessoas as funções de decidir pela maioria da população. Trata-se, como visto no capítulo anterior, de uma concepção de política relacionada eminentemente à disputa pelo poder.

Essa concepção foi identificada no estudo, o que parece acentuar a convicção de que os processos democráticos limitam-se a esses momentos de definição de mandatos. A professora Elza, da Escola Miguel Ramos, demonstrou achar desnecessário um processo como o da CE. Para ela, os representantes do Executivo e do Legislativo, quando eleitos, devem saber o que fazer: "[...] o orçamento está pré-estabelecido em lei, x por cento da arrecadação é pra educação, x por cento é pra saúde, x por cento é pra isso... E quem é que não sabe aonde é que tá faltando lâmpada, aonde é que tá faltando esgoto, aonde é que tá faltando escola?"

Para a professora Elza, todo o processo de abertura para a participação da sociedade constituiu uma perda de tempo e de recursos, já que, na sua opinião, ao serem eleitos, os representantes do povo devem conhecer seus problemas e tomar as decisões necessárias. Ela desconsidera todo o significado que essa intervenção pode ter para as pessoas como cidadãs, na sua relação com aquilo que é de interesse geral da população: as decisões no âmbito público. Dessa forma, os cidadãos podem lutar contra uma orientação privada alicerçada em uma concepção de mundo dominante que adentra a escola e tende a desconfigurar o caráter público da educação.

De fato, a professora está correta ao afirmar que os percentuais para alguns setores são definidos em lei, não havendo maiores possibilidades de intervenção da sociedade na aplicação de alguns orçamentos. Entretanto, essa exigência legal não exime o Estado da obrigação de tornar de conhecimento público as contas e recursos e permitir ao povo ser um fiscal dos gastos e investimentos, o que constitui também uma forma de participação do cidadão na esfera governamental. Por outro lado, o conhecimento sobre os percentuais e valores destinados a cada setor poderá fornecer elementos para a reivindicação da ampliação ou redução da destinação orçamentária para determinadas áreas.

Diferentemente da experiência de participação no OP, em que um percentual do orçamento é colocado à disposição da população para decidir seu fim, a CE não era um processo caracterizado pela definição direta de aplicação de recursos. Toda a estrutura conduzia a uma eleição de princípios e diretrizes para a educação pública no Rio Grande do Sul que subsidiariam também a definição dos recursos aplicados nas escolas estaduais.

No decorrer do estudo identificou-se que, para quem foi governo, o processo de participação popular na educação é fundamental, tanto para gerar compromissos entre governantes e governados quanto para qualificar o ensino. Os argumentos utilizados para defender um processo com essas características sustentavam-se na ideia de que a participação das comunidades nas decisões escolares constitui um princípio fundamental no aprimoramento do ato educativo.

Na realidade, esse tipo de experiência, se bem-sucedida, pode extrapolar os muros escolares na medida em que permite ao cidadão ter uma outra compreensão do que constitua realmente o "público" na sociedade, e assim suas possibilidades de intervenção podem atingir outras instâncias e instituições além da escola. De acordo com Lucia Camini, ex-secretária da Educação: "quando o Estado, pelo poder que ele tem, [...] abre o espaço de participação, a cidadania [...] está despertada".

Ainda do ponto de vista de quem participou da equipe de governo, mesmo com uma cultura de pouca participação, a resposta dada pela comunidade escolar ao chamamento daqueles que eram gestores foi positiva. Sem deixar de lado os fatores que limitaram a participação, os ex-gestores revelam a necessidade de provocar a sociedade para participar na definição dos rumos de um governo. Ainda segundo Lucia Camini: "Nós percebemos que existe um interesse muito grande, uma sensibilidade a ser permanentemente despertada para a questão da construção das políticas públicas. Porque nós percebemos que a participação [...] foi num crescente..."

Em um Estado apropriado por um reduzido número de pessoas, a luta pela ampliação dos espaços de participação da sociedade nas decisões governamentais torna-se fundamental. Um dado interessante de uma pesquisa realizada pela Fundação Perseu Abramo no final da década de 1990 mostra que, na faixa etária dos 16 aos 24 anos, entre 80% e 90% dos entrevistados revelaram que nunca ou raramente "conversam sobre política, leem ou assistem a noticiários políticos, participam de alguma associação de cunho comunitário ou têm algum tipo de envolvimento em atividades políticas ou eleitorais" (ALLGAYER, 2000, p. 13).

Assim, talvez a questão central desse debate seja: quais eram as condições do setor educacional no Rio Grande do Sul para a implementação de uma política participativa, dada a originalidade do processo para o setor? Nas últimas décadas, especialmente a partir da abertura democrática, os movimentos sociais organizados, os sindicatos e alguns partidos políticos já reivindicavam uma maior intervenção nas decisões políticas.

Dessa forma, era necessário extrapolar a compreensão predominante de política, pois o exercício que estava sendo proposto deveria ser feito em prol da definição de ações coletivas. Criar caminhos para motivar as pessoas a participar passou a ser um problema a ser resolvido, já que se tratava de um processo inédito no estado. Como criar instrumentos de mobilização e de conscientização?

Do ponto de vista de quem foi governo, mesmo com a produção de material explicativo, divulgação nos meios de comunicação e reunião com os representantes da escola, essa foi uma dificuldade no processo. Além da motivação para participar, era necessário considerar que nos debates seriam agrupadas pessoas com diferentes níveis de compreensão sobre as questões educacionais. Isso implicava a necessidade de criar estratégias para que todos se sentissem integrados ao processo. O depoimento de Lucia Camini transcrito a seguir ilustra esse aspecto:

E o limitador também [...] foi estabelecer de fato esse diálogo do poder público com a comunidade. Porque até então não havia nenhum canal direto de participação. Teve que se fazer todo um processo de chamamento, de criar as condições pra poder atender os diferentes níveis de compreensão. Porque se colocavam analfabetos com professores universitários, com todas as categorias que compõem a comunidade escolar. Então, pra adequar tinha que ter muita sensibilidade de quem dividia pra não ficar uma coisa... Bom, faz de conta que tá havendo participação. [...] quem fazia a elaboração do texto base sempre tocava com essa dificuldade, pra achar um termo pra não ficar uma coisa muito simplista, [...], mas também elevar o nível de consciência, de compreensão da realidade e dos conceitos educacionais...

Ser sujeito da decisão política significa, ao mesmo tempo, contribuir com a experiência individual e apropriar-se de novos elementos, enriquecendo a própria experiência. Percebe-se, em geral, que o processo da CE propiciou às escolas uma reflexão sobre o significado dessa participação e, por outro lado, uma desacomodação de atitudes diante de necessidades reais.

As possibilidades de construção de um projeto educativo mais comprometido com uma determinada realidade se ampliam quando são consideradas as necessidades e as vontades da comunidade local. O fato de este estudo ter concentrado suas investigações em escolas diferenciadas propiciou uma percepção ampliada dessa questão.

Naquelas escolas em que já havia uma tradição de participação da comunidade nas decisões escolares e uma maior abertura às suas reivindicações, parece ter sido mais fácil implementar a CE. Percepção semelhante teve Caio, representante do governo: "[...] aquela escola que tem uma história de participação, dos pais e dos estudantes nas suas esferas, as escolas têm mais participação [...]". Inversamente, em outras escolas nas quais ainda prevalece a centralização das decisões e um distanciamento da comunidade, evidenciou-se uma maior dificuldade para instalar tal processo. Além disso, contribuiu para essa dificuldade a falta de interesse e de credibilidade na política pública, manifestada tanto por grupos organizados como pelas pessoas individualmente.

De acordo com Peter L. Berger e Thomas Luckmann (2001), na vida cotidiana há situações que são rotineiras e outras que surgem como problemas de espécies variadas que precisam ser solucionados. Para resolver essas novas situações é necessário acessar novos conhecimentos, o que constitui um elemento enriquecedor da experiência do indivíduo. Assim, pode-se presumir que a participação na CE alterou as rotinas de alguns sujeitos, que passaram a incorporar à sua vida cotidiana problemas que não tinham antes.

Berger e Luckmann (2001) afirmam que as novas experiências dos indivíduos adquirem significados limitados dentro de uma realidade dominante, que é, por sua vez, marcada por significados e modos de experiência delimitados. Uma nova experiência passa a fazer parte da realidade dominante quando adquiriu um predomínio na vida cotidiana e passa a constituir a própria realidade do sujeito.

Os autores fazem uma analogia com o levantamento e a descida do pano no teatro para demonstrar como o sujeito retorna à sua própria realidade após vivenciar uma experiência que, embora possa ser rica de significados, não se incorpora à sua vida cotidiana.

A opção por recorrer a Berger e Luckmann (2001) deve-se à percepção de que uma experiência como a da CE, embora repleta de significados, pode não produzir mudanças mais significativas na vida das pessoas se for tratada como um processo isolado. Por não se incorporar à vida das pessoas, conserva o traço cultural da não-participação da sociedade na decisão política.

Em uma revisão dos relatos registrados nas escolas, tais considerações fazem muito sentido. Vale mencionar aqui o processo de participação na CE em duas delas: na Escola Zulma Machado e na Escola Paulo Borges. No primeiro caso, os relatos indicam que toda a participação ficou situada em um tempo. Ou seja, depois que acabou o processo, "nunca mais se tocou naquilo". Inversamente, no segundo caso, a participação produziu mudanças tão significativas que parecem ter modificado as rotinas da escola e, embora se tenha encerrado o governo, as ações dos sujeitos da unidade escolar continuaram a sofrer a influência daquilo que foi vivenciado durante a CE. Nesse caso, a experiência extrapolou o tempo de participação nas etapas da política e passou a fazer parte das rotinas das pessoas. Isso não significa desqualificar o processo vivido na Escola Zulma Machado, mas apontar a necessidade da criação permanente de mecanismos que assegurem ações mais participativas no interior da escola.

Do que foi dito aqui, pode-se inferir que a proposição de um processo com características novas desencadeia reações diferentes nas pessoas: acolhimento, dúvida, desconfiança, resistência. E, além disso, a ruptura com um determinado comportamento não é obtida logo após sua proposição. Esse é um aspecto importante do estudo, pois em algumas escolas detectaram-se mudanças significativas, em outras rupturas parciais e em outras a conservação das ações já existentes. A fala da professora Clara, da Escola Paulo Borges, sintetiza o processo lá vivido, que foi da apreensão inicial dos participantes, passou pela opção por mudanças até que chegassem à conclusão de que não era mais possível retroceder:

> A gente não estava preparada pra essa abertura. A gente sempre falou que queria, ou que almejava, ou que bom que tivesse. Quando aconteceu, a gente parece que se viu com uma batata quente na mão. Custou a acreditar. Eu até nunca tinha participado de nada parecido, nem lembro de nunca ter ouvido falar, então quando chegou pra gente, tá na nossa mão e aí, né? Aí até que a gente acredite, até que a gente passe ou que a gente tome parte do processo, a coisa já foi longe, né? É interessante, não sei o que que vai dar disso, acho que depois que a gente passou por isso, mesmo que se mude coisas, né, no caso que no final da constituinte a gente chegou à conclusão que o que a gente queria era os ciclos, né? O nome nos assustou, porque é um bicho-de-sete--cabeças, [...] a gente chegou lá, vamos enfrentar. Não sei se vai continuar, a gente tá começando, né, tem muita coisa que nos assusta, muita coisa que a gente questiona, muita coisa que a gente não sabe a resposta... Mas eu acho assim, mesmo que não siga os ciclos, eu não sei, voltar atrás a gente não vai voltar mais, alguma coisa já se mexeu e essa mexida é irreversível. Então eu acho que a constituinte serviu pra isso, né?

A oportunidade aberta às pessoas que nunca tinham sido convidadas a pensar, debater e opinar sobre a educação constituiu uma ferramenta importante nesse processo de formação dos sujeitos e de aproximação com os gestores públicos. De acordo com Lucia Camini: "[...] cidadãos e cidadãs que nunca tinham sido chamados pra discutir a educação do seu filho, funcionários de escola que nunca tinham participado de nenhum grupo de estudos, estavam lá podendo dar a sua opinião".

Percepção semelhante à dos representantes do governo foi identificada naquelas escolas que tiveram um envolvimento mais intenso com a CE ou que se identificavam com a proposta do governo para a educação. Para os educadores da Escola Paulo Borges, foi uma oportunidade inédita de participação em uma política pública para refletir sobre as rotinas da escola:

> Eu acho assim... Que no início pegou meio assim... De surpresa. Porque as pessoas já vinham naquele ritmo e de repente mudou. No início as pessoas ficaram meio perdidas, mas eles também vinham em busca da informação pra saber como é que ia ser [...] então aí a coisa começou a deslanchar melhor... [...] Muito boa a participação dos alunos. (Funcionária Anita)
>
> Eu achei muito bom, houve a participação dos alunos, dos professores, pais. E todo o processo foi montado ali na constituinte... [...] acho que finalmente... As coisas são sempre decididas lá no gabinete, um decide, e tu poder participar, dar a tua opinião... E poder até mudar algumas coisas, né? (Professora Maria)
>
> Um momento inédito, eu pelo menos nesses dez anos que eu estava acompanhando, nunca tinha visto os pais, os funcionários, os alunos estarem pensando a escola e participarem das discussões. Sempre os professores tiveram esses momentos assim, pra pensar a escola, pra pensar a prática, [...] mas não os outros segmentos da escola (Funcionária Amélia).

Mesmo na Escola Gilberto Alves, que decidiu interromper a participação no processo da CE após a definição do Cpers, identificaram-se algumas mudanças nas relações estabelecidas dentro da escola graças à maior abertura do governo para dialogar com a sociedade. Segundo o professor Gustavo:

> ... eu percebo que há uma maior participação, ...um incremento na discussão sobre questões da escola. [...] Quando eu cheguei aqui nessa escola, nós tínhamos uma administração que era mais, mais centralizadora em que as decisões..., não havia muita discussão. E com a nossa administração, que se

insere dentro desse, desse contexto da, do governo novo... enfim dessas políticas públicas, a gente tem sentido que há uma participação maior, inclusive da comunidade. Nós temos discutido tudo que se faz, muito embora não tenhamos participado da constituinte de uma forma mais direta, dentro do projeto do governo pra constituinte.

A professora Hilda, da Escola Manoel Quadros, atribuiu à cultura da não-participação o pouco envolvimento do segmento dos pais com a CE: "Os pais participaram muito pouco. Não tinha aquela cultura de participar."

Para a merendeira Diana, da Escola Fábio Costa, os professores encontraram pretextos para não participar do processo: "Quando veio aquele seminário sobre Paulo Freire, daqui da escola foram só funcionários. Quem foi, veio encantado... Dos professores não foi ninguém, um com a desculpa que a direção disse que não tinha quem substituísse, outro... E era um momento da Constituinte."

Ao argumentar sobre a importância do seminário, a funcionária lembrou as constantes reclamações dos professores sobre salário e formação. Então, constatou que, na realidade, a falta de recurso financeiro é mais um pretexto para os professores não investirem em formação. Na verdade, Diana identifica a falta de disposição do corpo docente de sua escola para mudar. As pessoas estão, para ela, acomodadas: "[...] o problema da formação não passa pela questão financeira, passa pela vontade de mudar. E aí não deu certo. Quem foi, com certeza aprendeu muito. Até tem gente que diz que não é adepto de Paulo Freire. Eu não sei, se tu não tiveres disposta a mudar, não muda nada."

Uma questão já salientada nesta discussão é: como criar mecanismos que despertem nos sujeitos a atenção para as questões políticas? Parece que na administração aqui analisada foram introduzidos alguns mecanismos dessa natureza. Entretanto, a introdução desses mecanismos teve curta duração, já que o grupo de partidos que estava no governo do estado foi derrotado nas eleições de 2002.

O representante do governo, Caio, fez uma reflexão nesse sentido:

[...] ficou na sociedade essa leitura de participação? Talvez o futuro possa nos dizer até que não, porque não somos governo mais. [...] se as pessoas tivessem entendido, efetivamente, que o governo da Frente Popular colocava nas mãos da sociedade o poder de decisão e tirava de caciques, de representações... [...] Se essa sociedade tivesse percebido isso não teríamos saído do governo.

Embora essa análise de Caio sobre a avaliação do governo e das políticas participativas seja bastante relevante, a análise da permanência ou não no governo é uma questão extremamente complexa que exige a consideração de fatores que extrapolam os limites desta investigação.

Nesta discussão sobre as escassas oportunidades de participação política, dois aspectos surgidos no estudo ainda merecem destaque. O primeiro refere-se ao envolvimento da mulher na CE; o segundo diz respeito à voluntariedade da participação.

A participação de um número elevado de mulheres foi, ao longo de todo o processo de visita às escolas, um aspecto que se sobressaiu no estudo. A presença feminina foi grande tanto nas reuniões nas escolas quanto como delegadas e representantes nas diversas etapas da CE.

Sabe-se que o gênero feminino é predominante entre os educadores. E também que, no caso das famílias, prevalece a presença das mães no interior das escolas, seja para levar e trazer os filhos ou no envolvimento em atividades e reuniões. Dessa forma, parece óbvia uma maior participação da mulher em uma política educacional.

Porém, parece que a CE constituiu uma oportunidade de exposição e participação significativa para o gênero feminino, isto é, de percepção da sua possibilidade de intervenção política, já que, tradicionalmente, na maior parte das instâncias representativas ainda prevalece a figura masculina. No caso aqui estudado, provavelmente só tenha sido diferente pelo fato de as mulheres constituírem a imensa maioria dos sujeitos nas unidades escolares.

A voluntariedade da participação e a ausência de convocação da CRE às escolas para participar da CE foram questionadas pelos sujeitos participantes do estudo e é outro aspecto que chamou a atenção na investigação. Alguns demonstraram convicção ao defender que um processo como esse deveria ter contado com algum mecanismo que obrigasse as pessoas a participar, pois só assim haveria maior adesão, principalmente dos educadores.

Na opinião desses entrevistados, a ausência desse mecanismo possibilitou que muitos não participassem. É o caso da professora Loiva, da Escola Selma Moraes:

> ...numa reunião dessas que eu fui, da constituinte, eu ainda cheguei a falar que eu acho que eles tinham que ter assim, claro, não digo obrigado [...], mas ter insistido um pouco com as direções, sabe? Da importância de terem ido, pra ver todo aquele processo como é que foi. Que surgiu de baixo pra cima, que as pessoas foram lá, né? O conhecimento da realidade da escola, tudo isso tinha que ter sido feito, pra fazer um regimento, um projeto político-pedagógico, mas isso depende muito da direção. Eu me senti muito sozinha, em tentar começar esse processo, aí eu fiz a reunião essa, tirei os pais, aí a direção dizia assim: "ai, mas aquele pai é muito chato, tu vais te incomodar, ah, mas quando tu for fazer a comissão dos professores tens que escolher essa, essa e essa". Aí vi que a coisa não ia ser legítima, que a coisa ia ser muito, já assim, predeterminada. Então eu disse, olha, não vou assumir isso aí, se a direção quiser eu posso ajudar, né, no que eu puder, mas sozinha eu não vou assumir isso aí.

As Escolas Zulma Machado e Parque Rosa organizaram as atividades da CE no interior da escola dentro dos horários de trabalho dos servidores. Nesta última escola, a professora Anita, vice-diretora, declarou que pelo menos das etapas desenvolvidas na escola os servidores participaram. A professora justifica a "convocação" com o argumento de que nem todos compareceriam se fosse permitida a participação espontânea, ou se as atividades fossem realizadas em horários alternativos:

> Ah, os professores, eles se envolvem até porque é dia de trabalho, né, eles têm que estar na escola mesmo, então o envolvimento... Mas [...] se tu me perguntasses se fosse espontânea a participação, com certeza, todos não estariam, né, mas acho que como é convocação, é um trabalho que tem que apresentar resultados, é o projeto que a escola elabora e tem que colher informações porque nós temos que fazer a prestação de contas desse trabalho em outra instância, então os professores vêm e participam, porque aquilo garante também efetividade.

A professora Ana, da Escola Paulo Borges, que teve um envolvimento intenso no processo da CE, revelou que os professores só se inseriram no processo porque houve pressão dos alunos. A docente também atribuiu a ausência do segmento à falta de convocação.

> Tinha que criar uma comissão da CE [...], nós tínhamos pais, nós tínhamos funcionários, tínhamos alunos e de professor era eu. [...] os professores, como não era convocação, não era obrigatório, eles não iam, então iam os alunos em massa, os alunos foram os primeiros a abraçar [...] os alunos iam sempre [...] de quarta série pra cima. E aí os professores começaram a perceber na conversa dos alunos dentro na sala de aula que nós estávamos propondo uma escola nova, uma escola diferente, e que eles iam tá trabalhando nessa escola. Então começaram a se chegar... [...]. Aí os professores começaram a se somar. Os pais até hoje é um segmento meio omisso [...] a gente tem procurado valorizar ao máximo a opinião deles, mas eles vêm pouco...

Muitos aspectos podem ser levantados sobre a *espontaneidade* da participação. A primeira delas refere-se à qualidade do envolvimento. Aqueles que vão porque julgam o processo importante parecem ter consciência do significado de seu envolvimento e da contribuição que podem dar. Outro ponto que pode ser levantado é a questão da *resistência*. Quando é feita convocação, a resistência se manifesta com a presença do sujeito no processo, ou seja, já que é convocado a participar, precisa fazer-se presente e lá manifestar sua contrariedade; quando é feito o convite, muitas vezes o sujeito manifesta sua resistência não comparecendo ao processo.

É evidente que a participação voluntária[1] traz consigo uma dose de consciência elevada dos participantes, na medida em que o envolvimento se dá mediante a percepção da sua real necessidade e relevância. Entretanto, a ausência de convocação também revelou o distanciamento de alguns sujeitos, que, mesmo sem nada saber sobre o processo que se iniciava, negaram-se a participar. Por preconceito, por não acreditarem, por falta de tempo ou por qualquer outro motivo, simplesmente não participaram e, mesmo assim, muitos teciam duras críticas a partir do que imaginavam ou ouviam falar sobre a CE.

---

1. No capítulo 5, na análise da elaboração dos projetos pedagógicos e dos regimentos escolares, retoma-se a discussão da voluntariedade e da obrigatoriedade da participação em um processo decisório.

Sem dúvida, é necessário considerar que há todo o peso de uma tradição de pouca inserção nas decisões políticas. Há também um conjunto de forças de setores da sociedade para os quais esse maior domínio da população sobre as questões públicas não convém. Contudo, notou-se no estudo que o argumento da cultura da não-participação era recorrentemente usado nas escolas para justificar a ausência dos sujeitos nas etapas da CE, especialmente em relação aos pais. Nesses casos, o argumento pode até ser verdadeiro, porém, pode-se inferir que não basta convidar os sujeitos das unidades escolares para debates, reuniões, palestras... A adesão dessas pessoas só ocorrerá quando se sentirem sujeitos no interior da escola, ou seja, perceberem que também são responsáveis pelo tipo de ação que lá é realizada. E isso depende, como afirma Arroyo (2002), do estabelecimento de relações mais humanas. O pai que não passa da porta de entrada da escola para entregar um lanche ou dar um recado para um filho, como se viu na Escola Selma Moraes, dificilmente sentir-se-á em condições de opinar sobre as ações de um professor, de um funcionário ou de um diretor na escola.

O tema da cultura da não-participação perpassa a maior parte das discussões apresentadas nestes dois últimos capítulos. Dessa forma, muitas discussões relacionadas a esse tema estarão diluídas em outros pontos deste e do próximo capítulo.

4.1.2 A pouca credibilidade nos projetos dos governantes: um empecilho à participação

Atrelado à imagem de que nos níveis mais elevados de escolaridade situam-se as possibilidades de ascensão social, nos períodos eleitorais as questões educacionais tradicionalmente têm lugar garantido nos discursos dos candidatos. Embora nos discursos todos pareçam saber quais medidas devem implantar para melhorar as condições da escola pública, poucas ações são definidas para alcançar esse propósito. Por outro lado, seria ingenuidade acreditar que governos conservadores e comprometidos com determinados setores fossem, efetivamente, elaborar políticas para qualificar a escola pública.

A valorização do magistério, o investimento em infraestrutura, a oferta de condições materiais mais condizentes com um ensino de qualidade, entre outras coisas, integram um conjunto de promessas não cumpridas em sucessivas administrações no Rio Grande do Sul. Embora aparentemente cada administração defina novas ações, na essência elas não diferem de um governo para o outro, por não consolidarem projetos que efetivamente qualifiquem a educação.

A percepção de que nessas administrações pouco foi feito para modificar a realidade das escolas estaduais parece fazer com que haja pouca credibilidade em qualquer proposta governamental. Ao mesmo tempo em que havia uma expectativa em relação à gestão aqui analisada, sobre o que seria proposto para a educação gaúcha, também pairava uma ideia de que a CE seria apenas mais uma proposta de um novo governo que não traria mudanças substancias para o interior da escola.

Dessa forma, esse grande destaque conferido ao longo de décadas à importância da educação, nos discursos sem efeitos reais nas rotinas escolares, parece influenciar a população no sentido de esta não confiar em nenhuma proposta, independentemente de sua origem partidária. Essa *falta de credibilidade* em qualquer projeto governamental constituiu um entrave à participação na CE. De acordo com a professora Hilda, da Escola Manoel Quadros, por já não acreditarem nas propostas dos governantes foi difícil atrair as pessoas para participar das reuniões na escola:

> [...] muito difícil de reunir tanto os professores quanto a comunidade. Porque, devido à política educacional e todo o tipo de política que tem aí, as pessoas não acreditam em mais nada. Elas acham que foi só porque mudou o governo, e esse governo fez essas mudanças, e vem outro governo que anula tudo isso aí, e começa tudo de novo. Então há uma descredibilidade das pessoas em relação a isso aí, ninguém acredita em nada. E isso dificultou muito a reunião das pessoas, assim de trazer as pessoas pro debate, e foi uma dificuldade muito grande, né? E algumas pessoas sim, se envolveram bastante, mas muitas não, não quiseram... as pessoas pensam que é uma passagem política, que essa é uma política desse governo, que o outro vem e anula tudo, começa tudo de novo, nós temos um histórico disso, então existe esse descontentamento com tudo.

Do depoimento da professora Hilda também pode ser extraída a ideia, presente na sociedade, de que tudo aquilo que é construído em uma gestão é desconsiderado pela seguinte. Identificou-se que a *falta de continuidade* nos projetos iniciados em um governo para o subsequente também constituiu um elemento dificultador à participação, pois prevalece o argumento: "para quê participar e dedicar um tempo a algo que logo será interrompido?" É o que aponta a fala da professora Anita, da Escola Parque Rosa:

> Porque cada um que entra propõe novas estratégias, estabelece novas orientações e a gente constantemente tá se condicionando a isso. Então, eu acho que deveria haver assim uma desvinculação, né? E assim, perder a vaidade de reconhecer que o outro governo implementou e os resultados, por que não manter? Por que não estabelecer uma sequência progressiva desse trabalho? E isso não acontece por parte de nenhum. Cada um que entra, parece que quer deixar registrado aquele espaço que ocupou e ficar registrado todas as práticas que resolveu implementar.

Em relação à gestão aqui analisada, seria inviável dar prosseguimento àquilo que vinha sendo executado pelos gestores anteriores no Rio Grande do Sul dado o fato de que o programa de Olívio Dutra propunha a ruptura com o modelo e com as referências da administração anterior que estavam alicerçados nos princípios dos projetos neoliberais para a educação.

Embora aparentemente os projetos do governo de Antonio Britto, que antecedeu Olívio Dutra, coincidissem com as demandas dos setores progressistas da educação, seu conteúdo se distanciava dessas reivindicações. Algumas medidas adotadas ratificam essa compreensão: a defesa da gestão democrática, porém com restrições à participação; o destaque para a autonomia das escolas, pautada na transferência de responsabilidades (financeiras); o enfoque na formação, porém numa visão de treinamento (Azevedo, 2000). Contudo, talvez a ação mais característica do caráter neoliberal dessa gestão na educação tenha ocorrido ao "instituir o prêmio qualidade para as escolas que apresentassem melhores resultados, segundo avaliação externa" (Azevedo, 2000, p. 52).

Diante do caráter dessas medidas que tendiam gradativamente a retirar a responsabilidade do Estado com a educação pública, não havia alternativa senão interromper esse processo.

O professor Darlan, da Escola Paulo Borges, que, indubitavelmente, foi o estabelecimento pesquisado que mais conseguiu promover mudanças substanciais na organização curricular a partir da participação na CE, também se mostrou preocupado com a questão da falta de sequência nas políticas implementadas por cada governo. Embora esse aspecto não tenha comprometido a participação dos segmentos da sua escola na CE, a apreensão do docente devia-se à incerteza da continuidade daquilo que foi definido na CE na gestão posterior:

> [...] com relação à Constituinte Escolar o que a gente espera é que [...] independente de quem venha a dirigir o Rio Grande nos próximos quatro anos, que deem continuidade [...]. Geralmente, quando assume uma nova administração, tudo que o outro fez não é o melhor. A Constituinte Escolar eu acho que tem pontos negativos, é lógico que tem, ninguém vai ter a pretensão de só acertar, mas tem excelentes coisas positivas que precisam ser implantados, precisam ser continuados dentro da política educacional do Rio Grande do Sul.

De fato, a preocupação do professor Darlan com uma possível mudança de governo e interrupção do processo de implementação daquilo que foi definido na CE foi confirmada. Todo o esforço para chegar aos princípios e diretrizes para a educação pública gaúcha foi simplesmente ignorado pelo governo[2] eleito para o mandato 2003-2006.

Se houvesse na sociedade um entendimento de que o acesso a uma educação de qualidade é um direito fundamental de todo o cidadão e de que cabe ao Estado prover a sociedade dos meios para que tenha assegurado esse direito, as escolas públicas não ficariam a cada administração sujeitas

---

2. No primeiro semestre de 2003, o então secretário de Estado da Educação no Rio Grande do Sul, José Fortunati, em uma evidente demonstração de desprezo pela política implementada na gestão anterior, ao responder a um questionamento sobre o que seria feito com todo o acúmulo de discussões e debates propiciados pela CE, declarou, em evento ocorrido na cidade de Pelotas: "Se tem alguém que ainda defenda aquilo, que lute por isso".

às ações dos governantes. Entretanto, somente uma sociedade capaz de conhecer esse e outros direitos é capaz de reivindicá-los, o que pressupõe, por sua vez, um povo com acesso a uma boa educação.

Essa limitada percepção da educação como direito fundamental de todo ser humano tem-se revelado condição ideal para que determinados conceitos sejam formados e aceitos de forma quase natural. Um exemplo desses conceitos refere-se à qualidade da escola pública destinada às camadas economicamente menos favorecidas da população. Nesse caso, a concepção instalada na sociedade de que a "escola pública é ruim" e, por ser pública, é assim mesmo influenciou na adesão ou não das pessoas à CE. A professora Hilda, da Escola Manoel Quadros, lembrou que a CE propiciou uma reflexão sobre essa falta de perspectiva para a educação pública e permitiu, de certa forma, uma revisão sobre esse conceito:

> A educação tá assim, principalmente a escola pública, né? Que é uma escola que não é que a gente pense assim... A gente não pensa assim, mas a população, o povo, assim, pensa que a escola pública: "ah, porque é público não é pago, então tem um monte de defeito". E tem mesmo, né? Mas eu acho até que foi bom, porque a gente repensou bastante em cima disso aí, os estudos que a gente andou fazendo. E eu acho que é interessante e tem que mudar mesmo.

Como visto no segundo capítulo deste livro, trata-se da lógica da precarização dos serviços públicos acentuada nas últimas décadas pelo projeto neoliberal que atinge diretamente as escolas.

Um outro ponto a ressaltar é a constatação de que para muitos membros da comunidade a responsabilidade pela pouca qualidade da escola pública está diretamente relacionada à maior ou menor dedicação dos seus educadores. É como se coubesse aos educadores, por meio de uma revisão de suas ações, mudar essa imagem, e a cada escola isoladamente assegurar uma boa qualidade no ensino.

Muitos participantes do estudo demonstraram não reconhecer na ação dos governantes e nas políticas públicas implementadas a responsabilidade pela deterioração do ensino público. De acordo com Arroyo (2002), é como se não competisse ao Estado prover a sociedade de uma escola de qualidade.

Evidentemente, não se está aqui desconsiderando a importância que as vivências e as práticas diárias construídas pelos educadores têm para a escola pública, bem como as modificações que essas experiências podem produzir tanto nas relações entre os sujeitos quanto nas formas de conceber o ensino e o aprendizado. Sobre esse aspecto, a fala da professora Anita, da Escola Parque Rosa, é bastante reveladora:

> [...] Eu não vejo assim, a proposta de trabalho da Constituinte em si, como sendo fonte geradora de mudança. O que eu vejo é uma direção e uma equipe diretiva de escola, realmente acreditando que qualificar o trabalho é deixar o professor mais entusiasmado. É tentando resgatar nele a paixão pelo que ele faz. E eu acho que isso, quando a gente se familiariza com o grupo, a gente passa a conhecer cada um dos seus integrantes, e a gente sabe exatamente onde e o quê precisa ser feito pra motivar mais uma pessoa pro trabalho que tá sendo feito, né? Então se trata mais de uma articulação interna, que propriamente de uma proposta que vem de fora pra dentro e diz: "agora executa, façam", né? Depende, assim, da gente mexer com a sensibilidade do professor e deixar ele consciente da necessidade da mudança. Isso aí é ponto básico. Quando a gente conseguir atingir isso aí, nós conseguimos avançar realmente.

A declaração da professora Anita expressa uma necessidade de "despertar o entusiasmo do educador", sua "paixão pelo que faz". Essa é, indubitavelmente, uma questão importante, porém insuficiente para mudar a realidade da escola. Esses pré-requisitos não podem estar dissociados de melhores condições de trabalho, de uma maior valorização da categoria, de uma revisão dos salários dos trabalhadores em educação, da criação de mecanismos que permitam a interação de todos os segmentos nas decisões escolares, entre tantas outras coisas.

Parece importante ressaltar esses pontos, pois ao longo de décadas construiu-se uma imagem do professor desprovida de profissionalismo. Ou seja, como o sujeito que realiza o seu trabalho por "vocação" ou "por amor ao que faz".

Essa percepção sobre a escola explica, de certa forma, o pouco envolvimento da Escola Parque Rosa na CE. Em outros termos, se não cabe ao governo, através dos instrumentos de que dispõe, implementar ações que aprimorem a educação, não faz sentido participar da definição dos rumos de um processo de definição de princípios e diretrizes para o conjunto das escolas estaduais.

Em outro momento da entrevista, a professora Anita reforça o papel da direção da escola no aprimoramento das ações educativas:

> Olha, nós, enquanto grupo administrativo, a gente tem sempre a preocupação de qualificar o trabalho e qualificar as condições de trabalho do professor [...]. Essa foi uma escolha de direção que a gente fez, bem consciente, né, de todas as implicações decorrentes da nossa atuação. Então, eu acho assim, nós temos o dever, então, sempre de tá investindo em qualificação docente em todos os sentidos. Então, eu, enquanto diretora na escola, eu sempre privilegiei foi o pedagógico. Eu acho que, a partir do momento que a criança fica na escola e ela chega em casa e manifesta pra família que ela tem prazer em estar na escola, nós vamos aos pouquinhos começar a resgatar a imagem dentro da comunidade, que também é depreciada, né..., o respeito dos governantes, coisa que a gente vem perdendo ao longo do tempo. Então, eu vejo assim, ó, que qualidade eu acho que é o primeiro passo pra gente começar a exercer algumas competências.

As preocupações da professora com a qualificação do corpo docente e com um ensino prazeroso são bastante significativas; porém, situar nesses requisitos o respeito da sociedade e dos governantes para com a escola pública é retirar a responsabilidade do Estado de permitir o acesso a uma boa educação. Como se a origem da falta de respeito dos governantes para com a educação estivesse na boa ou na má ação dos educadores. E esses, por sua vez, tivessem de "conquistar" a consideração daqueles para garantir sua valorização.

Não é difícil compreender a opinião da professora, pois já se viu, neste livro, que na sociedade capitalista o homem, para garantir sua sobrevivência, acaba lutando para ser explorado, sem perceber tal sujeição. Ao Estado capitalista interessa assegurar a oferta de um conjunto de serviços (mesmo que precários) a fim de preservar a ordem social. A imensa parcela da população menos favorecida economicamente e explorada pelo sistema de produção vigente é a maior interessada nesses serviços, entre eles a educação. Em geral, essas pessoas, por não disporem de um acúmulo cultural que as coloque em condições de exigir a oferta de serviços dignos, acabam por estabelecer uma relação de subserviência perante o Estado.

E, como afirmado no capítulo 2, tendo minimamente o Estado oferecido condições para que a população seja atendida, o fracasso do mau atendimento não recai sobre o Estado, mas sobre aqueles que estão cotidianamente envolvidos com ações no setor público. No caso dos educadores, essa situação se manifesta em um entendimento de que uma escola melhor depende de um educador melhor. Se, por um lado, isso está correto ao atribuir também ao papel desses profissionais um ensino de qualidade, por outro, há um equívoco ao vincular um melhor educador eminentemente à boa vontade de cada docente na escola.

Uma boa forma de ilustrar tal questão é analisando como são tratados os servidores públicos no país, especialmente a partir da reforma do Estado da década de 1990. Sabe-se que esses, em grande parte, atendem a população de mais baixa renda, que por essa razão mais necessita de tais serviços. A lógica é: quanto mais precárias forem as condições de trabalho dos servidores públicos, piores serão os serviços por estes prestados e maior a indignação dos usuários com esses trabalhadores. Nesse sentido, não cabe aos servidores públicos enquanto categoria ou individualmente assumirem isoladamente a responsabilidade pelos serviços que prestam.

Assim, retomando a declaração da professora Anita, acredita-se que não cabe a ela buscar o "respeito dos governantes", pois se sabe que, por melhores que sejam suas ações, não é isso que vai assegurar o pretendido respeito. Com governos afinados com as orientações do modo de produção vigente, tal tarefa parece impossível.

Se, por um lado, a pouca credibilidade nos projetos apresentados pelos governos na área educacional ao longo de sucessivas administrações serviu para explicar a não-adesão à CE em algumas escolas, por outro lado parece que os sujeitos nas unidades escolares acabam recorrendo a mecanismos para qualificar o ensino desconsiderando o papel do Estado na oferta de uma educação pública de qualidade.

4.2 Ser sujeito da decisão política: a influência do meio social e do objeto de debate

4.2.1 Realidades diferentes — participações variadas

O espaço de desenvolvimento da CE era o das escolas da rede estadual de ensino do Rio Grande do Sul. O fato de essa rede abranger mais de 3 mil escolas (distribuídas em comunidades com características e realidades diversas: campo e cidade; centro e periferia; pequenos, médios e grandes municípios) por si só já revela a heterogeneidade desse universo.

Assim, considerando a pluralidade do conjunto de escolas que integram a rede estadual de ensino do Rio Grande do Sul, para os propósitos desta discussão, dois aspectos foram levantados. O primeiro refere-se à relação da localização das escolas com o tipo de participação na CE. O segundo diz respeito ao significado que a troca de experiências entre escolas com características diferentes de atendimento teve para os participantes da política.

Em relação ao primeiro ponto, percebeu-se que a localização das escolas teve uma influência significativa no grau de participação das comunidades. Detectou-se que, nas nove escolas investigadas na cidade de Pelotas, aquelas localizadas na região central da cidade contavam com uma participação menos intensa da comunidade nas suas decisões.

Alguns aspectos justificam essa participação diferenciada da comunidade nas escolas centrais. A maior parte dos alunos que frequenta essas escolas não reside no seu entorno, são oriundos de diferentes regiões da cidade. Isso ocorre porque os pais trabalham em estabelecimentos próximos à escola e aproveitam para lá deixar seus filhos (no caso dos menores) ou porque as famílias cultivam uma imagem de que a escola do centro da cidade goza de melhor qualidade no ensino em comparação com as escolas da periferia e do meio rural.

Este último argumento esteve bastante presente entre os participantes do estudo. Dessa forma, os pais, mesmo residindo distante e necessitando recorrer a algum tipo de transporte, preferem matricular seus filhos nas escolas centrais. Agem assim, na maior parte dos casos, por acreditarem que o meio onde está inserida a escola pode contribuir com um ensino de melhor qualidade para os filhos. Por se depararem na escola do bairro com a sua própria realidade, os pais parecem buscar outras referências.

Percebeu-se que nem sempre as escolas têm muita identidade com a comunidade do seu entorno, justamente porque parte significativa dos alunos vem de lugares distantes para estudar. Essa questão da identificação da família com a escola do centro e com a escola do bairro dá margem a inúmeras análises. Para os propósitos deste estudo, interessa ressaltar que essa legítima tentativa da família de proporcionar um ensino de melhor qualidade aos filhos acaba por comprometer sua participação e seu envolvimento na escola.

Esse fato foi percebido em três estabelecimentos de ensino: Escola Selma Moraes, Escola Zulma Machado e Escola Manoel Quadros. Nesta última, a ausência da família é mais intensa porque a escola atende a turmas a partir da 5ª série. Como os alunos nessa faixa etária já não dependem do acompanhamento dos pais para se deslocar até a escola, estes participam menos das atividades lá desenvolvidas.

Destaca-se a condição da Escola Sara Ribeiro, que, mesmo não estando localizada no centro, enfrenta problemas semelhantes no que tange ao distanciamento geográfico da comunidade em relação à escola. Por estar localizada em um bairro onde residem pessoas de uma camada favorecida economicamente, quase não recebe alunos residentes no seu entorno — que geralmente estudam na rede privada —, e sim alunos de bairros próximos. Percebe-se que a relação escola—comunidade fica restrita à frequência às aulas.

É possível retomar aqui a questão da apropriação da escola como instituição pública, que parece ser diferente para os que residem perto da escola em comparação com os que residem longe. A própria concepção de escola como um espaço pertecente a todos parece ficar comprometida quando os alunos e as famílias relacionam-se com a escola como mera prestadora de serviços.

Os alunos que residem perto da escola parecem manter vínculos mais estreitos com ela, até porque não é raro encontrar bairros onde a única instituição pública a que a população tem acesso é a escola. Nesse caso, a participação em uma organização se dá exclusivamente no estabelecimento de ensino, que passa a ser um ponto de referência para a educação de crianças e jovens, para a realização de refeições, para o ato de votar em dia de eleição, para algumas atividades de lazer etc. De acordo com a ex-secretária da educação Lucia Camini:

> [...] nós percebemos uma diferença entre as grandes escolas dos centros urbanos e as escolas de periferia e meio rural. [...] A escola se constitui como um centro de referência de pequenas comunidades e nas periferias urbanas, enquanto que a escola de centro, a maior, a própria comunidade não está organizada em torno da escola, porque ela participa de outras organizações que não a escola como polo irradiador dessa organização.

A proximidade casa—escola pode significar uma maior possibilidade de intervenção e apropriação da unidade escolar pela comunidade e levar as pessoas a se sentirem mais responsáveis por esse espaço público. Entretanto, o fato de se morar no entorno pode não significar nenhuma vantagem do ponto de vista de uma inserção da comunidade, se na escola não houver um clima favorável à presença dessas pessoas fora do horário das aulas.

No caso da escola da zona rural aqui investigada, detectou-se que apenas parte dos alunos reside nas redondezas da escola. Como é comum na zona rural, muitos alunos fazem longos trajetos a pé ou utilizam algum meio de transporte para chegar à escola.

Entretanto, essa distância casa—escola não significava a ausência nas atividades promovidas na escola. Especificamente em relação à Escola Miguel Ramos, percebeu-se que a necessidade de agrupamento das pessoas que vivem no meio rural para reivindicar melhores condições de vida se reflete na escola quando são desenvolvidas ações coletivas. Dessa forma, o fato de residir longe não constituiu um obstáculo para o envolvimento da comunidade na escola. A Escola Miguel Ramos, apesar de algumas resistências internas, teve uma boa participação tanto nas diferentes etapas da CE quanto nas reuniões do OP.

Mesmo contando com um número elevado de alunos, notou-se que nessa escola há uma boa interação entre os segmentos. Especificamente em relação aos docentes, eles demonstraram conhecer bem os alunos e suas histórias familiares. Esse conhecimento pode ser atribuído à maior permanência dos educadores no estabelecimento de ensino da zona rural, em comparação com o da cidade. Por dependerem de transporte para chegar à escola, acabam cumprindo jornadas mais longas, o que favorece uma maior integração entre os segmentos, já que compartilham espaços de refeição, de conversas, de estudo.

O outro aspecto a considerar nesta discussão foi a possibilidade de integração e troca de experiências com pessoas provenientes de diversas realidades. O agrupamento de pessoas de gênero, etnia, religião, níveis de escolaridade diferentes pode despertar a sensibilidade para o respeito às diferenças e, assim, resultar na produção de relações mais solidárias e coletivas. Esse agrupamento, ao permitir a construção de novas formas de atuação e intervenção nos espaços escolares, pautadas no respeito à pluralidade cultural, acaba por contribuir na redução de comportamentos individualistas. Nos momentos da CE em que pessoas de diferentes escolas se reuniam, havia a possibilidade de se compartilhar boas e más experiências educativas e elaborar novos projetos de ensino. Do ponto de vista de quem foi governo, o confronto de diferentes realidades enriqueceu o ensino no estado. Lucia Camini também se pronunciou a esse respeito:

> [...] as escolas, elas constituem [...] uma rede no seu conjunto, mas elas têm questões muito específicas. E, como a rede pública estadual, ela é composta pela rede regular, mas nós temos aí também as escolas indígenas; temos uma realidade diferenciada que são as escolas do campo, que são as escolas situadas no meio rural; [...] temos as comunidades ribeirinhas. Então, essas realidades todas se confrontando, elas trouxeram uma riqueza muito grande para o ensino gaúcho.

A CE permitiu uma ampla troca de experiências entre aqueles que participaram do processo. Essa troca possibilitou uma percepção das rotinas das escolas públicas, tanto naquilo que tinham em comum quanto naquilo que as diferenciava. No primeiro caso, parece ter sido significativo perceber que as dificuldades vividas em uma escola eram as mesmas relatadas pelos representantes de outras, o que conduzia a reflexões sobre formas de contornar as adversidades. De acordo com a funcionária Nívea, da Escola Zulma Machado: "é porque a escola... [...] de repente parece que a história só mudava o nome, era igualzinha, sabe, é uma coisa assim, que era, foi muito bom..."

No segundo caso, as realidades diferentes propiciaram uma compreensão ampliada das rotinas vividas nas escolas. Dada a diversidade de situações expostas, muitas vezes era necessário eleger algumas prioridades para serem discutidas. Ainda na opinião de Nívea:

> [...] porque, eu sou de uma escola do centro, e eu entendia perfeitamente a dificuldade que havia naquela escola rural, então eu ajudei também, na hora de pedir pra escola rural, eu ajudei também a colocar no papel as necessidades daquela escola. Não que eu não tivesse as minhas no centro, eu tenho as minhas dificuldades, tinha também. É isso que eu quero te dizer, eu achei, assim, que as diferenças ficaram muito marcadas, mas também bem respeitadas.

Nos relatos e debates nas reuniões com os representantes das escolas era possível perceber uma diversidade de situações descritas pelos participantes em relação ao envolvimento dos diferentes segmentos nas decisões escolares. Nesses contatos, além da oportunidade de conhecer novas experiências de participação na escola, era possível acumular referências para propor modificações nas ações da própria unidade. Segundo a professora Loiva, da Escola Selma Moraes:

> [...] então, aí eu comecei a ir, fiquei conhecendo. Fui à primeira reunião, fiquei encantada com a participação, [...] eu fiquei encantada com aquele processo, assim pais, tu via pais bem humildes, mal sabiam se expressar, votando qual a situação que eles achavam melhor e, e dando a sua opinião. Alunos mesmo...[...] Então as pessoas assim, sabe, estudando aquilo ali, dando a sua opinião, alunos, pais, professores, funcionários de escola também, porque geralmente não participam de reuniões, se negam a tá dando opinião assim. Aqui, por exemplo, a gente, nas reuniões chama os funcionários, mas eles não participam, geralmente, a muito custo tu consegue tirar alguma coisa deles, mas lá não, participando e dando opiniões e dizendo como é que era na sua escola, como é que acontecia, eu fiquei encantada, né. Aí eu comecei a participar, [...] mas eu já cheguei muito no finalzinho, já tinham delegados

até na, nas últimas só podiam votar os delegados, então eu ia, ficava só assistindo, mas achei assim um processo maravilhoso, uma pena que a escola não participou.

Para muitos sujeitos, a CE serviu para identificar e revisar determinados conceitos. Ao perceberem nas distintas atividades a presença de pessoas opinando e decidindo sobre assuntos, em espaços dos quais sempre foram alijadas, alcançaram o entendimento de que as características individuais e as rotinas de vida de um pai, de um aluno ou de um funcionário não constituíam um empecilho a sua participação no interior da escola. Pelo contrário, seu olhar diferente sobre esse espaço pode servir justamente para enriquecer experiências e aprimorar o processo de ensino.

Assim, as formas de interação da comunidade e o tipo de relação estabelecida entre os segmentos das unidades com diferentes realidades, ao mesmo tempo em que eram relatados e tornavam-se conhecidos pelos participantes, serviam de referência para a implementação de ações em outras escolas.

4.2.2 OP e CE: princípios comuns, participações distintas

O OP constitui uma das experiências de participação da população nas decisões locais mais conhecidas no Brasil. Embora sua implementação não seja uma exclusividade do Partido dos Trabalhadores, constituiu-se em uma marca das administrações petistas na gestão pública. A experiência desenvolvida na cidade de Porto Alegre desde o final da década de 1980 até o ano de 2004 serviu de referência para muitas administrações no Brasil e no exterior, constituindo uma forma de decidir as prioridades do governo sem a presença de intermediários. É um processo de discussão, proposição e decisão das prioridades de aplicação de recursos públicos que conta com a participação popular para legitimar-se. É importante salientar que a metodologia adotada pela administração pública para implementar o OP não é igual em todas as localidades.

Do ponto de vista da participação na decisão política, o OP — por agregar princípios tradicionalmente defendidos pelo PT e por ser uma experiência de sucesso consolidada em alguns locais administrados pelo partido, especialmente na década de 1990 — deveria constituir uma referência da administração Olívio Dutra. Sua validade começou a ser questionada logo no início da gestão, quando foram feitos os primeiros movimentos para instalar esse processo no Rio Grande do Sul.

As críticas vinham especialmente da Assembleia Legislativa, onde os deputados de oposição colocavam sob suspeita a legitimidade do processo e alegavam a pretensão do Executivo de governar estabelecendo um canal de comunicação direto com a sociedade, desconsiderando suas funções como detentores de mandatos. De fato, os relatórios apresentados pelo governo do estado demonstram um crescimento do número de participantes no OP de um ano para o outro, sendo de 190 mil pessoas em 1999, 281 mil em 2000 e 378 mil em 2001 (Rio Grande do Sul, 2002). Essa ampliação do número de participantes parece ter incomodado os grupos que sempre estiveram no poder e que representavam os interesses dos setores dominantes na sociedade.

Segundo Claudia Feres Farias (2003, p. 218), os conflitos oriundos da decisão do Executivo de implementar o OP passaram do "enfrentamento à negociação própria do jogo democrático" ao longo da gestão[3]. A autora pondera que a manutenção de uma postura contrária ao OP (sem propor alternativas) levaria os deputados da oposição a um desgaste político. Então, a estratégia utilizada por esses deputados foi a de criar canais paralelos de participação, que conferissem legitimidade às suas emendas e vetos aos projetos oriundos do Executivo.

---

3. Ao fazer a análise do OP, a autora mostra como sua implementação teve uma repercussão significativa na sociedade, de modo que levou até mesmo a Assembleia Legislativa a criar um outro canal de participação dos cidadãos na decisão política. Isso significa que uma ação dessa natureza modifica também as ações dos políticos conservadores, que acabam sendo forçados a criar uma via de participação direta com a sociedade para legitimar suas ações. Assim, foram criados dois meios de participação: um proveniente do Executivo, o OP, e outro do Legislativo, o Fórum Democrático. Uma descrição de todo o processo de instalação do Orçamento Participativo no RS de 1999-2002 pode ser encontrada em Farias (2003).

Embora a inserção direta da população na definição de prioridades do governo estivesse no centro da política global, percebe-se na gestão aqui analisada que as políticas setoriais que mais se aproximaram desse propósito foram o OP e a CE[4]. Na opinião de Caio, um representante do governo, isso ocorreu pelo significado e abrangência desses dois segmentos, ou seja, "a administração da Frente Popular conseguiu deixar mais transparentes o processo de controle na educação e o processo de controle do orçamento".

Mesmo considerando que a CE e o OP se sobressaíram como canais de participação na gestão Olívio Dutra (algo também constatado na realização deste estudo), Caio insistiu em afirmar as possibilidades de intervenção direta também em outros setores da administração, porém com níveis e formas diferentes de intervenção da sociedade:

> Em todas as suas esferas, por maior que fosse o envolvimento, ou por menor que fosse o envolvimento da sociedade, desde estabelecimento de crédito para agricultores a um processo do OP, ou mesmo até pegar uma outra área, mesmo a área habitacional quando da definição de cessar prestações da Cohab, que até então existiam também, foi um processo de decisão que envolveu a todos.

Essa avaliação de que houve na administração Olívio Dutra a possibilidade de uma maior intervenção na gestão pública também foi identificada nas falas de alguns entrevistados nas unidades escolares. A merendeira Inês, da Escola Miguel Ramos, ao mencionar a relevância desse espaço de participação, afirmou: "aí as pessoas exigem aquilo que precisam, [...] aí sabe como governar o dinheiro do povo". Para o aluno Moisés, da mesma escola, a percepção foi semelhante: "é importante, porque tá vendo onde vai ser colocado o dinheiro".

O destaque conferido ao OP nesta análise deve-se à percepção de que as escolas se organizaram de maneiras diversas para participar dos espaços decisórios propostos na gestão Olívio Dutra. O desenvolvimento do estudo

---

4. A manchete de uma reportagem de um jornal de grande circulação no Rio Grande do Sul chama a CE de "o orçamento participativo do ensino" (FERREIRA, 1999).

nas dez escolas permitiu concluir que a opção por participar do OP e da CE não se deu, na maior parte delas, por uma questão ideológica, de afirmação de determinados princípios. Isso significa que a não-participação em um tipo de consulta não impediu o envolvimento em outra. Constatou-se que a mesma escola que identificava na CE um processo de manobra eleitoral e de viés ideológico participou do OP sem concebê-lo da mesma maneira.

Não se pretende aqui fazer uma análise da organização da sociedade para participar do OP[5] mas apenas considerá-la em contraposição à CE e mostrar como propostas com princípios semelhantes são percebidas de formas diferentes pelos cidadãos.

É preciso reconhecer que há nas escolas uma carência de recursos financeiros para infraestrutura. Dessa forma, quando surge uma possibilidade de angariar tais fundos, as escolas tendem a se organizar rapidamente[6]. Isso explica, em parte, o interesse de algumas unidades escolares — desprovido de qualquer identificação com aqueles que estavam no governo — pelos recursos em disputa no OP e o desinteresse pela CE. Esse aspecto é positivo porque as pessoas estavam reivindicando algo que é direito do conjunto dos cidadãos de uma unidade da federação, independentemente da identificação ou do vínculo partidário com aqueles que estavam no governo.

Uma das explicações mais utilizadas pelos sujeitos[7] nas escolas para justificar sua ausência nas etapas da CE foi a indicação do Cpers, apesar das contradições tão evidentes nessa argumentação, algumas já expostas. Isso porque havia uma incompatibilidade entre a vontade da categoria e os projetos do governo no que tange à questão salarial. Entretanto, a resistência contra o governo restringiu-se à não-participação na CE, pois

---

5. Análises e descrições sobre as experiências do Orçamento Participativo podem ser encontradas em Sánchez (2002), Dutra e Benevides (2001), Avritzer e Navarro (2003), Santos (2002b), Avritzer (2002).

6. Para exemplificar, na gestão de Antonio Britto (1995-1998) havia um programa denominado "Paguei, quero nota", em que notas fiscais eram trocadas por cupons em instituições cadastradas (inclusive nas escolas) que davam direito a prêmios. Quanto maior o número de cupons amealhados pelas instituições, maior seria o valor que receberiam do governo do estado.

7. A indicação era para os trabalhadores em educação. Porém, aqui se está generalizando para todos os participantes pela influência que a categoria exerceu sobre os outros segmentos.

algumas escolas que optaram por não participar da definição das diretrizes da política educacional (após a indicação do sindicato) conseguiram organizar a comunidade para participar das reuniões do OP, reivindicando recursos para sua escola.

Talvez seja oportuno retomar aqui as discussões estabelecidas nos dois primeiros capítulos sobre os interesses públicos e os interesses privados. Nas visitas às escolas, percebeu-se que os princípios que orientavam as ações privadas pareciam mais presentes no OP, enquanto na CE os princípios que pareciam basear as discussões tinham caráter mais universal.

Evidentemente, não se está desprezando a importância da mobilização das pessoas para reivindicar melhorias para suas unidades escolares, pois essa é certamente uma forma de participação em um processo decisório. Também não se está desconsiderando o fato de a escola ser pública (e, por sua própria natureza, atender aos interesses mais gerais da população) e de, portanto, as reivindicações de recursos específicos atenderem à coletividade.

Chamou a atenção no processo de coleta de dados o caráter mais coletivo da CE e a preocupação com a qualificação dos debates; já no OP, a capacidade dos grupos para agregar o maior número de pessoas possível parecia ter um peso maior do que a discussão sobre as demandas locais. Esse aspecto pode ser comprovado pelo fato de que em apenas duas dentre todas as escolas visitadas que participaram do OP detectou-se uma preocupação com a coletividade, ou seja, uma reflexão sobre as necessidades da comunidade que extrapolam os muros da escola. Na Escola Gilberto Alves, o professor Gustavo declarou que não reivindicaram algo para a escola, mas sim tentaram estabelecer um diálogo com a comunidade, com o intuito de refletir sobre os principais problemas enfrentados naquela localidade, para definir posteriormente o que seria pleiteado:

> [...] a gente trabalhou a comunidade pra que participasse realmente. Mas nós não tivemos nenhuma reivindicação pra escola nesse primeiro momento. Nós procuramos olhar mais pra questão do bairro, [...] a gente priorizou a questão do bairro, fazer uma leitura do bairro, vendo quais os problemas, enfim. Até pra que as pessoas conseguissem entender o que significava realmente participar do orçamento participativo.

Essa não constituiu a preocupação das outras escolas que reivindicaram quadras poliesportivas, laboratórios de informática, ampliação do espaço físico etc.

Na Escola Fábio Costa, o professor Lúcio afirmou que mobilizou a comunidade para participar desse espaço de decisão, conseguindo reunir mais de 1.200 pessoas para participar da assembleia do OP. O professor falou com orgulho dessa "conquista". Esse é um caso muito interessante, porque o referido professor, que era diretor na época, definiu o que era preciso reivindicar para a escola e "comunicou" à comunidade escolar. Os recursos pleiteados pela escola foram assegurados no OP devido ao elevado número de pessoas presentes na assembleia.

Na análise da entrevista, percebe-se que, do ponto de vista do professor Lúcio, foi uma conquista pessoal e não uma conquista da comunidade, pois durante o depoimento mencionou várias vezes: "eu consegui", "eu mobilizei" e até "eu prometi". Não parece que ele tenha agido como um líder, que reúne as pessoas para definir o que querem e precisam, mas sim como alguém que utilizou diferentes mecanismos para reunir um número elevado de pessoas na assembleia do OP. Quais intenções estavam por trás de tal atitude? O dado é que havia um processo eleitoral em curso na época na escola. Ficou claro que a participação da comunidade na votação da referida obra não foi algo planejado, discutido e avaliado coletivamente.

Em determinado momento de uma das entrevistas, o professor Lúcio falou sobre a eleição de diretores, que coincidiu com a participação da escola no OP:

> Ah, foi uma coisa muito marcante pros alunos. Até hoje eles falam: "e aí, professor, quando é que sai o nosso terceiro piso?" E agora, o que que eu digo pra eles? E bem nessa época teve uma campanha pra eleição de direção... E a pessoa que me ajudou, ela era sempre contra, ããã, vamos dizer assim ó..., a querer tudo pra escola... Eu sempre disse: "mas não é querer tudo, eu não tô, não é pra mim que eu tô lutando, eu tô lutando por uma comunidade". Se eu tiver oportunidade de comprar esse ginásio e construir esse terceiro piso, eu acho que é uma boa pros nossos alunos.

Nos dias das entrevistas com esse professor, ainda não havia sido liberado o recurso para a realização da obra solicitada no OP, que, de acordo com informações obtidas na 5ª CRE, aguardava solução para um problema ocorrido no processo de licitação. O referido professor estava indignado com a situação, porque ele tinha "prometido" a obra para a comunidade. O trecho a seguir revela tal postura: "[...] porque se eles não vierem, eu vou ir pra Câmara de Vereadores, e já procurei até deputados estaduais e federais, porque eu tenho uma responsabilidade com a comunidade, *porque eu prometi uma coisa*".

O fato de as pessoas não terem um vínculo ou um compromisso com o processo decisório e com o objeto da votação pode ser comprovado na fala do professor Lúcio, quando afirma que os "eleitores" estavam cobrando as suas promessas. Na realidade, se as pessoas realmente conhecessem o processo, saberiam que a exigência deveria ser feita às instâncias do governo do estado e não ao diretor da escola, que não tinha nenhuma possibilidade de agilizar a liberação dos recursos conquistados no OP.

Pode-se inferir que, no caso da Escola Fábio Costa, tratou-se de uma relação em que houve a manipulação dos sujeitos. Nesse caso, o sujeito manipulado acredita que está tomando uma decisão por sua livre vontade. Porém, de acordo com Mario Stoppino (2000), há nesse tipo de relação a presença de um conflito em potencial, que se manifesta quando o sujeito se dá conta de que seu comportamento foi manipulado.

Diana, uma funcionária dessa escola que acompanhou todo o processo de participação no OP, assim caracterizou esse envolvimento:

> [...] não foi assim, tão participativo, foi meio obrigatório, quer dizer, quem leva mais, leva e consegue verba. Só que as pessoas que iam no OP não tinham consciência [...]. Mas, eu entendia, primeiro dar a formação na escola pra esse pessoal, que era um processo dentro da constituinte, de ajudar as pessoas a aprender a participar. Só que tu pega 60, 80 mil pessoas e joga dentro de um ginásio, e dizer vota nisso ou naquilo, isso aí não é participativo [...]. E até eu mesma me sentia envergonhada várias vezes, porque parecia que eu tava participando de tudo aquilo ali, que eu tava concordando, e não é assim, e aí quando votaram e conseguiram o que queriam, não foram mais, né...

A fala de Diana revela, por um lado, a vontade de ter uma melhor infraestrutura de trabalho e uma escola pública mais qualificada, e por outro, o constrangimento com a forma como se deu o processo de luta por essas condições. Enquanto processo de participação, o OP parece ter propiciado um ganho material para a escola; porém, para a formação dos sujeitos, pouco parece ter contribuído[8].

Merece destaque nessa discussão do OP o fato de muitas escolas, principalmente as sediadas na região central de Pelotas, funcionarem em prédios locados, sem destinação de recursos para infraestrutura. É interessante que nessas escolas não houve qualquer organização para participar do OP, e o argumento utilizado foi justamente: "não podemos modificar nada na escola". Entretanto, tais escolas poderiam ter-se organizado para participar do processo, inserindo-se nas discussões mais amplas. Claro que é necessário considerar aqui os precários vínculos das escolas sediadas no centro da cidade com a comunidade, já que a maior parte dos alunos não reside no seu entorno. Esse elemento pode dificultar sobremaneira a organização dessas comunidades. Assim, tanto a impossibilidade de solicitar recursos para o espaço físico ocupado quanto a ausência de vínculos com a comunidade constituíam empecilhos à participação no OP nessas escolas.

Poder-se-ia levantar a possibilidade de as escolas que funcionam em prédios locados e sem pais residindo nas suas proximidades constituírem pólos de debates e discussões com os sujeitos que vivem nos seus arredores e, assim, contribuírem tanto com a oportunidade de reflexão sobre as necessidades da localidade onde estão inseridas quanto na definição de prioridades de investimento naquele espaço e, até quem sabe, questionarem o fato de uma escola pública funcionar em um prédio locado, o que de certa forma restringe algumas ações.

Nas relações entre o OP e a CE, é necessário considerar a configuração de uma e de outra política pública. Como já foi mencionado, Belloni, Magalhães e Sousa (2000) afirmam que os resultados de uma política pública podem ser identificados em curto, médio e longo prazo. Parece que no OP

---

8. A análise do OP é, neste estudo, restrita ao envolvimento diferenciado das escolas pesquisadas na reivindicação de recursos e na CE. Sabe-se que o caráter "pouco democrático" da experiência da Escola Fábio Costa não pode ser generalizado, por haver inúmeros relatos de comunidades participantes do OP com outra configuração.

os resultados são mais imediatos, o que garante à população perceber as consequências da sua interferência no processo decisório mais rapidamente. Um processo com características como as da CE exige mais tempo para que determinados resultados sejam percebidos. A ex-secretária da Educação Lucia Camini falou sobre essa questão:

> O OP envolve recursos financeiros de curto prazo, pra serem investidos na melhoria da infraestrutura, de serviços... Então leva de forma, digamos assim, mais espontânea um número maior de pessoas [...] porque depende do voto ali... [...]. A CE trabalhava mais com a questão dos valores, da cultura. E, efetivamente, quem não estava diretamente ligado à escola, os professores e funcionários, os pais tiveram que ter um processo de preparação. Era necessário primeiro estabelecer uma série de subsídios pra que eles tivessem elementos também pra compreender a dinâmica. Porque a princípio os pais e os alunos sentiam que educação era coisa dos professores e funcionários. Então se quebrou essa barreira...

No que tange à CE, há uma diferença bastante significativa que precisa ser considerada em relação ao OP: seus resultados não seriam perceptíveis a curto prazo, diferentemente do que ocorre, por exemplo, no OP. Parece pertinente transferir para este debate uma comparação feita por Paro (2001b) sobre o produto da educação e de outros objetos de consumo e serviços. De acordo com o autor, diferentemente do resultado do uso de um objeto de consumo ou serviço que pode ser avaliado pela possibilidade de satisfazer ou não determinadas necessidades humanas, no caso da educação essa visibilidade não é tão patente. Isso porque "o resultado do processo pedagógico não se consubstancia num objeto material (ou mesmo num serviço) passível de ser avaliado a partir de sua imediata utilização" (PARO, 2001b, p. 37).

Dessa forma, no caso do OP os resultados da participação são verificados no próprio andamento da política, com a escolha das prioridades e a execução daquilo que foi decidido. No caso da CE, o resultado da participação das pessoas (embora tenham concluído o processo com a definição de um conjunto de princípios e diretrizes para a educação pública) não é tão visível, até porque a utilização daquilo que foi vivido no processo será diluída no convívio social dos sujeitos, no qual também se inclui o convívio escolar. Claro que isso, em certa medida, também serve para o OP, pois todo o envolvimento das pessoas nos debates e nas assembleias constitui um ato educativo, cujos resultados se dispersam na sociedade. Os depoimentos revelaram que, no OP, o estímulo das pessoas para participar estava mais no resultado, enquanto na CE — pelas possibilidades de reflexão, debate e indicação do tipo de escola pública desejada pela sociedade — a motivação estava mais no processo.

Por outro lado, a noção dos resultados é mais visível no OP por se tratar de uma experiência conhecida, enquanto na CE, por se tratar de algo novo, não havia muita noção entre os participantes dos resultados que seriam alcançados. Entre os próprios gestores percebia-se alguma incerteza sobre o desenrolar da experiência.

Outro aspecto importante é a participação na política, não só na definição das prioridades, mas também na fiscalização das ações executadas. Parece que esse objetivo é mais facilmente alcançado no OP, justamente pelos argumentos expostos por Belloni, Magalhães e Sousa (2000) de que os resultados, nesse tipo de processo, não parecem tão difusos como ocorre em uma política educacional. O depoimento da professora Marlene, da Escola Júlio Dutra, distingue a implicação da participação em uma e outra política pública:

> Foi diferente, até pela característica da coisa, né? No momento em que a gente foi reivindicar, foi pensar, a gente sabia que estávamos ganhando um ginásio coberto... É uma coisa concreta, é uma coisa que, vamos dizer que, até rápida, foram duas ou três conferências. Também não precisava ser com tanta discussão, com tanta coisa... Vamos pedir isso, [...] é isso, é isso. Claro que não se entrou em detalhes de como vai ser, [...] se sabe que vai ser um ginásio coberto, todo mundo entusiasmou e foi. E lógico que nessa Constituinte Escolar é um processo, é lógico, a gente tá entendendo assim, ó, pais entendem, os alunos entendem, isso é muito mais dos professores, da escola, do que da família mesmo. Os professores também, porque ainda não têm aquela abertura de dizer: "olha, eu tô deixando os pais irem lá e opinarem sobre o meu trabalho, sobre o meu método, sobre a minha metodologia de dar aula, de avaliar", né, então realmente é uma coisa que demanda muito esforço, muito mais tempo, eu acredito que não é uma coisa assim, que consiga. Até tu veres o resultado...

Nessa fala, além de expressar a diferença entre o OP e a CE do ponto de vista do resultado visível da participação, a professora apresenta uma outra questão, referente aos pais, ou seja, a comunidade tem abertura para participar das decisões na escola apenas votando naquilo que já é definido de antemão por esta. Na realidade, não decide nada, apenas vota. A experiência do OP em algumas escolas parece ter acentuado um tipo de ação comum nesse espaço, em que a comunidade é convidada a participar de um processo decisório para referendar escolhas já definidas. A participação na CE conduzia a uma mudança nesse tipo de postura, de forma a permitir que a comunidade efetivamente pudesse conhecer e avaliar a escola pública e, assim, ser despertada para a importância da divisão do poder e da sua participação nas tomadas de decisões. Ações democráticas no interior da escola não podem desprezar essas condições.

Do ponto de vista de Lucia Camini, representante do governo, havia uma vinculação entre o OP e a CE, na medida em que determinadas ações definidas nesta só poderiam ser implementadas com uma participação ativa naquele:

> A CE dialogava com o OP porque as pessoas que estavam participando da CE também queriam estar no OP, porque elas conseguiam enxergar que aqui tu constrói a política específica pra educação, mas tem que articular com a questão do Estado, de forma mais ampla, para obter os recursos não apenas pra construção daquela escola, mas também pra infraestrutura daquele bairro, daquela localidade. [...] Então essas pessoas começam a se entenderem como um cidadão que vive naquela sociedade, que interfere e que pode transformá-la. No próprio processo da CE, se eles conseguissem fazer essa vinculação [com o OP] e compreender que o Estado deve funcionar para o interesse da maioria e que, por ser a educação um direito da cidadania, os recursos destinados deveriam servir também pra que aquelas prioridades fossem atendidas, no sentido de vir a qualificar a educação e criar o suporte básico para que os princípios e diretrizes estabelecidos pudessem ser desenvolvidos.

Esse diálogo definido pela professora seria ideal. É o que Belloni, Magalhães e Sousa (2000) chamam de vínculo que uma política setorial necessariamente acaba por estabelecer com outras em uma administração.

De fato, na CE não estava em debate a destinação orçamentária, nem havia a possibilidade de decisão sobre essa questão. Mais recursos para as escolas (infraestrutura) deveriam ser pleiteados no OP. Entretanto, nas falas dos usuários da escola percebe-se que essa relação não ocorreu. A motivação para participar de uma e outra política tinha origem e finalidades diferentes. Na maior parte dos casos, as pessoas não percebiam qualquer vinculação entre uma coisa e outra.

Na Escola Paulo Borges houve um forte envolvimento, tanto na CE quanto no OP. Porém, percebe-se que o apelo à comunidade para participar dos dois processos decisórios não aconteceu de forma idêntica. A professora Ana explicou que as melhorias para a escola conquistadas no OP ocorreram graças a uma troca de favores com outros setores organizados da sociedade:

> A gente, por ter conhecimento prévio de saber como é que funcionava o orçamento, a gente aproveitou que os outros segmentos aqui da comunidade de Pedro Osório ainda não estavam mobilizados, e resolvemos nos mobilizar. E porque eu tinha conhecimento, porque em Porto Alegre acontece e dá resultado... No estado a gente não sabia o que ia acontecer, era o primeiro ano que tava tendo. [...] E a gente fez tipo... Um negócio com o pessoal do assentamento, nós temos vários alunos aqui, o assentamento tava mobilizado, então eles queriam que votasse numa agricultura lá, não sei o que lá, um tema pra eles... A gente disse: "tá muito bem, a gente vota, o nosso grupo, nós somos tantos, votamos com vocês e vocês votam conosco". Então, aí conseguimos...

Essa "troca de favores" é mais um aspecto que diferencia o envolvimento das pessoas no OP e na CE. Na CE, tal possibilidade era menor, já que se tratava de uma política voltada para um propósito específico e cujas definições não resultariam em ações tão imediatas e visíveis quanto no OP.

Em uma comparação da CE com o OP, a ex-secretária da Educação Lucia Camini afirmou: "nós entendemos que o processo da CE é mais qualificado porque ele se constituiu num processo de construção com a participação direta dos sujeitos, enquanto que o OP [se] realizava em etapas estanques e com a busca de um resultado imediato".

Outro aspecto que merece ser considerado, em relação à motivação diferenciada das pessoas para participar de uma e de outra política, é que o

OP já constituía naquele momento uma experiência consolidada em várias cidades do país e a CE era algo novo, cujos resultados eram imprevisíveis. Havia, dessa forma, a possibilidade de visualizar o OP como um todo, enquanto na CE não havia nitidez de todo o desenrolar do processo nem mesmo para os gestores.

Dallari (1999) distingue as formas de participação política em eventual e organizada. A primeira decorre de uma determinada necessidade desencadeadora de uma ação não inserida em um trabalho contínuo. A segunda ocorre de forma sistematizada e é fruto de um trabalho organizado que se caracteriza pela continuidade das ações. Pode-se inferir que, tanto no OP quanto na CE, prevaleceram uma inserção e uma atuação mais eventuais do que organizadas, o que também não invalida o significado desse tipo de envolvimento. Por se tratar de processos com fortes traços educativos, pode-se afirmar, de acordo com Paro (2001b), que aquilo que os indivíduos adquiriram nos processos decisórios será, por um lado, usufruído pela sociedade como um todo e, por outro lado, será utilizado pelos próprios indivíduos. Conforme visto, os motivos dos sujeitos para participar da CE e do OP não eram os mesmos. Porém, pode-se afirmar que ambos se constituem como espaços de afirmação da cidadania, na medida em que facultam às pessoas a possibilidade de intervenção sobre algumas ações do governo e de conhecimento sobre parte da estrutura da administração pública. São experiências relevantes pela oportunidade de intervenção política que extrapola as renovações de mandato. Por se colocarem na contramão das políticas neoliberais, que acentuam a fragmentação da sociedade e a ausência do controle sobre a gestão pública, podem fornecer subsídios aos participantes para lutar pelos interesses das camadas populares.

4.3 O vínculo das organizações com a CE: entre a coerência e a contradição

4.3.1 Implicações da postura assumida pelo sindicato na CE

A postura assumida pelo Cpers em relação à CE foi um aspecto lembrado em quase todas as entrevistas e conversas realizadas neste estudo.

Reconhecida tanto por quem ocupou cargo no governo quanto pelos usuários das escolas, em maior ou menor grau, tal posição influenciou significativamente o desenvolvimento da CE.

O estado do Rio Grande do Sul tem no movimento sindical dos profissionais da educação uma de suas maiores organizações. Nas últimas décadas, o Cpers tem assumido posição contrária às políticas implantadas pelas administrações públicas, especialmente no que se refere à educação. Inserida na luta em defesa da escola pública, essa organização tem-se caracterizado pela reivindicação de um plano de carreira, pela luta por melhores salários e pelo empenho por condições de trabalho condizentes com uma educação de qualidade. A participação da comunidade escolar nas transformações educacionais também constitui uma antiga reivindicação, diante das gestões autoritárias que não executaram políticas que promovessem a autonomia e conduzissem ao exercício pleno da cidadania.

As condições vivenciadas pelos trabalhadores em educação da rede pública estadual de ensino do Rio Grande do Sul não são diferentes das do resto do país, nas quais a perda salarial e do poder aquisitivo tem-se acentuado a cada ano. As condições de trabalho também não condizem com uma educação de qualidade, fato este que causa indignação desses trabalhadores diante das políticas educacionais definidas por muitas gestões.

Por outro lado, a expansão do ensino público e das demandas no estado não garantiu, ao longo dos anos, que o aumento quantitativo de vagas fosse acompanhado por mais qualidade no ensino. Refletindo sobre essa questão, Oliveira (2000) afirma que a ampliação do acesso apenas explicitou um outro tipo de exclusão, a do não-acesso aos mesmos níveis de conhecimento. Esse parece ser o entendimento dos trabalhadores em educação do Rio Grande do Sul, pois essa questão está também no centro das reivindicações desses profissionais.

Coutinho (2002), ao analisar o papel dos sindicatos nas lutas democráticas, apresenta uma distinção entre sindicalismo político e sindicalismo de resultados. Este seria corporativista e particularista, na medida em que suas ações têm fundamentalmente como propósito atender às demandas da categoria a que se vincula (melhores salários, manutenção dos empregos...), e aquele teria uma dimensão que o autor chama de "ético-política universal", por propor transformações radicais na sociedade e inserir-se em lutas populares mais amplas, para além do corporativismo. De acordo com a categorização apresentada por Coutinho, é imperativo admitir que o Cpers, que nas últimas décadas esteve inserido nas lutas por uma sociedade mais justa, democrática e igualitária, realiza um tipo de sindicalismo que se aproxima da categorização definida como política.

Nas inúmeras manifestações realizadas pelo Cpers desde a década de 1980, sempre estiveram ao lado de suas bandeiras os símbolos dos partidos de esquerda, como PT e PC do B[9], entre outros. Assim, esse sindicato, identificado com tais partidos, deliberou, no ano de 1998, durante o seu 2º Congresso Estadual, apoio à candidatura da Frente Popular ao governo do Estado, que venceu as eleições no mesmo ano.

A então presidente do Cpers, professora Lucia Camini, assumiu em janeiro de 1999 a pasta da educação no governo Olívio Dutra, o que comprova o vínculo estreito entre aqueles que eram candidatos e o sindicato.

Durante o ano de 1999, o Cpers reivindicou melhores salários, mas o governo alegava não possuir recursos financeiros para atender à reivindicação, tendo em vista as dívidas e a previsão orçamentária deixadas pela gestão anterior. Mesmo sem lograr êxito nas negociações, o sindicato não entrou em greve nesse primeiro ano de administração.

Em maio de 1999, realizou-se uma assembleia com aproximadamente 5 mil pessoas no Ginásio do Gigantinho, em Porto Alegre, na qual foi votado o boicote ao processo da CE. De acordo com a professora Júlia, coordenadora do 24º Núcleo do Cpers, o boicote não constava na pauta da referida assembleia. Contudo, é importante salientar que foi aventada a possibilidade de interrupção na participação na CE durante a reunião dos representantes (Conselho Geral) dos 42 núcleos do sindicato para definir os encaminhamentos da direção para os debates da assembleia. Essa proposta foi refutada pelo voto da maioria dos representantes e não foi encaminhada à assembleia.

---

9. Durante as décadas de 1980 e 1990, esses partidos, pelos princípios que defendiam, eram considerados de esquerda. Na atualidade, essa classificação tem sido questionada.

Durante o transcorrer da referida assembleia, um professor, ao se manifestar na plenária, encaminhou a discussão e a votação da não-participação dos filiados do sindicato no processo da CE como forma de pressionar o governo diante do impasse salarial. O encaminhamento foi aprovado. De fato, essa aprovação, por ampla maioria, revela uma tendência entre os trabalhadores para recusar a participação na CE caso não houvesse, por parte do governo, disposição para negociar e atender as reivindicações da categoria.

É importante ressaltar que 1999 foi um ano marcado por contradições nas lutas sindicais dos trabalhadores em educação no Rio Grande do Sul. Para ilustrar, vale ressaltar o episódio de uma manifestação realizada em frente à sede do governo, o Palácio Piratini, logo nos primeiros meses da gestão, em que os manifestantes, ao mesmo tempo em que chamavam a atenção para os problemas do magistério, aplaudiam o governador do estado em sua aparição na janela do prédio.

É importante dizer também que esse era um ano de eleição no sindicato, e que três chapas disputavam a direção do Cpers: Movimento Pó de Giz, Alternativa Sindical Socialista e Articulação Sindical. As duas últimas eram apoiadas por diferentes correntes dos partidos que compunham a coligação que governava o estado. Concorria à presidência pela Alternativa Sindical Socialista a sindicalista que tinha ocupado a vaga de Lucia Camini na direção do sindicato, com a saída desta para a pasta da educação no governo Olívio Dutra. Essa chapa foi derrotada pela Articulação Sindical. O peso da disputa pela direção do sindicato parece ter sido decisivo na resolução de não-participação na CE.

Atendendo à decisão soberana da assembleia, a direção do sindicato encaminhou às bases a opção da categoria pelo boicote à CE. De acordo com a professora Júlia: "a assembleia tinha, talvez, em torno de 5 mil ou mais. Eu não lembro muito bem. Mas não era uma assembleia dessas menores. Então, saiu essa deliberação. E isso pra nós é do estatuto, decisão de assembleia é soberana [...]."

No ano 2000, a categoria decidiu não começar o ano letivo, deflagrando greve nas escolas da rede pública estadual. Depois de 32 dias de interrupção das atividades nas escolas e após negociação com os trabalhadores, o governo anunciou um aumento de 14,9%, longe do que foi solicitado pelo sindicato, e declarou não ter condições de expandir a proposta durante aquele ano. Esse processo foi marcado pela insatisfação dos profissionais em educação com a forma como o governo estadual conduziu as negociações.

Nesse momento, intensificou-se uma ruptura no movimento entre aqueles que ainda tendiam a entender os argumentos e os que viam nessa nova administração a mesma atitude das anteriores, ou seja, de pouca valorização da categoria e descaso com a educação. Percebe-se ainda um conflito entre muitos profissionais vinculados ao Cpers e que, ao mesmo tempo, mantinham vínculo com os partidos que estavam no governo. Em princípio, as pessoas mais contrariadas com a postura assumida pelas gestões anteriores eram justamente aquelas que tinham maior identificação com as lutas do sindicato. Sendo assim, aquelas que seriam as primeiras a aderir à proposta do governo também seriam as primeiras a abandoná-la a partir de qualquer definição do sindicato que censurasse a postura do governo em relação aos trabalhadores da educação.

Com base no entendimento de que o processo em andamento, de elaboração das diretrizes para a educação no estado, respondia a uma antiga reivindicação dos trabalhadores em educação, ou seja, uma política pública que contasse com a efetiva participação da sociedade e não fosse implementada de "cima para baixo", como sempre ocorria, essa estratégia de pressão foi duramente questionada pela administração pública.

Do ponto de vista de quem foi governo, o Cpers tentou trocar a participação na CE pela questão salarial. Veja-se, por exemplo, o depoimento da ex-secretária da Educação:

> Uma das dificuldades que nós encontramos, primeiro, foi a resistência do sindicato organizado. Contraditoriamente, o sindicato colocou como moeda de troca a Constituinte: "nós só vamos discutir e participar na elaboração, na construção, se o governo conceder o reajuste salarial!"

A opção do Cpers de boicotar o movimento da CE gerou conflitos e divergências entre os profissionais em educação no estado. Alguns, mesmo atuantes no sindicato, optaram por não acatar a decisão da assembleia. Outros entenderam que essa decisão era soberana e que não acatá-la significaria romper com o estatuto do sindicato. A declaração da professora Júlia, representante do Cpers, traduz tal situação:

> [...] os colegas que eram mais ligados ao governo, defensores da política, enfim, do estado, se envolveram no sentido de defender. Mas também temos muitos que são também filiados, enfim simpáticos ao governo, e também gostariam de estar participando, mas respeitaram, houve esta questão [...].

Aqui é necessário considerar quatro aspectos a respeito da participação das escolas na CE: 1) as escolas que participaram; 2) as escolas que não participaram, mas fizeram seus projetos da maneira possível; 3) as escolas que participaram do processo e que, ao elaborar o projeto, montaram comissões à parte, desvinculadas do processo; 4) as escolas que participaram somente até a deliberação do Cpers.

No levantamento realizado para a não-participação no processo da CE, um dos argumentos mais utilizados foi a indicação de boicote ao processo, votada na assembleia de maio de 1999. Entretanto, é curioso assinalar que mesmo aqueles profissionais tradicionalmente contrários às orientações do Cpers (em greves, paralisações...) utilizaram-se, durante a CE, desse argumento para não integrar o processo.

Esse fato fica evidente em uma das escolas visitadas. Na Escola Selma Moraes há uma tradição de pouco envolvimento nas questões sindicais. Há até mesmo um certo orgulho por "nunca fazerem greve" e sempre cumprirem o calendário escolar previsto. Entretanto, quem visita o estabelecimento para avaliar sua participação no processo é surpreendido pelo argumento de que a escola não havia participado justamente por ter acatado a decisão do Cpers.

Outro aspecto é que, embora a indicação fosse para os trabalhadores das escolas, também acabou afetando a participação dos demais segmentos[10]. Saliente-se que a categoria dos funcionários de escola também é sindicalizada no Cpers. Entretanto, parece que a relação estabelecida entre a categoria dos professores e a categoria dos funcionários com a gestão Olívio

---

10. A discussão sobre o papel das direções das escolas e dos professores como incentivadores da participação será feita no capítulo 5.

Dutra foi bastante diferenciada. Havia uma vontade política dessa gestão de criar um plano de carreira[11] para esses servidores públicos. Ao falar sobre essa questão, o professor Lúcio, da Escola Fábio Costa, demonstrou indignação com o Cpers por entender que o sindicato só fez pressão sobre o governo para conquistar as reivindicações dos funcionários.

> [...] quem é que faz parte do Cpers hoje? Só os funcionários, por quê? Porque só os funcionários tão ganhando um plano de carreira maravilhoso, melhor que o dos professores. Então assim, ó, as estratégias que eles tão usando, é, como eles não têm os professores nas mãos, eles pegam os funcionários, então por exemplo, a gente tá com problemas assim, isso há quatro anos já, dia que tem assembleia de funcionário, ninguém vem trabalhar...

É contestável também o argumento da não-participação pela indicação do Cpers, pois a assembleia da qual saiu tal definição ocorreu em maio de 1999 e o processo da CE, mesmo há pouco tempo, já estava em andamento. Sendo assim, como explicar o argumento da não-participação no início do processo? Ao longo das entrevistas nas escolas, era possível identificar os motivos reais dessa não-participação. Especialmente a Escola Selma Moraes, bastante resistente a mudanças, tem professores prestes a se aposentar e a maioria acredita que os pais e a comunidade não devem interferir no funcionamento da escola. A professora Loiva atribuiu inicialmente a não-participação ao Cpers, mas ao longo da conversa explicitou os reais motivos:

> Quando eu me interessei, que eu fiquei sabendo, eu perguntava assim pras outras colegas, o que elas me diziam era isso: "ah, [...] a gente ouviu falar que ia ter a tal constituinte, essa, mas nunca se perguntou se alguém queria ir, ou fez uma reunião pra mostrar a importância do que seria o trabalho". Por isso que eu te digo, a direção da escola que tinha que tá envolvida nisso aí.

Até que ponto houve um boicote "consciente" a partir da deliberação daquela assembleia? Ou teria havido apenas uma utilização oportunista da

---

11. O governo teve muita dificuldade para aprovar o plano de carreira dos funcionários na Assembleia Legislativa. Isso só foi conseguido no último ano da gestão.

resolução para não participar do processo por acomodação e resistência a mudanças, pela cultura da não-participação, por serem profissionais conservadores e contrários ao governo, por não acreditarem no processo? Embora alguns tenham efetivamente acatado a decisão coletiva, o que se percebe é a utilização do Cpers como "bandeira" para a não-participação.

Exatamente essa percepção é detectada na fala da funcionária Diana, da Escola Fábio Costa. Ao analisar o comportamento de alguns colegas educadores, percebe-se a utilização do Cpers como argumento para o não-envolvimento na CE:

> Eu acho que esse foi um pretexto pra não participar, eu acredito que foi. É aquela história, tem gente que detesta o Cpers pra tudo. Tem gente que, "meu Deus", quando o Cpers se filiou à CUT, tem muita gente que saiu fora e outros disseram que iam sair. Quando é alguma coisa pra eles proteger, pra eles ter uma desculpa pra não participar, aí bota o Cpers pra frente, eu enxerguei bem assim. E foi uma pena, né, porque poderia ter sido bem melhor a participação. E depois, bem depois que a coisa tava andando teve muitos que até voltaram, teve gente que não ia, aí depois, quando começou a ir, gostou e não saiu mais.

Do ponto de vista de quem participou do governo, a indicação do Cpers não impediu a implementação da política pública, mas interferiu e reduziu a participação da sociedade no processo. Segundo Celeste, representante do governo:

> Eu acho que nós tivemos em vários lugares uma dificuldade muito grande com essa decisão do Cpers. Sem sombra de dúvida, eu acho que ela foi um marco muito forte [...], por exemplo, pega Porto Alegre, teve um impacto muito, muito forte, então, e outras regiões do Estado, enfim. Mas ao decorrer do processo, os professores foram percebendo a importância e eles foram vendo que isso era importante. E isso se deu basicamente neste último ano, que foi 2001, do segundo semestre em diante. Por que os professores sentiram a necessidade? [...] quando a gente começou a discutir, dentro da escola, que eles tinham que construir projeto político-pedagógico da escola, que eles tinham que construir os regimentos...

A professora Lucia Camini, também representante do governo, admite que a decisão do Cpers constituiu um limitador à participação. Entretanto, deixa claro que o governo em nenhum momento impôs o processo da CE aos educadores:

> [...] isso se constituiu no símbolo de resistência por parte de alguns educadores. E toda vez que se constituía esse processo, lá estavam para dizer: "bom, mas não tem legitimidade, porque nós não referendamos". E na medida em que o processo ia avançando, "fez água" essa questão da resistência porque os professores se deram conta, mas isso sempre foi o que nós pedimos, porque em todos os governos vinham com um modelo, uma receita. E aí, quem se adaptava àquele modelo que tava no processo, quem não se adaptava ficava fora. E agora, foi aberto um leque, inclusive pra mostrar as deficiências da escola pública, os limites, as necessidades de investimento do Estado. [...] Então esse foi um limitador, porque do ponto de vista público, muitas vezes passou a imagem de que o governo estava impondo a constituinte, quando nós fizemos o convite para as pessoas participarem. Então quem não quisesse estar nas reuniões, nos grupos de estudos, estava liberado.

A opção do Cpers por usar a participação na CE como estratégia para conquistar o reajuste salarial foi considerada um equívoco, tanto para quem participou do governo quanto para os usuários da escola. Equívoco porque era um processo cujas características iam ao encontro daquilo que sempre foi solicitado pelos educadores para a educação gaúcha. Do ponto de vista do professor Caio, representante do governo:

> Eu vejo diferentes níveis de participação, isso é uma coisa também natural. Nós tivemos um elemento que não podemos esquecer, em qualquer análise, que foi a retração ou encolhimento do sindicato, que trouxe algumas interpretações, a meu ver, equivocadas. Porque a CE era um instrumento que estava jogado nas mãos dos pais, dos estudantes, dos professores, da comunidade escolar, como forma de tu leres a escola que tens e a partir desta leitura, tu estudá-la, analisá-la corretamente. Isso foi de uma significância extraordinária.

É contraditório, porque, se havia compatibilidade entre os projetos do governo e do sindicato, como foi possível aprovar uma deliberação de boicote a um processo que atendia a uma antiga reivindicação da categoria?

A fala da professora Júlia, representante do Cpers, ilustra tal constatação, porém não responde à questão:

> Eu acho que não tem assim muita diferença. Porque no fundo é a mesma coisa, o que se quer pra educação, de um modo geral, essa integração com a comunidade, uma escola democrática que não exclua, que atenda às necessidades como um todo da região, enfim, que forme cidadãos, enfim toda essa questão. Mas assim, até de repente pra colocar o porquê de não participar da CE, que foi uma bandeira defendida por nós também, né, pelo menos por aqueles professores e funcionários que têm a visão de movimento social, né, de uma sociedade mais justa e igualdade pra todos, né, enfim. É um projeto que pra nós assim atraía, porque era baseado na construção da escola, ao contrário de outros que os governos vieram, que já vinham impostos de cima para baixo.

Após a definição da assembleia do Cpers, a Escola Júlio Dutra realizou uma reunião na qual os professores e os funcionários decidiram coletivamente por interromper a participação na CE. Mesmo tendo concordado naquele momento com a decisão, a professora Marlene revelou-se arrependida e considerou um erro a deliberação do sindicato. Apesar de conceber a decisão como um erro, essa professora chegou a levantar a possibilidade de a SE suspender temporariamente a CE, enquanto ocorriam as negociações. De fato, houve essa pressão do Cpers para que o processo da CE fosse interrompido enquanto se davam as discussões salariais com o governo. Tal proposta, que significava uma reorganização de toda a estrutura da CE, não foi aceita pelos gestores. Na fala da professora Marlene:

> [...] desde 75 eu tô na rede pública, e a gente tava pedindo sempre, o magistério pedindo pra participar da organização, né? E no momento em que veio, veio aquela coisa da greve também. Então, posso dizer que houve dois equívocos grandes. Um é o do governo tocando essa constituinte e não aguardando o sindicato. E principalmente assim, do sindicato que colocou aquela coisa de: se não houver aumento de salário, não vai haver participação na constituinte. E a gente ficou, por isso que eu digo, eu lamento assim, de não ter tomado uma atitude individual, porque lá no colégio nós já estávamos com as comissões prontas, nós já tínhamos começado a participar das reuniões iniciais. Quando

houve, deu esse movimento e se avaliou, e a maioria optou para que a escola seguisse o sindicato e não participasse da constituinte. Mesmo assim, depois a gente viu que algumas pessoas de maneira individual participaram e foram, mas eu não... Não fui, eu fiquei lamentando porque, depois de passado aquele período, a gente teve a organização do projeto político-pedagógico, mudança de regimento e todo o trabalho de agora, pelas políticas públicas que foram implantadas, seguindo a constituinte, então, nós saímos muito no prejuízo. E até agora, agora mesmo tava escrevendo um texto, aqui a gente vê, né..., o quanto os professores ficaram..., porque agora já não tem aquele tempo que houve naquela época pra reunir, pra discutir, pra entender, então de repente tu fica aqui, ó, correndo atrás de tudo isso de material que era escrito, que foi discutido antes.

Além dos equívocos, identifica-se na fala dessa professora a constatação de que a decisão coletiva da escola por interromper a participação na CE comprometeu a qualidade da elaboração do projeto pedagógico e do regimento[12]. A estratégia de pressão utilizada resultou em prejuízos para aqueles que optaram por seguir a deliberação da assembleia. Isso parece ter sido mais facilmente percebido porque o terceiro ano do processo de elaboração e implementação da política pública coincidiu com o prazo definido pela Lei de Diretrizes e Bases da Educação (LDB, Lei n. 9.394/96) para que todas as escolas organizassem seus projetos pedagógicos e regimentos escolares. Aquelas escolas que participaram do processo tinham, ao cumprir essa exigência, mais subsídios para fazê-lo.

Da mesma forma que na Escola Júlio Dutra, houve o caso da Escola Gilberto Alves, que a partir da definição do Cpers optou coletivamente por não participar do processo da CE. Segundo o professor Gustavo, "foi tirado em assembleia dos professores aqui da escola. Nós fizemos assembleia, três turnos de professores tá..., e os professores optaram por acompanhar o Cpers".

Entretanto, mesmo distante do processo formal que ocorria no estado, a escola continuou desenvolvendo ações que contavam com os mesmos

---

12. A discussão sobre a participação na CE e a elaboração dos projetos pedagógicos e regimentos escolares é realizada no capítulo 5.

princípios da CE, especialmente em relação à participação da comunidade na elaboração do projeto pedagógico e do regimento. Na escola, de acordo com o mesmo professor, concebiam esse processo como uma participação indireta na CE: "embora a gente não tenha participado diretamente, os princípios são os mesmos e o processo foi o mesmo, só que de uma forma mais independente, assim..."

Na Escola Manoel Quadros, a decisão do Cpers não afetou em nada o andamento da CE. Para a professora Hilda, da Escola Manoel Quadros: "a decisão do Cpers não diminuiu a participação. Não, aqui na escola não interferiu..." É necessário registrar que nessa escola muitos professores utilizaram a decisão do Cpers como justificativa para a ausência na CE. Porém, percebeu-se que esses professores já não tinham aderido à proposta do governo antes da deliberação do sindicato. Dessa forma, a indicação do boicote não é o motivo da adesão ou não de muitos.

Na Escola Zulma Machado, houve uma boa adesão a todas as etapas da CE, não havendo nenhuma modificação com a decisão sindical. A professora Elisa, que ocupava o cargo de diretora, era também a representante da escola no Cpers. Ela afirmou ter feito a opção de continuar participando apesar dos constrangimentos vividos nas reuniões na sede do sindicato:

> Eu fazia um papel duplo porque eu ia lá e ouvia que não era para participar, e eu vinha pra escola e participava, porque eu acreditava nesse trabalho e hoje em dia eu vejo o quanto a gente ganhou. Foi bem difícil para mim porque às vezes eu me sentia rejeitada pelo próprio sindicato em função de que eu não atuava contra, mas... Na hora das reuniões eles perguntavam e mandavam levantar o braço, quem é que participava (risos)... Então tu ficas constrangida, né?

Na Escola Paulo Borges, talvez pelo desenrolar bastante positivo da CE, todos os entrevistados declararam que a decisão do Cpers não teve nenhuma influência. Na opinião do professor Darlan: "na nossa escola não teve nenhuma influência". Para a professora Ana, da mesma escola, a decisão do Cpers levou-a à desfiliação do sindicato:

> Eu acho que teve uma interferência negativa, não na relação do Cpers conosco, mas na nossa relação com eles. Eu, por exemplo, já me desfiliei do Cpers. Então

a relação deles não foi uma coisa que me fez não participar, ou que tenha feito qualquer outro professor nosso aqui.

A influência do Cpers em Pedro Osório, cidade da Escola Paulo Borges, foi muito pequena. Nas palavras da mesma professora: "[...] não acredito que o Cpers tenha tido essa força. [...] acho que quem não queria participar não participou independente do Cpers ter dito, e quem queria, mesmo sendo filiado ao Cpers, participou".

A professora Maria, que além de exercer a docência na Paulo Borges também atua em outra escola na mesma cidade, confirmou essa constatação ao longo de sua entrevista. Para o professor Darlan, diferentemente da opinião de qualquer outro integrante deste estudo, a decisão do Cpers acabou influindo positivamente (porque houve indignação com a posição definida no âmbito do sindicato) na participação da escola no processo da CE:

> A decisão do Cpers, na minha opinião, eu acho que incentivou, porque a Constituinte Escolar, que também foi um processo difícil, mas muito proveitoso, eu acho que deu a oportunidade pra que o magistério gaúcho, em todas as regiões, em todos os recantos do Rio Grande, discutisse a política educacional que nós estamos vivenciando. Isso deu uma abertura muito grande. Embora tenha havido essa discordância por parte da categoria, na minha opinião eu acho que foi proveitoso. A Constituinte Escolar nos trouxe uma série de, de possibilidades para que esse processo fosse discutido e também deu oportunidade pra que muita coisa evoluísse.

Ao reunir todas as informações obtidas sobre a relação sindicato e CE, pode-se inferir que a influência do Cpers foi maior nas grandes cidades do que nas pequenas. O sindicato tem mais poder de pressão nos grandes centros, talvez porque neles estejam sediados seus núcleos e aí a influência daqueles que têm vínculo mais estreito com a organização sindical sobre as escolas seja maior.

Como havia uma exigência legal, no ano de 2001, as escolas cobraram do sindicato uma orientação para elaborar seus projetos pedagógicos e seus regimentos, já que — devido à participação parcial ou à não-participação nas primeiras etapas da CE, destinadas à reflexão e ao aprofundamento de estudos sobre a realidade da escola — faltavam subsídios para construir tais instrumentos, que deveriam traduzir a filosofia e a organização da escola.

Assim, para responder a essa reivindicação, a direção do Cpers decidiu elaborar o *Caderno de educação*, que foi distribuído às escolas no ano de 2001. Na apresentação, o documento propõe-se a ser um subsídio para as escolas elaborarem seu projeto pedagógico; contudo, afirma: "Não tem a finalidade de substituir as responsabilidades dos sistemas públicos nem de seus gestores, a quem compete assegurar todas as condições para viabilizar a educação de qualidade" (CENTRO DOS PROFESSORES DO ESTADO DO RIO GRANDE DO SUL, 2001, p. 5-6).

Mais adiante, na introdução do caderno, o Cpers reconhece o efeito danoso da não-participação das escolas na CE, dada a inexistência de um acúmulo de reflexões e debates que subsidiassem a elaboração dos documentos exigidos pela legislação.

> Recentemente, no RS, foi desenvolvida a Constituinte Escolar, com adesão voluntária, segundo o próprio Governo. Porém *algumas comunidades escolares entendem que, ao não participar, caem num vazio pedagógico e operacional*. Ora, a escola deve ser autora de seu projeto, tanto na circunstância de aderir às linhas de pensamento propostas pelo governo, quanto na hipótese de adotar outros referenciais teóricos e/ou metodológicos. Ao abrir mão dessa prerrogativa, podemos pôr em risco os avanços sobre autonomia e gestão democrática. (CENTRO DOS PROFESSORES DO ESTADO DO RIO GRANDE DO SUL, 2001, p. 9, grifo nosso)

Uma leitura do *Caderno de educação* permite concluir que as referências teóricas e as orientações ali indicadas não diferem do que foi proposto pela CE. Nesse sentido, vale chamar a atenção para as duas últimas frases da citação anterior, que salientam a importância de a escola ter liberdade para adotar referências diferentes daquelas propostas pelo governo como forma de assegurar sua autonomia e a gestão democrática. Essa é uma afirmação contraditória para um documento que utiliza as mesmas bases teóricas da CE. Esse fato pode ser comprovado na seguinte declaração da professora Júlia, representante do sindicato:

Esse foi o *Caderno educação*, tá muito bom, foi exatamente em função de nós não estarmos participando na Constituinte Escolar [...], foi cobrado muito do sindicato, da comissão de educação, que construísse alguma coisa pra que as escolas tivessem subsídios pro projeto político-pedagógico, pros planos de estudos [...]. Eu acho que não tem assim muita diferença, porque no fundo é a mesma coisa, o que se quer pra educação, de um modo geral, essa integração com a comunidade, enfim, né, uma escola democrática, que não exclua, que atenda, né, as necessidades como um todo da região, enfim, que forme cidadãos, enfim toda essa questão.

Outro aspecto que precisa ser destacado é que muitos professores e funcionários que foram militantes no Cpers assumiram cargos na SE em janeiro de 1999. Assim, o preenchimento de parte dos cargos em toda a estrutura da SE se deve à história pessoal dos seus integrantes no movimento sindical, tanto pelo compromisso com determinado projeto educacional quanto por sua participação ativa e destacada nas organizações sindicais. Evidentemente, a ocupação desses cargos deve-se também ao estreito vínculo desses educadores com os partidos políticos que assumiram o governo, seja como filiados ou simpatizantes.

Essa ligação histórica com o sindicato foi evidenciada nas falas de alguns entrevistados que integravam o governo. Do ponto de vista do professor Caio, as propostas apresentadas pela SE refletiam a história de luta dos trabalhadores, ou seja, sua própria luta. Para ele, as reivindicações do sindicato são legítimas; porém, o professor questiona a forma como foram encaminhadas:

> Pela minha história, eu tive um envolvimento com o sindicato, enquanto governo, [...] de profundo respeito. E esse respeito se dava, de uma leitura e de uma responsabilidade, de que o sindicato é um elemento de luta dos trabalhadores. E, como oriundo desse movimento, oriundo desse processo, nós tínhamos que analisar o movimento sindical e considerar as suas pautas de reivindicações e ter o direito de divergir na condução do processo. [...] Eu acho que foi um grave equívoco de encaminhamento a recomendação às escolas para que não participassem do processo da CE. Por que um equívoco? Bom, nós, professores, desde o momento em que começamos a construir o movimento sindical e diante de governos de direita [...] chamávamos os

governos para que nos dessem a oportunidade de participar das linhas, das diretrizes, das metas. Então, esse processo que era histórico, que era nosso, estava sendo colocado à disposição. Então poderíamos enquanto sindicato, ou poderia o sindicato, estar dentro do processo e estabelecer ali dentro as suas divergências, [...], ocupar aquele espaço, aquele fórum pra fazer o processo de discussão. Optou por ficar fora do processo e recomendar o processo de esvaziamento.

Outra questão levantada foi o fato de a professora Lucia Camini, como presidente do Cpers, sempre ter defendido um aumento de 190% para o magistério, o que acirrou as expectativas da categoria em relação aos salários. Segundo a professora Júlia, representante do Cpers:

> No ano passado, depois da greve, que já tinha havido ganho, né, e assim mesmo o pessoal não votou [por voltar a participar do processo]. [...] e como eu te disse, assim, o ganho foi [...] de 14,9%, o pessoal esperava muito mais. E uma expectativa que foi criada pela própria secretária, né? ...porque eu sempre tenho dito assim, quando se pedia 190%, era mais uma voz da secretária porque ninguém da categoria acreditava que o governo fosse dar 190...

É interessante registrar também o papel da mídia nesse processo, especialmente do grupo RBS TV[13], que constantemente concebeu e tratou o Cpers como baderneiro e promotor da desordem na sua relação com o governo. Esse veículo de comunicação sempre colocou o governo, em sucessivas administrações, na condição de vítima da "intransigência" do sindicato, mas na gestão de Olívio Dutra, durante a greve, apoiou a luta do Cpers, dando ampla cobertura para suas reivindicações e, dessa vez, apontou o governo como intransigente. Tal mudança de postura desse meio de comunicação não se deu por acaso. De acordo com Freire (2001, p. 99), "seria uma ingenuidade pensar que o poder de classe, de classe dominante, assistisse indiferente e até estimulando, ao esforço desvelador realizado por educadoras e educadores progressistas, no exercício de sua prática docente".

---

13. O Grupo Rede Brasil Sul de Telecomunicações é composto por canais de televisão, rádio e jornais impressos. A RBS TV, canal de televisão aberto, é afiliada à Rede Globo no Rio Grande do Sul.

É evidente que um amplo movimento de pessoas participando politicamente não interessa àqueles que sempre estiveram no poder. Dessa forma, apoiar o movimento do sindicato significava contribuir na desmobilização dos integrantes das comunidades escolares para participarem da CE.

A possibilidade de ruptura do atendimento dos interesses das classes dominantes desencadeou reações, dado o tradicional comprometimento dos governos do Rio Grande do Sul com as elites econômicas. Conforme questionado no primeiro capítulo deste estudo, esse vínculo com as classes dominantes denota o limitado grau de autonomia do Estado em sua relação com a sociedade.

O papel da mídia como formadora de opinião não pode ser desprezado no Brasil, dada a inevitável influência que os meios de comunicação exercem sobre a vida das pessoas. Sua intenção não pode ser considerada natural e neutra nem sua ação isenta e transparente, justamente por cumprir uma função importante, de legitimar uma determinada concepção de mundo na sociedade. Trata-se, sem dúvida, de um poder paralelo aos oficiais: Executivo, Legislativo e Judiciário. Segundo Dallari (1999, p. 41), "os grupos econômicos mais poderosos usam a imprensa para apresentar os fatos do modo como lhes convém, e com frequência o povo é mais enganado do que informado".

Setores da grande imprensa davam maior cobertura ao impasse instalado entre o Cpers e o governo do que propriamente ao processo que se desenvolvia no estado, quando algumas etapas da CE já se encerravam. O depoimento de Caio, representante do governo, corrobora essa constatação:

> A própria imprensa tinha interesse na divulgação desse comportamento do sindicato, como forma de desgaste do governo. Tinha esse interesse, dava muito mais ênfase a essa negativa do que quando estavam em discussão. E mesmo até pra fazer o processo de divulgação dos resultados ou das reuniões da CE.

Como o OP, a CE tornava-se, no estado, uma importante vitrine de implementação de um amplo processo de participação da sociedade na esfera política da gestão Olívio Dutra. Sua interrupção teria um impacto significativo na opinião pública no Rio Grande do Sul contra o governo. Prova disso foi a atenção dispensada pelos meios de comunicação à decisão do Cpers, traduzida pela professora Julia da seguinte forma: "nunca o Cpers recebeu tanta cobertura da mídia".

Era intenção dos gestores na CE contar com a participação de todos os segmentos das unidades escolares. Entretanto, a opção do Cpers retirava parte dos participantes do movimento. E esse afastamento tinha um peso significativo, por se tratar das pessoas que, em tese, estariam conduzindo o processo nas escolas, pois é difícil presumir que alunos e pais isoladamente se organizariam para dar continuidade às atividades da CE.

Não se está aqui questionando a legitimidade dos mecanismos de pressão definidos pelas organizações sindicais para conquistar suas reivindicações. Entretanto, entender a estratégia aqui utilizada é, ao mesmo tempo, algo complexo e contraditório justamente porque os trabalhadores estavam abrindo mão coletivamente de algo que sempre esteve presente em suas pautas de luta por mais qualidade no ensino gaúcho.

Embora sem registro, porque esses dados foram obtidos em conversas informais, detectou-se no Cpers a presença de uma disputa de forças (dos grupos que disputavam a direção do sindicato em 1999) que parece ter sido decisiva na definição do boicote à CE. Para além desses tensionamentos, importa para este estudo o impacto que essa opção do sindicato teve na mobilização dos sujeitos na escola. Conforme exposto, a indicação do sindicato acabou acentuando a criação de movimentos diferenciados de participação na CE, que resultou em processos de maior ou menor estudo e reflexão sobre a realidade escolar.

4.3.2 A escola pública pensada por quem está fora dela

Desde o seu lançamento, a CE pretendia ser um processo aberto à participação, não somente da comunidade escolar (professores, funcionários, alunos e pais), mas também dos movimentos sociais, das instituições de ensino superior e outras organizações dispostas a debater os rumos da educação gaúcha. Dessa forma, estiveram presentes, ao longo das diferentes etapas da CE, pessoas oriundas de movimentos sociais organizados, das universidades, de instituições religiosas, entre outras. Como ocorreu em relação a todos os segmentos da comunidade escolar, a adesão ou não dessas organizações deveria ocorrer de forma voluntária.

Essa abertura à participação de toda a sociedade é um aspecto relevante da política, pois o debate sobre a educação pública não pode ficar restrito aos usuários das escolas do Estado. Precisa ser um debate de toda a sociedade, pois a curto, médio e longo prazo os resultados de uma educação de boa ou má qualidade refletirão no tipo de sociedade que se tem. Nesse sentido, esse debate interessa a todos os cidadãos.

Indiscutivelmente, o envolvimento de organizações que tradicionalmente não são convidadas a pensar a escola pública em um processo que pretendia definir os princípios e as diretrizes para a educação gaúcha só tem a acrescentar nos debates. O olhar e a leitura que essas organizações têm da escola pública poderiam tanto modificar ações quanto ser modificados nas diferentes etapas da CE.

Em relação aos representantes das universidades, essa participação estava condicionada à oferta da educação superior na localidade. Do ponto de vista de quem participou do governo, o envolvimento dessas pessoas contribuiu substancialmente no aprimoramento das discussões. Naquelas localidades onde houve essa aproximação foi possível estabelecer uma troca de experiências enriquecedora, tanto no processo de formação de sujeitos na escola pública quanto na formação dos professores na universidade.

É interessante ressaltar a presença, em certos momentos da CE, de alguns movimentos sociais organizados. Nas etapas que reuniam um maior número de pessoas era visível a presença, em especial de representantes do MST, participando dos debates, expondo em painéis ações educativas desenvolvidas nos assentamentos, comercializando e apresentando seus produtos, entre eles publicações em livros e cadernos do movimento.

Poder-se-ia levantar aqui o papel desempenhado pelos representantes dos setores da grande imprensa no desenrolar do processo da CE. Entretanto, dado o caráter desse setor e o papel que exerce na sociedade, optou-se por fazer menção a sua influência na CE de forma dispersa ao longo das discussões do estudo.

Entretanto, uma organização que se fez presente no processo da CE e que aqui merece destaque foi a Igreja Católica. Segundo o professor Caio, representante do governo, houve "[...] a participação efetiva da Igreja Católica em razão da discussão da oferta do ensino religioso ou do ensino com formação cristã, dentro do currículo das escolas".

Percebe-se uma forte influência desse ramo religioso nas escolas pesquisadas. Algumas até carregam o nome de algum santo, por exemplo, Escola Estadual de Ensino Fundamental Nossa Senhora da Luz[14]. Além do nome, é possível encontrar no interior de algumas escolas públicas estaduais adereços (imagens de santos, crucifixos, passagens bíblicas) que simbolizam uma identificação religiosa.

A análise dos documentos da CE permite concluir que todos os debates e reflexões realizados não conduziram à elaboração de um princípio que garantisse claramente o ensino laico na educação pública no estado do Rio Grande do Sul. Em especial, o caderno *Princípios e diretrizes para a educação pública estadual*, resultado de todos os debates realizados, aponta para uma consideração crítica da Igreja como instrumento ideológico da sociedade, mas não define com precisão seu papel na educação. Essa questão, que consta no item 22, "Das ações e atividades", do tópico "Outras questões", ficou contemplada no documento da seguinte forma: "Reflexão crítica na escola sobre a compreensão dos instrumentos ideológicos da sociedade (meios de comunicação, igrejas, sindicatos etc.) como instrumentos da construção de uma sociedade democrática" (RIO GRANDE DO SUL, 2000c p. 46).

Ao incluir a questão do ensino laico ou religioso junto com outras questões, o documento reduz sua importância no interior das escolas e não confere a especificidade que a questão requer. E, ainda, ao indicar a "reflexão crítica sobre a Igreja como instrumento ideológico da sociedade", não afirma a incompatibilidade entre um ensino público e os interesses privados das instituições religiosas.

---

14. Mudou-se o nome da santa para evitar identificação.

Dessa forma, questiona-se o teor democrático desse item, na medida em que se sabe que muitas escolas públicas no RS têm nos dogmas da Igreja Católica sua referência. Esse questionamento é necessário, pois grande parte das diretrizes definidas na CE é permeada pela defesa de uma educação pública e alicerçada em princípios democráticos, o que parece uma incoerência com a ausência de uma diretriz que indique claramente um ensino laico.

De fato, são os interesses privados prevalecendo em um espaço público de formação de sujeitos. A antiga divergência presente na sociedade brasileira entre os setores favoráveis e contrários ao ensino laico foi vencida, no processo aqui analisado, pelos defensores do ensino religioso nas escolas, os representantes da Igreja.

Apesar de, no caso do debate sobre a questão do ensino religioso, a diretriz não ter um caráter democrático, pode-se afirmar que a participação de pessoas oriundas de diferentes organizações serviu para aprimorar os debates e qualificar o processo da CE e, ainda, afirmar a importância da reflexão sobre a educação pública por toda a sociedade.

4.4 A questão político-partidária e a (pré) disposição para participar

A identificação com o PT merece destaque neste trabalho, na medida em que condicionou significativamente a participação na CE. O PT, nas décadas de 1980 e 1990, foi um partido que no Rio Grande do Sul assumiu uma posição contrária a um conjunto de medidas implantadas por outros governos. Se, por um lado, isso constituiu uma vantagem, por gerar uma expectativa em torno do que seria proposto nas diferentes esferas de atuação do governo a partir de 1999, por outro, possibilitou a vinculação, na opinião pública, da imagem do partido a esse posicionamento crítico diante das ações dos governos anteriores.

A proposta, apresentada pelo governo do estado, de contar com a participação da sociedade na definição dos princípios e diretrizes para a educação no Rio Grande do Sul incorporou[15] princípios historicamente defendidos pelo PT[16] para o setor educacional, como a gestão democrática e a autonomia da escola, que estiveram presentes nos programas do partido na defesa de uma escola pública de qualidade. A participação da sociedade nas decisões do governo também pode ser salientada como fundamento sempre contido nos registros do PT.

É importante esclarecer que a não-identificação com o PT não está condicionada ao vínculo direto com outros partidos. Muitas vezes os entrevistados justificavam a pouca disposição para participar da CE por simples aversão ao governo. Nesses casos, o argumento de que "a educação não pode ser orientada por questões ideológicas" era frequente. Como se isso fosse possível!

Dessa forma, aqueles que identificavam no programa da SE resquícios das ideias petistas e que eram contrários a esses princípios, ou ainda que tinham votado em outro candidato, recusavam-se a participar da CE ou participavam com desconfiança.

O primeiro contato com a maior parte das escolas visitadas já foi revelador quanto a essa questão. Algumas pessoas afirmavam, logo na apresentação do projeto: "isso é coisa do PT, só para aparecer, não vai dar em nada". E parece que essa percepção afetou substancialmente a participação no processo da CE, pois se constatou que, se os sujeitos não identificam possíveis avanços em uma proposta, dificilmente aderirão a ela.

É interessante notar que, durante a investigação nas escolas, muitas situações eram relatadas pelos entrevistados, ao lembrarem de administrações passadas no Rio Grande do Sul. Nesses relatos, normalmente associavam o governo aos governantes, ou seja, o "governo do Pedro Simon", o "governo do Alceu Collares", o "governo do Antônio Britto", e não aos partidos, isto é, o governo do PDT, do PMDB. A vinculação direta com um partido tornou-se mais presente quando se tratou da gestão do PT. Poucas

---

15. Durante a campanha eleitoral de 1998, foi publicado um livreto intitulado *Metas para a Educação* que indicava as propostas do PT para a educação gaúcha.

16. Considera-se aqui a trajetória do PT no RS nas décadas de 80 e 90 do século XX.

foram as vezes em que se ouviu de um entrevistado a expressão "governo do Olívio Dutra".

Transparece a ideia de que, por ser o governo do "fulano" (alguns partidos agem intencionalmente dessa forma), não há uma concepção de mundo, uma filosofia que oriente suas ações. É como se os projetos fossem elaborados por pessoas, desvinculadas de um conjunto de ideias e de um compromisso com determinada visão de mundo que sustentam os partidos.

O imaginário do brasileiro está impregnado por um discurso de que só tem caráter ideológico[17] aquela postura de questionamento e de crítica aos projetos e políticas implementadas. Como se em qualquer projeto político não estivesse presente o componente ideológico. Segundo a funcionária Diana, da Escola Fábio Costa: "[...] agora porque é o PT, que, tá querendo, é, como eles dizem, é, que nem uma cartilha, que querem é... Coloca ideologia em todo mundo..."

A crítica contínua dos gestores, tanto durante a campanha eleitoral quanto durante os anos do governo, ao modelo de sociedade vigente e pelo uso sistemático de expressões como "participação popular", "cidadania", "democracia", parecia denotar a tentativa de levar as pessoas a revisarem suas ideias e opiniões. Esse discurso da SE incomodava algumas pessoas nas escolas.

Essa constatação também foi identificada por quem participou do governo. O fato de, naquele momento, o PT ser o gestor foi utilizado como definidor de uma determinada postura ideológica, de tentativa de influenciar a população para compactuar com sua visão de mundo. Na fala de Lucia Camini:

> Influenciou porque a grande imprensa, ela traduziu a nossa proposta como ideológica. Como se fosse possível fazer uma coisa neutra. E ela reforçou muito e retomou em vários momentos e, como eles estavam construindo um sentimento antipetista no estado, contribuiu. Porque nas escolas, [...] houve

---

17. O conceito de ideologia está aqui sendo usado como uma concepção de mundo presente em todas as manifestações da vida tanto individual como coletiva (GRAMSCI, 1978).

um reforço disso por parte daqueles educadores que estavam se opondo a essa linha que nós estávamos desenvolvendo. E, muitas vezes, nas próprias comunidades ficava claro isso. Porque isso é coisa do PT. Participação popular é coisa do PT.

Alguns deputados na Assembleia Legislativa do Estado chegaram a realizar denúncias sobre o aspecto ideológico da CE. A entrevistada referiu-se ao fato de o deputado Onyx Lorenzoni (PFL) construir na Assembleia Legislativa um movimento contrário à CE, destacando nos seus discursos e pronunciamentos trechos dos documentos da política que considerava inadequados para o debate na escola.

Setores da grande imprensa contrários a significativa parte dos projetos implementados no Rio Grande do Sul na gestão Olívio Dutra apropriavam-se dos debates travados na Assembleia Legislativa e denunciavam o caráter do processo que se instalava no estado. Cobravam neutralidade e defendiam um processo que não tivesse um caráter ideológico. Para comprovar essa tendência, selecionaram-se três matérias, de um levantamento das reportagens publicadas durante o processo da CE, no jornal de maior circulação no Rio Grande do Sul.

Com a manchete "Política partidária com dinheiro público", o jornalista José Barrionuevo, baseado nas denúncias do deputado Onyx Lorenzoni, critica o tema de um debate sugerido dentro do processo da CE:

> A Secretaria da Educação promove, com recursos públicos, um debate político nas escolas em cima da campanha lançada pelo PT sobre a dívida externa. Uma cartilha da Constituinte Escolar sobre o tema Dívida Externa: Independência ou Morte? prepara os alunos para a mostra cultural Semana da Pátria. O deputado Onyx Lorenzoni (PFL) fez a denúncia, alertando para o "processo de lavagem cerebral" nas escolas.
> — Como podemos ter uma democracia consolidada se princípios basilares do Estado de direito são quebrados um a um por este governo que se diz popular e democrático? — perguntou. (Barrionuevo, 2000d, p. 10)

Na mesma matéria, com o subtítulo "Tribunais nas escolas para julgar a dívida", o jornalista escreve:

A cartilha produzida pela Secretaria da Educação para debate nas escolas propõe a organização de "tribunais" para julgar a dívida externa. Dentro do que considera ser um processo revolucionário, Onyx alerta para o perigo destes tribunais como ameaça, num segundo estágio, à sobrevivência da democracia. (BARRIONUEVO, 2000d, p. 10)

O tema da dívida externa é tratado na reportagem como se fosse de interesse exclusivo do PT. É como se as dívidas de uma nação não tivessem nenhuma implicação nas ações do Estado e nas políticas implementadas por um governo. Barrionuevo (2000d) ainda chama a atenção para o alerta do deputado referente à ameaça à sobrevivência da democracia com a promoção desse tipo de debate. Pode-se inferir que o jornalista está correto na sua preocupação. Afinal, a sobrevivência do modelo de democracia predominante no mundo — em que a poucos é reservada a possibilidade de decisão sobre aquilo que pertence a todos — poderá estar ameaçada se à sociedade for ensejada a apropriação sistemática de questões que dizem respeito ao conjunto dos cidadãos, como a da dívida externa.

Em outra matéria, o jornalista faz uma crítica à bibliografia indicada para o concurso público para provimento de vagas para professores no estado. Em uma matéria intitulada "Oito mil vagas para militantes de esquerda", critica o conteúdo do polígrafo organizado pela SE e escreve: "Estarrecido, o deputado Onyx Lorenzoni (PFL) passou ao colunista uma das muitas apostilas em que fica claro o conteúdo ideológico, dentro do que já vinha sendo proposto para a Constituinte Escolar, que não vingou. É o novo perfil do professor militante". Cita oito frases da apostila e afirma: "Para entender o conteúdo político basta referir algumas frases do polígrafo, que cita 31 vezes a palavra 'participativo', estimula a luta de classes e coloca o trabalho desenvolvido pela Secretaria da Educação de Porto Alegre como modelo" (BARRIONUEVO, 2000b, p. 10).

Para fazer críticas aos projetos da SE, o jornalista tratava de utilizar recorrentemente o termo "conteúdo ideológico" para as propostas do governo e sempre vinculá-lo ao PT. Nos comentários, posicionava-se como se qualquer outra proposta fosse desprovida desse conteúdo. Outro ponto que chama a atenção é a crítica indireta que faz à CE, embora esta não fosse o conteúdo específico da matéria.

Em uma terceira matéria, Barrionuevo (2000c) faz um conjunto de críticas ao debate promovido pelo governo do estado em vários setores sobre a Revolução Cubana, que completava 40 anos. Especificamente em relação ao setor educacional, publicou:

> A Secretaria da Educação do Estado, dentro da série Brasil São Outros Quinhentos, produziu textos favoráveis à revolução cubana e às Forças Armadas Revolucionárias da Colômbia (Farc) para debate com os alunos nas escolas. [...] Hoje a secretaria comandada por Lucia Camini promove, dentro da Constituinte Escolar, um debate sobre a educação em Cuba com a participação do diretor-geral do Ministério da Agricultura cubano (vale lembrar que a Constituinte Escolar, que já tem logomarca, não foi aprovada pelos professores). (BARRIONUEVO, 2000c, p. 10)

A referência a essas matérias deve-se, como já mencionado anteriormente, ao inegável poder que os meios de comunicação exercem em uma sociedade e à força que têm de influenciar a opinião pública. No caso do jornalista aqui citado, além de, na época da gestão Olívio Dutra, ter uma coluna de uma página no jornal de maior circulação no estado, era também comentarista político nos programas regionais de rádio e televisão do mesmo grupo, transmitidos para todo o Rio Grande do Sul.

O jornalista faz uma espécie de censura[18] a determinados temas e expressões contidos nos documentos da SE em que fica evidente o "conteúdo ideológico" de suas análises. Nessas interpretações, a socialização de determinados debates não deve acontecer, pois não interessa aos grupos que tradicionalmente detêm o poder econômico na sociedade. De acordo com Freire (1999, p. 111, grifos do autor), "do ponto de vista dos interesses dominantes, não há dúvidas de que a educação deve ser uma prática *imobilizadora* e *ocultadora* de verdades".

Como já salientado, o fato de um partido que sempre esteve nas lutas do magistério assumir o governo criou grande expectativa entre os educa-

---

18. Em uma análise da luta dos movimentos sociais pela expansão do ensino público em São Paulo, Marília Pontes Sposito (1984) mostra como a imprensa tratou essas reivindicações. No caso do jornal *O Estado de S. Paulo*, a autora demonstra que os princípios defendidos pela linha doutrinária do impresso não eram compatíveis com as lutas das camadas populares.

dores, apreensivos por conhecer as ações que viriam a ser implementadas na área educacional.

É evidente que um candidato não se elege apenas com os votos dos filiados e militantes do partido que representa; é necessário contar com o apoio de uma parcela significativa da população. Em alguns depoimentos, evidencia-se que esse apoio (na área da educação pública estadual) constituiu uma "aposta" de alguns educadores. Para uns, tratava-se da concessão de uma oportunidade — a um partido que, nos discursos e nos movimentos, identificava-se com as reivindicações do magistério — para implementar um projeto que qualificasse a educação no Rio Grande do Sul. Para outros, parece ter sido uma "aposta" mesmo, ou seja, "vamos ver o que esse partido pode fazer", já que, quando os representantes dos outros partidos estiveram no governo, não foram capazes de melhorar a situação da educação pública gaúcha. O depoimento da funcionária Diana, reproduzido a seguir, de certa forma expressa a opinião de alguns educadores:

> Tem gente que votou e na primeira semana queria aumento, queria as reivindicações todas atendidas. Teve uma professora que me disse já na primeira semana: "Viste, votei nesse teu PT, e agora, tá vendo aí, ó..." E aí: "Olha, em primeiro lugar não é o meu PT, tu votou com a tua cabeça, não fiz cabeça de ninguém. Agora tem uma coisa, na próxima eleição, se tu não tiver consciência que é bom, não vota". Depois ficam cobrando de mim, votou porque quis.

O professor Lúcio, da mesma escola de Diana, reconhece que a política sempre esteve presente em outros governos; porém, na gestão Olívio Dutra era diferente: "Então, entrou muita política, entrava a política, nunca deixou de entrar em outros governos. Mas, assim, a gente vê agora que é uma política muito suja dentro da escola".

Para a professora Anita, da Escola Parque Rosa: "[...] esse vínculo muito estreito que tá existindo na educação..., que partido político, tá se partidarizando a educação, eu acho que a escola tem muito prejuízo".

Em geral, identificou-se uma contradição nos depoimentos de alguns entrevistados, pois admitiam ter votado no PT porque queriam mudanças na educação, mas quando o partido assumiu o governo e propôs um projeto que se contrapunha ao tradicional e ia ao encontro daquilo que era reivindicado pelos educadores, um argumento utilizado por estes para não participar da CE foi o fato de a proposta ser do PT e, por isso, conter seus princípios.

O professor Lúcio, mesmo sendo filiado a outro partido, declarou ter votado em Olívio Dutra, por esperar mudanças na educação. Demonstra, ao longo da fala, indignação com a "política suja do governo". Mesmo sem acreditar na política pública, participou de algumas atividades da CE.

> Eu votei no Olívio. Todos os professores, a maioria do magistério, eu acho que votou no PT, votou no Olívio. Porque a gente esperava uma mudança na parte de educação porque sempre a bandeira do PT tava nas nossas greves. Apesar de eu só participar de uma única greve, que foi nesse governo, porque eu me senti na obrigação, por eu ter votado contra o partido do qual eu era filiado e cobrar, também, agora do governo. Assim como a constituinte eu não acreditava também, mas quis fazer parte do processo, até pra questionar lá também as coisas.

A professora Elza, da Escola Miguel Ramos, deixou bem claro ao longo da entrevista que "não votou no PT", mas mesmo assim chegou a participar de algumas reuniões para ver como seria:

> Eu participei da primeira reunião que houve na época ainda a nível de DE, aí eu achei assim que a coisa era muito politizada, ou politicamente voltada para uma ideologia que é a do partido que tá no governo. Sempre ligado, assim, àquela ideia de que eles previam a melhor educação, melhor sistema era eles que tinham. Tá, e já dá pra perceber que eu não gosto disso, não acompanho essa linha, então ali já me decepcionei muito.

Fica evidente a predisposição da professora Elza em não concordar com qualquer proposta oriunda da administração aqui estudada. A professora chega a revelar que a ampliação do espaço físico não foi boa, porque a escola cresceu e passou a atender um maior número de alunos. Ela percebe de forma análoga a questão da progressão continuada[19]. Não percebe nada de positivo na CE e nas mudanças na escola decorrentes do processo:

---

19. Na progressão continuada, é abolida a reprovação. Os alunos avançam de um ano para o outro, ou de uma etapa para outra, sem retenção. Algumas escolas no Rio Grande do Sul adotaram a progressão

Se piorou... É que a nossa realidade de escola mudou. Se nós tivéssemos ficado só com aquela escola de ensino fundamental... Mas, justamente nesse período, a nossa escola cresceu. Passou por uma transformação muito grande. Não é? Então veio outras realidades, nós tínhamos, a clientela nossa, era só, da nossa região, hoje não. Hoje a nossa clientela vai quase lá de Canguçu, temos Cascata, do Centro, por causa da dependência, ou que agora tem outro nome, não é mais dependência, é progressão, então, também isso aí influenciou. E..., mas mesmo assim, eu não vejo nada que tenha mudado em função da Constituinte Escolar. Porque as disciplinas, né, que foram colocadas no ensino médio, veio pela LDB, veio a Sociologia, veio a Filosofia, tá? Isso foi em função da LDB, que o estado absorveu... Não vejo que seja a Constituinte Escolar...

A professora Elza afirmou que as ações da gestão Olívio Dutra na educação eram carregadas de princípios defendidos pelo PT. Para ela, depois de 27 anos de vínculo com a rede estadual, foi a primeira vez que percebeu haver uma confusão entre política e educação. É como se até 1998 os governos no Rio Grande do Sul não tivessem suas ações alicerçadas nos pressupostos dos partidos políticos que representavam. De certa forma, pode-se afirmar que as disputas internas nessa gestão foram acirradas dentro das escolas, nas quais havia uma nítida distinção entre os grupos que apoiavam o governo e aqueles contrários. Pressupõe-se que as disputas tenham aflorado nessa gestão, por ter havido com a CE uma ampliação dos espaços de debate e exposição de ideias. Essa distinção entre grupos favoráveis e contrários ao governo, em algumas escolas, implicou a adesão ou não ao processo da CE. Nas palavras da professora Elza:

> [...] eu não aceito misturar a educação com situação político-partidária, e na minha opinião, esse governo mistura muito, muito e muito. Então, os próprios professores que são dessa linha, eles influenciam até a cabecinha das criancinhas de primeira série, de segunda série [...]. A própria colocação, a linguagem, o discurso na sala de aula deles, é sempre pra um único lado. Então, isso aí eu acho assim muito perigoso, porque eu acho que o que o professor diz, principalmente para a criança, ele é assim o ídolo, e aí chega em

---

parcial, ou seja, o aluno não é retido em uma série se não obtiver a média mínima para aprovação em até três disciplinas ou quantas forem definidas pela unidade escolar.

casa [...] E isso nunca aconteceu, porque de diretora, vice-diretora, por todos os partidos, eu tenho 27, mas eu tive um bom tempo em sala de aula [...].

Além de acreditar que é a primeira vez que política (partidária) e educação se misturam na administração estadual, a professora Elza demonstra indignação com a influência que as pessoas vinculadas a um partido de esquerda podem exercer sobre os alunos. Vale lembrar que a professora participou das primeiras reuniões da CE e depois não foi mais, por considerá-las "políticas" demais.

A aversão da professora Elza ao governo da Frente Popular é tanta que, ao relatar a obtenção da autorização para o funcionamento do ensino médio (que havia sido solicitada há muito tempo) logo nos primeiros meses da gestão, diz que só ocorreu porque na administração anterior havia "traidores" que engavetaram o processo. Esses traidores teriam agido dessa forma para prejudicar os gestores:

> Simplesmente, eu não sei por que que a autorização do funcionamento do ensino médio..., eu acho, acho que poderia até tá engavetado porque, porque bastou mudar o governo, e o governo atual assinou, entende? Então é uma coisa que tá, há muito, muito tempo a gente reivindicava e se sabia que o processo tava pra sair a qualquer momento a autorização, entende? E a gente sabe, eu tenho experiência que dentro de um próprio governo, tu confias em determinadas pessoas, mas elas te traem, não é? E de tudo que puder engavetar e não..., que vá prejudicar aquela pessoa, eles deixam, não é? E eu acho muito interessante assim que logo nos primeiros momentos, nos primeiros dias, saiu a autorização de funcionamento.

É importante salientar que a postura da professora Elza era minoritária na Escola Miguel Ramos, pois lá houve a participação de todos os segmentos na CE.

Visão exatamente oposta à dessa professora encontra-se no depoimento da professora Marlene, da Escola Júlio Dutra, sobre a questão da política. O fato de o PT estar no governo não trouxe resistência para a escola; pelo contrário, no bairro onde ela está situada residem muitos militantes do PT.

Nossa zona, nossa escola, é extremamente [...] politizada, e politizada pra esquerda. Elas têm uma história tranquila, tem pessoas do bairro na política, dentro do PT, dentro de partido da Frente Popular. Então não é assim... Tem, claro que tem resistência, mas são poucos.

Entretanto, é interessante destacar que, mesmo com toda a militância, o corpo docente da Escola Júlio Dutra optou por atender à decisão do Cpers e decidiu coletivamente interromper a participação na CE.

As declarações do professor Darlan, da Escola Paulo Borges, são particularmente interessantes pelo seu estreito vínculo com um partido que fazia oposição ao governo Olívio Dutra. O trecho a seguir da fala do professor Darlan, filiado ao PTB, revela o significado que teve a CE em sua escola, especialmente por ter atendido a uma antiga reivindicação do magistério, isto é, ter mais autonomia e maior possibilidade para definir ações.

Eu considero favorável, eu acho que oportunizou ao magistério do Rio Grande do Sul trabalhar dentro de uma política que há muito nós vínhamos reivindicando. Acho que hoje se deu plena liberdade pra que se possa desenvolver na escola uma atividade dentro da realidade de cada comunidade escolar. Não sei se tô sendo claro, mas vou te dar como exemplo: dentro de Pedro Osório, nossa escola está localizada no bairro Santa Teresa. Então, nos possibilita com esta política que está adotada, adotar critérios diferentes, nós hoje temos aqui no bairro Santa Teresa crianças de uma classe de média pra baixo, em que a gente procura dar assistência à família, que a gente procura dar assistência também nas carências alimentares, com uma merenda variada. Podemos adotar também uma metodologia, dentro da escola de acordo com a nova LDB e de acordo com a nossa realidade. Além desses, muitos outros fatores poderiam ser citados. Na minha opinião, em resumo, eu posso te dizer isso, que a política adotada nesses últimos quatro anos, ela contemplou uma reivindicação do magistério gaúcho. Há muito a gente vinha reivindicando essa liberdade de expressão, de trabalho, e isso foi oportunizado.

A opção por destacar esse trecho do depoimento do professor Darlan deve-se ao entendimento de que, ao ser eleito, um governo deve implementar ações que atendam aos interesses do conjunto da sociedade. Sendo assim, a destinação dos recursos do Estado diz respeito a todos os cidadãos, independentemente de sua identificação partidária. De acordo com a professora Ana, também da Escola Paulo Borges, essa foi a visão defendida na escola.

> Até quem não gosta do PT, que não tem nada a ver, ser PT ou não ser PT, é o orçamento do estado, é o nosso dinheiro que vai ser investido aqui. Essa era uma coisa que eu sempre deixava claro nas reuniões da constituinte, é que isso não era política partidária, isso era política da nossa vida, da nossa escola. Então aí tem gente que é do PTB e senta junto com a gente e discute e briga junto pela escola direto.

Como se tem tentado demonstrar, a natureza da aceitação ou da resistência dos sujeitos das unidades escolares à CE esteve atrelada a um conjunto de condicionantes sociais, econômicos, culturais e políticos.

A relação entre política e educação permeou todas as informações expostas nesta discussão do estudo, tanto na questão político-partidária quanto no papel da escola na formação política do cidadão, embora esses dois focos não tenham sido tratados de formas distintas nas implicações da questão política na disposição dos sujeitos para participar da CE.

As contribuições de Paro (2002b) sobre as concepções de política presentes na sociedade ajudam a interpretar os dados aqui expostos. De acordo com o autor, em uma sociedade com interesses antagônicos e marcada pela dominação de determinados grupos sobre outros, o modo de fazer política limita-se à conquista ou à manutenção do poder. Essa visão de política como luta entre grupos com poderes antagônicos é o que o autor chama de concepção *restrita* de política.

Assim, o desejo de se ter uma sociedade em que não haja a dominação humana passa pela superação desse conceito de política como luta política para o de política num sentido mais amplo, que inclua também a prática democrática. Esse conceito *geral* de política "refere-se à atividade humano-social com o propósito de tornar possível a convivência entre grupos e pessoas, na produção da própria existência em sociedade" (Paro, 2002b, p. 15). Isto é, um conceito mais amplo que dê conta do "caráter histórico das sociedades humanas".

Essa perspectiva é, segundo Paro (2002b), contraditória, pois, se o que caracteriza o ser humano é a sua capacidade de ser portador de vontades e aspirações, ao mesmo tempo ele depende daquilo que foi produzido por outros homens para sobreviver. De acordo com o autor, é dessa necessária convivência que resulta essa compreensão de política.

Para algumas pessoas era tão evidente que a CE constituía um espaço de disputa política que elas não eram capazes de perceber as possibilidades de crescimento e avanços nas discussões sobre questões educacionais num espaço de debates coletivos. Segundo Paro (2002b, p. 14), onde prevalece uma visão restrita de "política, a educação se apresenta como um terreno em disputa, desempenhando o papel de instrumento nas mãos do grupo social ou dos grupos sociais que lograram mantê-la sob seu controle".

Essa discussão apresentada pelo autor é bastante pertinente aqui, por dois motivos. Primeiro, porque os dados demonstram que prevalece na escola uma concepção restrita de política, o que, sendo a escola uma instituição inserida em um determinado modelo de sociedade, não surpreende. Segundo, porque a CE, ao se propor a ser um espaço de debates, poderia representar alguma ameaça à estrutura política dominante na sociedade. Ao trazer à tona questões diretamente vinculadas a uma mudança na estrutura social, poderia provocar uma reação mais ampla dos cidadãos. Isso pode ser ilustrado com a proposta de debate sobre a Revolução Cubana e sobre a dívida externa.

Assim, os setores dominantes na sociedade, para os quais a manutenção de uma concepção política restrita é fundamental, tratam de disseminar um conjunto de ações que conduzam à conservação da visão de política sustentada na luta ou na manutenção do poder.

Insistir no fato de o PT estar acentuando nas escolas as lutas políticas ou partidarizando a educação interessava aos grupos que viam no processo da CE a abertura ao debate de temas polêmicos e a socialização de informações — cujo acesso tradicionalmente foi reservado a poucos. Conseguiam, dessa forma, reforçar no imaginário das pessoas a visão de que determinadas questões não devem ser debatidas, especialmente na escola, e assim crescia a ideia de que isso era "coisa do PT".

À medida que os representantes do PT que ocupavam cargos no governo propunham a discussão de temas que abalavam diretamente os interesses dos setores dominantes, era construída na opinião pública uma imagem negativa do partido, como estimulador da desordem e inibidor da boa convivência social. Assim, quanto mais se propunha a introdução de determinados temas nos debates escolares, mais a política educacional da SE era associada aos princípios defendidos pelo PT. Os reflexos dessa vinculação foram vistos nas últimas páginas.

Ao analisar o que definiu o voto do brasileiro nas eleições presidenciais de 1994, Jorge Almeida (1998) constatou que há na população uma noção dos problemas que devem ser enfrentados com mais urgência, como a fome, o desemprego, a saúde, a educação, entre outros. Entretanto, diante de determinadas palavras e conceitos há pouco entendimento e até confusão, o que impossibilita traçar um perfil progressista ou conservador da maior parte dos eleitores.

> [...] posicionamentos mais avançados ou mais atrasados se misturam e se confundem. A maioria dizia não gostar do conceito de "esquerda" e preferir o de "direita", enquanto afirmava preferir o socialismo do que o capitalismo e apoiar uma série de bandeiras tradicionais de esquerda. Ou apoiava palavras da moda como "privatização" e se dizia contra o "monopólio do Estado" [...]. (ALMEIDA, 1998, p. 138)

Essa ausência de entendimento sobre questões tão essenciais em uma sociedade torna os cidadãos vulneráveis à manipulação de sua opinião. A defesa de uma concepção ampliada de política esbarra nos interesses das elites excludentes, que tendem a afrontar e contestar os processos de intensificação democrática.

O argumento da influência ideológica do PT como justificativa para a pouca disposição em participar da CE manifestada por algumas pessoas foi identificado, fundamentalmente, entre os professores. Na categoria dos funcionários, poucos fizeram essa vinculação, e entre os pais e alunos isso praticamente não foi levantado.

Conforme visto, se na escola prevalece uma concepção de política como disputa por poder, faz sentido o fato de o segmento dos professores ter sido o que demonstrou mais incômodo com o conteúdo ideológico da política educacional da SE. Isso porque, tradicionalmente, a tomada de decisões nas escolas fica nas mãos dos docentes e são eles que concentram as disputas políticas. É o que Paro (2002b) chama de uma ação política restrita à luta político-partidária. O fato de os outros segmentos não terem conferido importância para essa questão pode ser justificado pela pouca inserção dessas pessoas nos processos decisórios, o que não as coloca nem em condição de disputar o poder.

Os diálogos, os debates, os encontros e as reflexões sobre temas que afetam a todos os cidadãos constituem ações importantes no interior da escola por possibilitarem sua democratização. As divergências desencadeadas nessas ações devem servir para o aprimoramento do ato educativo, pois as diferenças entre os grupos na escola

> não possuem a radicalidade da diferença de interesses entre classes antagônicas, a ponto de se colocarem em posições opostas, digladiando-se no interior da escola. Se o interesse das partes envolvidas é o ensino de qualidade, a única forma de relação que soma para a democratização da escola é a de aceitação mútua, característica da relação pedagógica. (PARO, 2002b, p. 21)

Capítulo 5

As condições internas da escola e a participação na Constituinte Escolar

> [...] O papel social da escola..., nós não estamos aqui pra dizer quem presta e quem não presta. Nós estamos aqui pra acompanhar um período da vida de todo mundo, que é o período escolar... ou passa numa boa ou passa abaixo de mau tempo.
>
> Trecho da fala de uma professora
> participante do estudo

O propósito deste capítulo é identificar como as condições internas das escolas influenciaram a participação dos sujeitos na CE, sem desprezar a relação que todas as questões aqui apresentadas têm com os debates travados no capítulo anterior.

Dessa forma, para compreender os elementos que facilitaram ou dificultaram a adesão das pessoas à CE foram considerados: as relações entre os segmentos e suas possibilidades de intervenção nas decisões nas unidades escolares; o tipo de interação que as escolas estabelecem com os setores do governo e como concebem essa relação; a percepção que os sujeitos têm da escola e como se percebem nesse espaço.

5.1 As relações estabelecidas entre os diferentes segmentos

5.1.1 A ruptura com a hierarquia dentro da escola: isso é possível?

> [...] uma sociedade hierárquica só é possível sobre a ignorância e a pobreza [...][1]

Enquanto espécie, todos os seres humanos são iguais. É no decorrer da existência, no convívio em sociedade, que se estabelece uma série de diferenças e conflitos entre os homens. Mesmo que, ao nascer, todos os seres humanos tivessem condições idênticas de desenvolvimento, isso não eliminaria a existência de conflitos no que se refere à participação na organização da sociedade, dadas as características próprias de cada um e sua individualidade (DALLARI, 1999).

Em qualquer sociedade os homens assumem papéis e funções diferenciados para produzir aquilo de que necessitam para sobreviver. A divisão social do trabalho está presente até mesmo em organizações sociais cujas condições de vida são rudimentares. O aprimoramento dessas condições de existência intensifica tal divisão, a ponto de, na atualidade, cada indivíduo não participar diretamente da produção de quase nada daquilo de que necessita para viver.

Em uma sociedade em que não há propriedade privada sobre os meios de produção, as relações sociais são mediadas pelo trabalho de todos os homens. Já em um contexto no qual esses meios pertencem a um grupo de homens e no qual os outros, desprovidos dessa propriedade, são obrigados a vender sua força de trabalho para sobreviver, as relações sociais de produção são determinadas por essa condição de propriedade, que é fundamental no campo econômico e se estende aos campos político, ideológico etc.

De acordo com Mariano Fernandez Enguita (1993), a submissão a qualquer relação de dominação e exploração não se dá de forma espontânea: "Depende, em maiores ou menores doses, da coerção direta, da necessidade material ou da interiorização de tais relações como necessárias, justas ou

---

[1]. Citação extraída do filme *Fahrenheit 11 de setembro*, de Michael Moore.

inevitáveis, e normalmente de alguma combinação dos três fatores" (Enguita, 1993, p. 208).

A dominação a que são submetidos esses homens que precisam vender sua força de trabalho para garantir sua subsistência os impede de serem sujeitos de sua própria história, de agirem como seres de vontade. Partindo do pressuposto de que todo ser humano ao nascer é igual por natureza, Dallari (1999, p. 16-17) considera injusta "uma sociedade em que apenas uma parte possa decidir sobre a organização social e tenha respeitada sua individualidade".

Esse breve retorno ao debate realizado nos primeiros capítulos deste estudo é relevante aqui para mostrar que a hierarquia é um elemento presente e cultuado em uma sociedade na qual as condições de acesso aos bens culturais não se dão de forma equânime.

Neste ponto do texto, tem-se como objetivo revelar de que maneira o incentivo à participação das pessoas em um processo decisório no espaço escolar, sem nenhum tipo de distinção (por função, por nível de escolaridade), pode produzir mudanças bastante significativas também no tipo de relação que essas pessoas estabelecem nesse espaço. Entretanto, vale ressaltar que não se pretende aqui fazer uma análise minuciosa das relações interpessoais dos sujeitos de cada segmento[2] e de como elas acentuam ou abrandam as relações de dominação e subordinação no interior da escola. Até porque nem se dispõe de dados suficientes para um exame com essas características neste estudo.

Dessa forma, são aqui expostos e discutidos alguns aspectos sobre as possíveis mudanças nas relações entre os sujeitos na escola a partir da oportunidade de intervenção criada pela CE.

Se a preservação da hierarquia revela a necessidade de, em uma determinada forma social, haver alguns que ordenam e outros que obedecem a essa hierarquia, ela é, por sua vez, essencial à conservação desse modelo de sociedade. Nesse modelo de organização social, a possibilidade de todos se fazerem sujeitos inexiste.

---

2. Vitor Henrique Paro (2000b, capítulo II) faz exatamente uma análise desse tipo.

Tradicionalmente, as relações não têm sido diferentes na escola, com a presença de uma hierarquia baseada em um tipo de relação verticalizada cujo poder de decisão fica concentrado em poucas pessoas que, mesmo não-intencionalmente, propagam relações de mando e submissão no espaço escolar. A base da hierarquia escolar está nos cargos ocupados, nos níveis diferentes de escolaridade e nos papéis de cada segmento da comunidade.

Não se está aqui desconsiderando a especificidade da função de cada ator no espaço escolar. Professores, funcionários, pais e alunos têm papéis diferentes a cumprir, porém essa condição não coloca um ator em uma posição de superioridade em relação ao outro.

A crítica às diferenças decorrentes das relações de produção vigentes, que dão origem a condições desiguais de sobrevivência dos homens, não invalida a importância da diversidade cultural no aprimoramento das relações estabelecidas na sociedade. Dessa forma, a escola — como espaço onde interagem pessoas que manifestam traços de culturas tão variadas — precisa considerar essa diversidade de modo a não negar a condição de sujeito do homem. Por sua vez, os governos, na elaboração das políticas públicas, também precisam estar atentos a essas questões para tomar providências e executar medidas que efetivamente traduzam as demandas dos diferentes comportamentos e configurações culturais dos grupos de indivíduos que compõem a sociedade.

Referindo-se aos alunos na escola, Enguita (1993, p. 247) afirma:

> A submissão a um tratamento igual de alunos que partem de posições extracurriculares — mas não irrelevantes face à escola — desiguais, transforma-se em um tratamento decisivamente desigual, quer dizer, numa forma de perpetuar a desigualdade frente às oportunidades escolares.

Nessa interpretação, o autor faz uma analogia das relações que se estabelecem na escola e no mercado. Neste, o possuidor da força de trabalho e o capitalista estão numa condição igual porque ambos querem trocar valores equivalentes, mas isso dá ao segundo a possibilidade de explorar o primeiro e obter um valor superior ao gasto, o que torna a relação desigual.

Para que houvesse êxito na participação na CE, a criação de condições adequadas às diferentes realidades das escolas tinha necessariamente de ser uma preocupação central dos gestores. A atenção dada a esse aspecto pode ser percebida nos dois trechos a seguir, extraídos do depoimento da funcionária Nívea, da Escola Zulma Machado, que revelam a importância do respeito às diferentes realidades das escolas públicas durante o processo da CE:

> Uma coisa que me chamou muito a atenção foram as diferenças, mas que foram respeitadas, não sei se tu tá entendendo? Havia as diferenças, de tudo, tanto a escola do centro, quanto a escola do bairro, quanto a escola rural, existia diferenças claras, só assim no contato, nos seminários que nós conversávamos umas com as outras, se percebia isso, mas isso aí foi respeitado. Então, pra mim isso aí foi fundamental.
>
> [...] Eu não sei por que que eu volto a esse assunto sobre as diferenças, porque é uma coisa que ficou marcada, tanto pros surdos e mudos, porque nós participamos com eles e eles diziam assim: "Nós não queremos uma escola igual, nós podemos até participar da mesma escola de vocês" [...] Eles pediam que, na hora que fosse ser votado, que nós fôssemos pro Araújo Viana, que fôssemos votar, [...] que, quando entrasse a questão deles, que nós apoiássemos eles, porque eles queriam sim, eles queriam direito à educação, como todo cidadão tem direito à educação e direito ao ensino, todos nós temos, sem distinção.

Consta no preâmbulo do texto constitucional de 1988 que a igualdade e a liberdade devem constituir valores supremos de uma "sociedade fraterna, pluralista e sem preconceitos". Cabe à Constituição, em um Estado liberal, garantir direitos fundamentais que assegurem o "bem-estar", como uma espécie de proteção aos cidadãos e de preservação da ordem social.

Embora assegurado constitucionalmente, de fato, o Estado limita-se precariamente a garantir alguns direitos aos brasileiros. A miséria em algumas regiões do país tem-se revelado a condição ideal para a proliferação de um poder paralelo ao Estado, comandado por grupos de traficantes e criminosos. A vulnerabilidade social das pessoas que vivem nesses locais facilita a criação e a conservação de relações interpessoais alicerçadas no medo e na submissão.

No que tange à educação, uma visão ainda bastante difundida na sociedade é a da "educação como adestramento, como moralização para termos um povo ordeiro e trabalhadores submissos" (ARROYO, 2002, p. 50). O sujeito inconformado, indignado por não aceitar uma determinada situação tem sua imagem frequentemente associada à figura do "mal-educado" na sociedade. Nesse estereótipo está impregnada uma visão de escola associada à formação de um homem cordial, perfil que evidentemente interessa à preservação de um modelo de sociedade. Entretanto, esse não pode ser o papel da escola quando se vislumbra a superação de um determinado tipo de organização social. Como afirma Arroyo (2002, p. 50), "a escola, o ensino, o aprender as letras lembram processos sociais menos conformadores e libertadores".

As pessoas precisam aprender a não tratar com naturalidade as desigualdades e as injustiças sofridas na sociedade. As poucas palavras da frase que introduz este item sintetizam as ideias apresentadas nesses últimos parágrafos, de que a hierarquia em uma sociedade só se mantém sobre a ignorância e a pobreza.

As desigualdades e os contrastes entre os mais ricos e os mais pobres (entre os mais acentuados do mundo), característicos da sociedade brasileira e que se manifestam no campo econômico, acabam por atingir outras esferas da vida e desencadeiam outros tipos de discriminação social.

É o que ocorre na escola quando o baixo nível de escolaridade ou a ocupação de uma função menos valorizada socialmente servem de pretexto para impedir a participação de alguns indivíduos em processos decisórios.

Quando se fala na hierarquia escolar, normalmente se pensa nos trabalhadores que assumem as funções diretivas e, por isso, concentram a responsabilidade de traçar todo o funcionamento da escola e de definir como cada um deve agir. Porém, é importante salientar que as relações de dominação não se manifestam apenas nesse caso; isso também ocorre entre os diferentes segmentos das unidades escolares e dentro de cada um deles. Do mesmo modo, as relações que se estabelecem entre os setores de governo e as escolas normalmente são permeadas pela ausência de diálogo e pela unilateralidade na tomada de decisões.

Stoppino (2000) define o poder (social)[3] como a capacidade de um indivíduo ou de um grupo de determinar o comportamento dos outros.

---

3. O autor estabelece uma distinção no uso do termo "poder", que também pode ser utilizado na relação de domínio do homem com a natureza, o que extrapola o sentido especificamente social da

Os recursos usados para o exercício do poder na sociedade são vários: "da persuasão à manipulação, da ameaça de punição à promessa de uma recompensa" (STOPPINO, 2000, p. 938).

Em um artigo em que discute o caráter político da educação, Paro (2002b) demonstra a importância, na relação pedagógica, da obtenção do consentimento (persuasão) em detrimento da coerção. No uso da coerção, o comportamento dos indivíduos é definido pelo uso da força ou da ameaça com mecanismos punitivos. O sujeito que sofre a coerção aceita a imposição de uma atitude ou ação para não sofrer algum tipo de sanção.

Na escola é possível identificar o elemento coercitivo como definidor das relações em algumas situações. Na relação dos professores com os alunos, o poder de avaliação concentrado unicamente nas mãos do docente torna o mecanismo da nota um importante instrumento de imposição da sua vontade na sala de aula. Isto é, a ameaça da reprovação serve para inibir condutas e comportamentos não-desejados em sala de aula. É possível também identificar o elemento coercitivo na relação das equipes diretivas com os demais trabalhadores da escola, em que a centralização das decisões transforma a distribuição de turmas, de cargas horárias e de funções em meios de punição ou premiação aos trabalhadores. Com esses dois exemplos, tentou-se mostrar que, na escola, um comportamento não desejado poderá resultar em prejuízos pessoais para uma parte, seja através de notas, de constrangimentos, de distinções na distribuição de funções.

Quando é alicerçado em relações coercitivas, o exercício do poder nas unidades escolares precisa contar permanentemente com o mecanismo da obrigação, pois sua ausência ou interrupção não mais assegurará um determinado comportamento. Como afirma Stoppino (2000), quando não se consegue exercer o poder nas relações sociais é necessário muitas vezes recorrer ao uso da força.

Já nas relações baseadas na persuasão, o acatamento a uma determinada vontade dependerá do consentimento de uma das partes. De acordo com Paro (2002b), por não dispor dos meios punitivos que assegurem a

---

relação do homem com o próprio homem. É importante ficar claro que seu uso neste estudo restringe-se ao caráter social.

certeza do acatamento, como ocorre na coerção, numa relação persuasiva a imprevisibilidade do acatamento ou não de uma ideia é algo presente. E, além disso, na possibilidade de não alcançar seu objetivo de persuadir o outro, corre-se "o risco de ser persuadido do contrário pelo outro" (PARO, 2002b, p. 7).

A importância de um ato educativo pautado em elementos persuasivos reside no fato de ser algo que é admitido ou recusado livremente pelo outro.

> Por não ter sido algo imposto de fora, mas aceito livremente, determinada ideia ou conteúdo cultural incorpora-se a quem o aprende. E isto se deve à forma como se deu: como conteúdo educativo, não foi o educador (simples mediação) que o passou, ou o impôs; foi o educando, como sujeito, que o integrou a sua personalidade, ao educar-se. (PARO, 2002b, p. 7)

A partir do processo instalado pela CE parece ter havido uma revisão dos critérios (subjetivos) de hierarquia instalados no interior de algumas escolas, nas quais as relações de poder obedeciam a determinadas classificações. É evidente que esse não foi um processo homogêneo nas escolas estaduais. Daí a importância de se desenvolver esta pesquisa em dez locais diferentes, pois isso permitiu a compreensão de que em cada espaço são mobilizados diversos elementos que conduzem ou não a mudanças significativas nas relações estabelecidas no interior da escola.

Um aspecto destacado em muitos depoimentos foi a possibilidade de toda a comunidade escolar participar conjuntamente de um processo de reflexão e avaliação da realidade, pois tradicionalmente esse papel esteve reservado aos docentes. Os convites ou as convocações para participar das reuniões, dos seminários e das oficinas para pensar e discutir a escola geralmente são encaminhados apenas aos professores. Assim, os funcionários — não concebidos como educadores — sempre estiveram alijados desses processos. Igual impossibilidade pode ser atribuída aos pais e aos alunos.

Especialmente com os educadores que atuam nas funções de servente e merendeira, a participação na CE constituiu uma oportunidade de inserção nas discussões sobre os rumos da escola nunca antes havida na rede estadual de ensino do Rio Grande do Sul. Para esses profissionais, a participação na CE parece ter tido um grande significado. Isso porque, além de sempre estarem à margem das decisões no interior da escola, conservam uma visão de que realizam uma função "inferior" e que, por terem um grau de escolaridade menor (por isso, pensam que não têm nada a dizer e a acrescentar), devem manter um distanciamento das decisões.

Embora tenham sido viabilizadas as condições para propiciar o envolvimento desses trabalhadores, muitos ainda resistiram a participar. A merendeira Diana explicitou isso em seu depoimento:

> Tem uma cultura nos funcionários da escola, qualquer funcionário, principalmente, quando é um grau mais baixo, merendeira, servente, eles acham que o papel deles é trabalhar. E o resto... Essas questões..., pedagógica, isso quem tem que se envolver é a direção e os professores. Foi muito difícil a gente colocar pra eles a proposta, que era um momento de todos participarem e que todos nós na escola somos educadores, isso foi muito difícil, até hoje é difícil, bem complicado.

Por certo, como já foi exposto, não se muda uma prática instalada na escola de uma hora para outra. É um processo que vai sendo construído paulatinamente com os sujeitos que integram um determinado contexto à medida que são convencidos da importância da sua participação e dos resultados que esta pode produzir.

Em especial, esses funcionários das escolas mencionaram o significado da CE em suas rotinas, pois se consideraram sujeitos em um processo de tomada de decisões e não somente na execução daquilo que não era decidido por eles, como sempre ocorria. Por outro lado, com a participação, os funcionários tiveram a possibilidade de refletir sobre variados temas educacionais e acumular subsídios para agir criticamente dentro e fora da escola. Para Diana, da Escola Fábio Costa:

> [...] Eu me sinto uma educadora, eu acho que lá na minha cozinha, fazendo a minha merenda, eu tô educando. Eu tenho um relacionamento bom com os alunos, a gente discute bastante as coisas. [...] Mas tem gente que não, que foi lá na universidade, fez um curso, se formou e deu. E quem foi, quem participou,

teve condições de ver as coisas de forma diferente. Assim, até o que eu ia te dizer... Um dia eu tava na cozinha furiosa... Essa professora disse assim: "Faz 20 anos que eu dô história do mesmo jeito, e os alunos aprendiam, agora eles não aprendem mais". E aí eu disse assim pra ela: "Vem cá, será que não tá na hora da gente mudar o método?" Ela ficou furiosa comigo.

A funcionária revelou ter obtido um crescimento pessoal com a participação na CE, tanto pelo acesso a determinados conteúdos culturais quanto pela possibilidade de participar das atividades com pessoas com características e funções diferentes da sua nas escolas. Vale chamar a atenção para o caso de Diana porque, se para ela como indivíduo foi bastante significativo o envolvimento na CE, a escola não percebeu isso da mesma forma. Fora da escola (nas etapas em que era representante), sentia a quebra da hierarquia e o respeito às diferenças, porém no seu local de trabalho o processo organizado pelo governo do estado não foi capaz de propiciar alterações substanciais nas relações estabelecidas entre os sujeitos.

Mesmo que o conjunto dos educadores da Escola Fábio Costa tenha desconsiderado e desvalorizado a participação de algumas pessoas na CE, o fato de Diana intervir e criticar a ação da professora que ministra "o mesmo tipo de aula há muito tempo" revela um entendimento da funcionária de que as ações de cada um dentro da escola são responsabilidade de todos. Mesmo que a política adotada pelo governo do estado não tenha produzido mudanças mais visíveis nessa escola, não é possível desprezar essa ação de Diana.

Exatamente o oposto foi verificado na Escola Zulma Machado, em que as atividades realizadas durante a CE abriram outras possibilidades de inserção da comunidade na escola. O depoimento a seguir, da funcionária Nívea, destaca o significado dessa inserção:

> O que mudou? Eu acho que se tem mais liberdade, eu não achava tanta liberdade como se tem da constituinte pra cá. Não que alguém nunca deixasse eu falar, não é isso. Mas eu me sinto mais à vontade, pelas oportunidades, é, eu me sinto mais à vontade. Talvez até por uma questão de ir lá fora, participar, como eu fui a seminários, como eu fui a tudo, talvez até o fato de ir lá fora e ter que trazer aqui pra dentro o que tava acontecendo, então eu me sinto

mais à vontade. [...] é aquilo que eu te disse, parece assim, que não foi só eu que senti a liberdade, parece assim que as coisas ficaram mais fáceis pra tu reivindicar, parece que houve mais abertura, maior diálogo [...].

Os funcionários que tiveram um envolvimento mais intenso na CE parecem ter percebido que têm um papel importante na constituição de uma educação pública de qualidade. Por permanecerem muito tempo na escola (já que normalmente cumprem jornadas integrais de trabalho) e por terem um convívio mais informal com a comunidade, os funcionários acumulam um saber sobre as vivências dos sujeitos que frequentam a escola que tem a ver com os valores, os jeitos, os preconceitos, as dificuldades, enfim, com a vida de cada um, saber esse que extrapola as paredes da sala de aula.

O tipo de interação que essas pessoas estabelecem ao abrir e fechar portas, ao preparar e servir a merenda, ao realizar matrículas e cuidar dos documentos dos alunos, ao atender na biblioteca, ao fazer a limpeza e a manutenção da escola, entre tantas outras funções, pode ser benéfico ou prejudicial à construção de um clima de aprendizagem permanente na escola. A partir dessa compreensão, inicia-se a ruptura de uma barreira (invisível) que os separa dos sujeitos que ocupam outras funções. Uma sutil hierarquia que não se estabelece apenas entre os funcionários e a direção, mas entre os próprios funcionários e entre os demais segmentos da unidade escolar.

Embora durante a coleta de dados o grupo dos funcionários tenha sido o que mais demonstrou entusiasmo com a CE, pode-se afirmar que não foi só esse segmento que percebeu mudanças significativas nas relações que passaram a ser estabelecidas no interior da escola.

Na Escola Paulo Borges, detectou-se que para todos os segmentos houve uma revisão dos papéis que desempenham na escola e do tipo de relação que os diferentes atores estabelecem entre si. Com a opção da escola pelo fim da organização seriada do ensino, houve uma mudança significativa até na sala de aula, na relação professor-aluno. A inexistência do medo da reprovação parece reduzir o poder de dominação do professor sobre o aluno e possibilitar o estabelecimento de uma relação mais condizente com a formação do sujeito[4]. Segundo Ana Júlia, funcionária da Escola Paulo Borges:

> [...] antes, funcionário era funcionário, professor era professor, entendeste? O pai era o pai. Hoje não, hoje a gente trabalha numa união. [...] Nós, funcionários, até [19]99, nós funcionários não tinha acesso ao que a gente tem hoje, nós não tinha o direito da fala, e hoje não, hoje nós temos direito à fala, a gente discute junto, eu acho isso aí muito bom.

Se em algumas escolas encontrou-se um processo, mesmo inicial, de superação de relações verticalizadas, em outras, a oportunidade de reflexão sobre as rotinas escolares desencadeada pela CE não teve qualquer repercussão. No caso das escolas que não participaram, não houve nem a possibilidade de reflexão sobre as relações lá estabelecidas entre os segmentos.

Esse é o caso da Escola Selma Moraes, que parece desestruturar-se com a possibilidade de criação de um clima mais favorável ao diálogo e ao debate com toda a comunidade. Percebeu-se que lá as pessoas já estão tão acostumadas com a hierarquia das funções que nem conseguem vislumbrar outras formas de interação pessoal que não estejam pautadas no mandar e no obedecer. Corrobora essa constatação o fato de a direção ter decidido que a escola não participaria da CE e ninguém ter questionado ou contrariado tal decisão. Como a direção da escola não divulgou o processo nem distribuiu os documentos encaminhados pela SE, muitas pessoas só ficaram sabendo da CE e do que se tratava quando o processo já estava em andamento.

Uma certa mudança nas relações não foi percebida apenas dentro de algumas escolas, mas também em outros setores de atuação do governo. A funcionária Inês, que trabalha na Escola Miguel Ramos, na zona rural, afirmou ter sentido uma mudança muito significativa no atendimento ao público na 5ª CRE, o que reflete uma postura diferente também dos usuários em relação a esse espaço:

---

4. Essa questão será retomada posteriormente, em outro ponto do trabalho.

[...] melhorou no sentido da comunicação com as pessoas, tu chega e é bem-recebida, melhorou muito, bá! [...] Era diferente, tu tinha que aguardar, agora tu chega, tu já é atendida em seguida, tu vai lá e já é atendida, não demora aquele...[...] É, por tudo que é lugar que tu anda agora, setor que tu anda.

O melhor relacionamento das escolas com a CRE parece ter encorajado os educadores a organizarem novos projetos, já que poderiam contar com o apoio dos trabalhadores desse órgão. O professor Gustavo, da Escola Gilberto Alves, afirmou que a maior proximidade com a coordenadoria facilitou a implementação de novas ações: "Eu destaco essas questões, assim... De um espaço maior de debate, de uma descentralização de poderes competentes e de uma melhora mesmo, assim... Na escola. [...] O que precisou, precisamos da coordenadoria, nós tivemos o apoio, sempre, né?"

Esse sentimento de Inês e Gustavo parece algo muito significativo do ponto de vista da relação cidadão—setor de governo. Isso porque rompe com uma tradição em que as pessoas se sentem intrusos ou pedintes de favores em um espaço que pertence ao cidadão. Embora o debate aqui se centre no espaço escolar, vale ressaltar que esse tipo de ação acaba por propiciar uma alteração na visão das pessoas sobre o próprio espaço público e consequentemente sobre a escola.

O processo da CE, por ter favorecido o diálogo nas escolas, parece ter propiciado espaços para reflexão sobre as diferentes relações de poder que se manifestam na sociedade. Dessa forma, pressupõe-se que, a partir do momento em que são conhecidos os motivos que as originam, tem-se a possibilidade de criar instrumentos para superá-las.

Pode-se afirmar que o tipo de relação que a Secretaria da Educação intentou estabelecer com as escolas da rede estadual de ensino do Rio Grande do Sul no processo da CE esteve permeado de elementos persuasivos. Cada unidade escolar deveria definir se acataria ou não a proposta. O governo do estado não lançou mão de qualquer dispositivo punitivo para as escolas ou para os trabalhadores que não aderissem ao processo.

Se, por um lado, a opção por não impor às escolas a participação na CE foi algo positivo, por permitir a cada um ser o definidor de sua própria ação, por outro, notou-se que aquelas escolas que não participaram ou tiveram envolvimento mínimo foram as que tradicionalmente mais conservam rotinas pautadas na coerção. Se essas escolas organizam suas ações mediante o recurso a mecanismos coercitivos, não se pode supor que fossem aderir espontaneamente[5] a um convite de participação em um processo que se propunha a contar com o diálogo, com o debate e a reflexão sobre as rotinas escolares. A partir daí pode-se afirmar que as escolas que adotam práticas eminentemente coercitivas tendem a aderir a processos externos somente mediante a imposição, ou que talvez as estratégias persuasivas adotadas pela SE não tenham sido capazes de conduzir algumas escolas a aderirem ao processo da CE.

5.1.2 O indivíduo se faz sujeito da ação coletiva: a questão da autoestima

Vive-se em uma época em que há uma supervalorização do indivíduo em detrimento das ações coletivas e prevalece a imagem de que o sucesso e o fracasso são responsabilidade de cada um. Nesse contexto, o tema da autoestima adquire importância significativa, na medida em que as possibilidades de ter uma vida melhor passam a depender, fundamentalmente, de uma mudança de atitude e de uma visão mais "positiva" do mundo, como se somente isso fosse suficiente para modificar a condição de existência de cada um. Uma mostra do peso que esse tema tem na atualidade é o incessante lançamento de publicações na categoria de autoajuda, responsáveis por um elevado movimento financeiro no mercado editorial. Em toda essa perspectiva, normalmente o enfoque para os problemas que afligem a sociedade centra-se no indivíduo.

A crítica a esse tipo de explicação para os problemas por que passam as pessoas não significa desconsiderar a importância da imagem que cada um tem de si e como isso influencia seu comportamento e sua ação na sociedade. A referência a esse tema, neste momento do estudo, deve-se justamente ao entendimento de que a autoimagem é construída a partir daquilo que as

---

5. No item 5.3 trata-se das implicações da adesão "espontânea" a uma política educativa.

pessoas armazenam ao longo de sua existência sobre uma série de vivências que as levará a determinadas condutas no meio onde estão inseridas.

Esse tema manifesta-se no estudo, porém, com um enfoque um tanto diferente daquele presente no senso comum: revela-se aqui na perspectiva de uma valorização individual como fruto da participação em uma ação coletiva, cujos resultados apontaram, em alguns casos, para uma revisão dos papéis que cada segmento tem na escola pública e para uma compreensão de que a intervenção de cada um no processo da CE poderia contribuir substancialmente na construção de um projeto educativo para todos.

Falar da autoestima das pessoas implica considerar o que sentem, como se percebem, como entendem sua relação com os outros no mundo, enfim, é falar e considerar a história de vida de cada um. O fato de esse aspecto merecer destaque neste estudo revela um significado diferente da política aqui estudada, já que nas pautas das políticas educacionais esse geralmente não é um tema presente, pelo menos não tratado de forma direta e específica. Tradicionalmente, o foco dessas ações está nas questões — não menos importantes — do financiamento, da legislação, do currículo etc.

A percepção de que houve um avanço nesse sentido foi identificada tanto da parte de quem foi governo quanto da dos agentes da escola. Muitas pessoas, durante as conversas e entrevistas nas escolas, demonstravam muito entusiasmo e satisfação com a oportunidade de ter participado da CE. Afirmavam que se sentiam mais fortalecidas, mais preparadas, mais em condições de discutir e analisar a escola pública. Algumas se sentiam até mais respeitadas dentro da escola. Pode-se dizer que algumas se sentiram mais humanas.

Se os processos desumanizadores das estruturas sociais e econômicas sofridos ao longo da vida por grande parte da população não podem ser resolvidos na escola, não devem lá ser reforçados ou legitimados (ARROYO, 2002). Entretanto, a escola, ao não aproveitar as potencialidades dos usuários na construção do processo educativo, acaba por reforçar ações desumanizadoras. No caso dos pais, por exemplo, Paro (2001a, p. 132) diz que, em geral, a escola

> nega a oportunidade de realizar os direitos dos usuários, [...], fechando-lhes as portas e dando-lhes um tratamento indigno, que vai desde o mau atendi-

mento na secretaria até a humilhação constante na "reunião dos pais" que, em grande parte, presta-se ao exclusivo propósito de mostrar aos pais e mães o quanto estes e seus filhos são culpados pelo fracasso escolar.

Um sentimento de apropriação em relação à política foi notado em várias conversas e depoimentos, não sendo raro ouvir daqueles que tiveram um envolvimento mais intenso na CE expressões do tipo "é o nosso projeto, é a nossa política educacional". Isso pode ser atribuído à inédita abertura à ampla participação da sociedade em um processo deliberativo de definição das diretrizes para a educação no Rio Grande do Sul. Não somente pela possibilidade de participar, mas por perceberem que suas opiniões e indicações não eram desconsideradas em outras instâncias.

A valorização da autoestima das pessoas sobressaiu-se, do ponto de vista de quem foi governo, entre os aspectos mais importantes na implementação da CE. De acordo com o ex-governador Olívio Dutra:

> A autoestima das pessoas participando do processo, o entusiasmo, a criatividade e a disposição para aprender mais. O protagonismo na ideia de que não são pedintes diante do Estado. O Estado tem obrigações e tem que funcionar sob controle público. Ele, ela, o cidadão, a cidadã são, de forma solidária, coletiva, participativa e comunitária, os que acabam determinando as políticas. Esse sentimento, assumido por muitas pessoas, é muito importante pra democracia, pro funcionamento do Estado. Com transparência, com mais eficiência, inclusive porque se desburocratiza, se eliminam entraves administrativos, se clareiam coisas, não é? Se economizam, se racionalizam a aplicação de recursos, têm uma definição melhor das prioridades.

Se na concepção de quem fez parte do governo a autoestima é um aspecto que se salientou, essa percepção não é diferente na opinião dos entrevistados das escolas que tiveram uma participação ativa na política.

No depoimento, a servente Nívea, da Escola Zulma Machado, demonstrou grande satisfação por ter participado da CE, destacando a possibilidade de estar, nas discussões, com pessoas que, a seu ver, ocupam cargos melhores que o seu. Talvez por já ter sido bastante discriminada pela função que exerce, surpreende-se com a oportunidade de viajar em um ônibus com um coordenador ou de estar em uma mesa de debates com uma diretora de escola:

> [...] me senti orgulhosa de participar, de ter tido essa oportunidade. Eu senti, pra mim não era uma obrigação, entende? Não foi nunca uma obrigação, e eu também nunca faltei. [...] E no momento que nós chegávamos lá, no meu grupo não tinha diferença, eu participava do grupo com diretora de outra escola. [...] Então no momento em que tu dizia, [...] que tu era servente da escola, que tu era merendeira, tu já tinha dado a tua opinião, então ninguém podia modificar, entendeste? Quando fui pra Porto Alegre, o nosso ônibus ia com o pessoal da coordenação, coordenador, participamos, fomos todos sempre a todos os lugares [...]. Então era tudo combinado, sem distinção.

Embora a funcionária manifeste contentamento com a participação, parece que ainda precisa ocultar a função que ocupa na escola para que sua opinião seja considerada. Durante a entrevista, foi preciso interromper a gravação várias vezes devido à emoção de Nívea. Ela ficou tão animada com seu crescimento, fruto das leituras, dos estudos e dos debates durante a CE, que se sentia disposta e encorajada a prestar vestibular, depois de exercer a função de servente por dez anos e estar há longo tempo afastada dos estudos. O crescimento, a experiência adquirida, enfim, a possibilidade de se desenvolver parecem ter adquirido grande valor para Nívea:

> [...] aí tu vais dizer: tu ganhou o quê? Muitas pessoas dizendo: mas tu vai ganhar o quê? Quanto tu vai ganhar? Eu, não é valor, não é dinheiro, é experiência que eu ganhei e muita experiência que ninguém jamais vai me tirar. Eu posso passar pra ti, posso ficar com as coisas adormecidas, daqui a pouco eu posso, quem sabe, utilizar em alguma outra coisa, eu não sei o que que vem pra mim amanhã, não sei...

O destaque para a questão da autoestima extrapola a ótica do crescimento individual, ao estender-se a possibilidade de colaborar com outras pessoas e de contribuir no cotidiano da escola.

Depois de anos de atuação na escola e de conhecimento sobre suas rotinas, a merendeira Amélia, da Escola Paulo Borges, afirmou nunca ter sido convidada a discutir a escola pública: "Eu me senti muito bem, porque eu gosto de me envolver e eu não tava tendo esse espaço. E hoje eu tenho. Então, eu sinto que eu tô sendo valorizada e eu tô podendo ajudar".

A oportunidade de trocar experiências com outras escolas também contribui na elevação da autoestima dos participantes da CE. Nessa perspectiva, a merendeira Inês, que trabalha na Escola Miguel Ramos, situada na zona rural, revelou: "Assim, me senti muito bem. Foi uma coisa muito boa. Ah, sabe por quê? Uniu as escolas, porque ali eu estava... Cada um de cada escola, né? Porque eu participei na parte da zona rural e lá eles separavam de um em um, de cada escola que participava".

Esse "sentir-se bem" por sair da escola e trocar vivências foi bastante destacado pelos funcionários. Talvez porque esse segmento tenha escassas oportunidades de conversar com seus pares, por normalmente atuarem somente em uma escola. No caso dos professores, as trocas parecem mais presentes, por cumprirem, muitas vezes, duas ou três jornadas em escolas diferentes, o que não significa evidentemente que esse acúmulo de locais e de horas de trabalho constitua algo positivo.

É patente o significado que teve para algumas pessoas a participação na CE e o quanto essa possibilidade elevou a autoestima desses sujeitos. Entretanto, na escola a melhoria da autoestima das pessoas passa pela possibilidade de reflexão e decisão sobre as rotinas escolares, mas vai muito além disso. É necessário assegurar salários e cargas horárias de trabalho dignas aos trabalhadores, espaços adequados para o processo de ensino-aprendizagem, materiais e equipamentos atualizados, programas de formação permanente, entre tantas outras coisas.

Em relação aos trabalhadores, consta em um dos cadernos da CE: "Para construir a escola que queremos é necessário uma política salarial justa, que recupere a dignidade profissional e autoestima dos trabalhadores em educação" (RIO GRANDE DO SUL, 1999a, p. 3). Embora esses trabalhadores tenham conquistado o pagamento de promoções atrasadas e alguma revisão nos salários, tudo ainda ficou muito abaixo do reivindicado. No que tange à questão salarial, observou-se durante a coleta de dados uma certa frustração dos trabalhadores com o governo do estado.

Na opinião do professor Gustavo, da Escola Gilberto Alves, a elevação da autoestima é fundamental dentro das unidades escolares, e um dos caminhos para alcançar tal propósito é assegurar uma boa infraestrutura física, atenção às condições de higiene e disponibilidade de equipamentos, pois parece que, quando se sentem valorizadas por disporem de um espaço público melhor, as pessoas passam a ter mais cuidado com esse espaço que ocupam:

> [...] a gente acha que tem que incrementar essa questão da autoestima. Pra mim é uma questão crônica na escola. A questão dos banheiros, assim, os banheiros são uma loucura, o pessoal picha banheiro e é uma imundície só. O ano passado a gente resolveu fazer a pichação verdadeira dos banheiros, vamos ver se eles respeitam a arte deles. Negativo, sujaram, continuaram botando recado e tal, não adiantou nada. Aí esse ano, então, nós fizemos uma higienização ariana[6], assim, pintamos tudo de branco.

Segundo a professora Ana, da Escola Paulo Borges, a ampliação e as melhorias no prédio também serviram para elevar a autoestima dos integrantes da comunidade escolar, pois houve uma transformação da escola graças ao envolvimento da comunidade, tanto no OP quanto na CE:

> Nesse período a autoestima da escola cresceu uma barbaridade, [...] o pessoal começou a valorizar... Olha só o coleginho... O coleginho foi lá no OP em 1999 e hoje nós somos um senhor colégio.[...] Nós tínhamos um chalé caindo aos pedaços e hoje não temos mais. No chalé convivia criança, morcego, passarinho... Então a gente sensibilizou a comunidade com essa conversa, e aí o pessoal foi e votaram em nós. [...] e a mobilização também em função da constituinte, que já tinha crescido, que já tinha amadurecido, então já tava todo mundo.

Nessa questão, mais uma vez, foi para a categoria dos funcionários que a CE teve uma relevância maior. Para encerrar este tópico, pode-se afirmar que somente com um conjunto de medidas e vontade política dos gover-

---

6. No depoimento do docente fica clara a intenção da escola de usar medidas extremas, ou seja, pintar os banheiros de branco para ver se os alunos têm maior cuidado com esse espaço. Porém, vale ressaltar que o uso da expressão "higienização ariana", para tratar do assunto, não seria o mais adequado, dado o caráter discriminatório e preconceituoso que o termo carrega.

nantes serão asseguradas as condições de atualização histórica dos sujeitos que estão na escola pública e a consequente valorização de cada um.

5.1.3 As condições para um comportamento mais solidário e coletivo

Vislumbrar a proliferação de formas de organização social pautadas em princípios cooperativos e solidários dentro da sociedade capitalista é algo no mínimo contraditório, já que o tipo de ação predominantemente produzido nessa sociedade tem um caráter individualista, hierárquico e excludente. Como já foi mencionado anteriormente, a incompatibilidade de interesses na sociedade capitalista transforma a luta pelo bem comum em uma busca por satisfação particular (MARX, 1989).

Já que nessa sociedade se produz um tipo de ação em que o mais comum é presenciar pessoas agindo de forma a satisfazer seus próprios interesses, o que leva algumas a romper com esse isolamento e a buscar formas alternativas de inserção social?

O fortalecimento de alguns movimentos sociais organizados e o crescimento das cooperativas[7] de trabalhadores no país indicam que há lacunas que podem ser preenchidas. Nesses casos, são as precárias condições de vida das pessoas que as conduzem a organizar e participar de ações mais integradas. Isso pode ser ilustrado com a criação de uma cooperativa quando os trabalhadores assumem o funcionamento de uma fábrica após o seu fechamento, ou quando os trabalhadores rurais agregam-se porque foram expropriados de suas terras ou ficaram sem possibilidades de lá permanecer.

Alguns movimentos sociais se desfazem após a conquista daquilo para o qual se formaram; outros ampliam suas lutas em prol de outras reivindicações e chegam a almejar a transformação social.

---

7. É importante esclarecer que não se está tratando de um tipo qualquer de cooperativa, mas daquelas em que prevalece um tipo de organização alicerçada nos princípios da cooperação e da autogestão.

Pode-se pensar que a CE teve o caráter de um movimento social que permaneceu vivo enquanto o processo estava sendo implementado. Na realidade, esse é o próprio caráter de um movimento social que se mantém até que as demandas sejam atendidas e, após essa concretização, se desfaz. Vale também lembrar que em um caso trata-se de uma ação promovida pelo Estado e no outro, normalmente, são ações de pressão sobre o Estado.

No caso das cooperativas, não é raro identificar um declínio das condutas solidárias quando a empresa começa a ser bem-sucedida e os trabalhadores deixam de estar em situação de vulnerabilidade social. As razões para isso parecem estar no peso de uma realidade dominante na qual não é "justo" que pessoas com perfil, formação e grau de escolaridade diferentes tenham a mesma remuneração. De fato, essas experiências estão inseridas numa lógica econômica dominante permeada por valores que conduzem a ações desse tipo.

A reação positiva de muitas pessoas ao projeto de debate sobre as questões educacionais apresentado pelo governo do Estado do Rio Grande do Sul logo nos primeiros meses de 1999 também indica um certo descontentamento com as relações que se estabelecem na sociedade. Porém, diferentemente dos exemplos usados anteriormente, em que o agrupamento das pessoas surgiu por uma necessidade básica de sobrevivência, na CE a adesão ou não ao processo ocorreu por outros fatores, conforme se vem tentando demonstrar no decorrer dos dois últimos capítulos deste livro.

Nos processos de mobilização social anteriormente mencionados e no aqui estudado tem-se em comum o tipo de interação estabelecido entre as pessoas. Especificamente para a discussão deste tópico, interessam as mudanças nas ações na direção de um comportamento mais cooperativo e solidário no interior de algumas escolas.

De acordo com Oliveira (2001), uma cultura solidária se realiza quando os participantes compartilham o mesmo campo de atuação no qual as interações sociais têm uma base comum. Direitos e responsabilidades são construídos e cultivados. Nesse sentido,

> cada qual tende a interiorizar a ideia de que a liberdade de ação individual não pode ser ilimitada e irrestrita se, para além, existe um projeto mais

generoso, visualizando a possibilidade de que todos possam crescer na solidariedade. Aos poucos, sedimenta-se no interior de cada membro que a afirmação individual das pessoas é um direito, mas não pode realizar-se à custa da servidão, ainda que voluntária, nem do abafamento ou da exclusão do outro. (OLIVEIRA, 2001, p. 16-17)

Um processo que tem como uma de suas premissas a troca de experiências permite um conhecimento e um entendimento das diferentes realidades dos sujeitos envolvidos. Pressupõe-se que tal conhecimento impeça uma atitude indiferente em relação às necessidades do outro e conduza a uma busca solidária de soluções para os problemas enfrentados. Pressupõe-se, ainda, que há um redimensionamento das demandas a partir do conhecimento mais abrangente das dificuldades. Com isso se quer dizer que uma noção ampliada da realidade pode conduzir a uma reflexão mais voltada para os problemas da coletividade, em detrimento das demandas mais locais, específicas e individuais.

O conceito de solidariedade aqui adotado pauta-se na perspectiva da reciprocidade, da divisão de responsabilidades, da troca com o outro e da mutualidade de direitos e deveres. Esse tema perpassa vários aspectos abordados neste capítulo: as relações estabelecidas na escola, as reivindicações de determinados grupos (surdos, por exemplo), a divisão de tarefas...

É importante deixar claro esse entendimento porque, no senso comum, em geral é atribuída a esse tema a conotação de ajuda ou de caridade, talvez por influência de um componente cultural em que há o predomínio do pensamento e da moral cristã, em que fazer algo pelo outro livra o indivíduo da culpa por ser um pecador incondicional. O que mobiliza uma conduta solidária, nesse caso, é o medo do "castigo divino" e não os princípios da troca e da reciprocidade.

Neste trecho do depoimento da funcionária Nívea, da Escola Zulma Machado, percebe-se que foi a divisão de responsabilidades o que permitiu a sua participação na CE: "Aquela primeira vez que eu fui a Porto Alegre, que foram três dias, né... Aí o pessoal teve que se revezar, até professora varreu sala de aula porque elas achavam que se eu tava indo era algo importante pra escola, eu tava representando a escola, né? [...]"

Dessa postura, dois pontos podem ser destacados: primeiro, a percepção da importância de a escola estar representada no processo da CE e, segundo, o entendimento de que outras pessoas deveriam assumir temporariamente o compromisso com as tarefas de Nívea. Exatamente o oposto ocorreu na Escola Fábio Costa, em que se constatou, nas conversas realizadas durante a coleta de dados, uma certa indiferença perante a participação da funcionária Diana na CE. Quando indagada sobre esse fato, ela explicou:

> Mas é que é assim, quando a escola não prioriza a formação, sempre o trabalho tá em primeiro lugar. Eu sei que o trabalho é importante. Mas eu sei que se uma noite eu não vier dar a merenda e eles souberem por que que eu não vim dar a merenda, eles, com certeza, vão apoiar.

Na Escola Fábio Costa, a possibilidade de outras pessoas assumirem provisoriamente as funções de Diana sequer foi cogitada. Nos debates da CE sobre a realidade de cada escola, os problemas eram compartilhados entre os diferentes segmentos. Em decorrência disso, os sujeitos envolvidos puderam extrapolar a visão de seus próprios problemas e refletir sobre as dificuldades dos outros. No caso de Nívea, em que houve uma troca de funções para permitir sua participação, isso se dá de forma mais intensa, pois ultrapassa a reflexão sobre a ação do outro e permite uma vivência real.

De fato, a participação na CE acentuou em algumas escolas a necessidade de pensar na construção de um trabalho mais coletivo. O convite para participar da CE feito aos segmentos que tradicionalmente não estão presentes nas discussões pedagógicas provocou, em algumas escolas, o interesse pela construção de um trabalho mais integrado.

Alguns perceberam que juntos são mais fortes que sozinhos, ou seja, perceberam que a ação coletiva tem mais força que a ação individual. Disso pode-se deduzir que nas lutas coletivas o homem aumenta a sua liberdade porque elas lhe permitem alcançar seus objetivos mais facilmente. A CE foi um processo que intentou socializar experiências, num contexto em que não há a socialização de tudo aquilo que é produzido pelo homem.

No meio escolar, compartilhar com todos os membros da comunidade as diferentes situações vividas no dia-a-dia da escola significa torná-los também responsáveis por essas situações. As aprendizagens coletivas produzidas nesses espaços de encontro e discussão poderão aos poucos mudar os hábitos, as posturas e os valores desses sujeitos, modificando a sua cultura e extrapolando os limites de ação do grupo social do qual fazem parte (CALDART, 2004; OLIVEIRA, 2001). Assim, poderão criar uma cultura fundamentada na ideia de que a participação e o envolvimento poderão beneficiar o conjunto dos indivíduos. Disso resulta uma compreensão de que em uma sociedade as decisões de cada um interferem na vida de todos.

Esse entendimento de que o envolvimento na CE traria benefícios para a coletividade foi demonstrado pelo aluno Moisés, da Escola Miguel Ramos: "[...] eu acho que tudo isso vai ser feito pra ter uma escola melhor, né? Pra melhorar, não pra mim, mas pra todo mundo. [...] Ah, foram dois dias de palestras lá, foi interessante. Uma coisa nova que não fazia parte do meu mundo e fez".

A funcionária Nívea destacou o significado de fazer parte daquele conjunto de pessoas que participaram da construção de um projeto que se tornou coletivo:

> Porque tinha muito, muito comentário que dizia que não ia dar em nada, que as coisas iam acabar daqui a pouco. E não foi assim. Esses dias chegou um cartaz, [...] aí a D. Maria Dalva, que é orientadora... passou ali e eu estava de novo no meu lugar na porta, aí eu mostrei pra ela..., eu disse: "ó, eu tô aqui, ó, nessa parte aqui eu estava junto, não eu na foto, mas o que dizia ali". Era coisa que havia acontecido lá, naquela época, né? Isso aqui eu ajudei, era uma parte rural que falava dos horários, daquelas coisas todas, né? Então isso aí pra mim é muito gratificante.

Do depoimento de Nívea pode-se inferir que as pessoas não saem dessas ações do mesmo jeito que nelas ingressaram; elas se modificam e modificam as pessoas ao seu redor. Por outro lado, as discussões sobre questões específicas da escola conduzem a uma reflexão contextualizada que permite uma percepção sobre um conjunto de outras situações vividas no dia-a-dia, tanto no campo econômico como no campo social, político e cultural. Ao se reunirem, as pessoas passam a constituir grupos sociais, passam a fazer novas leituras e atribuem outros significados à realidade.

E, ao mesmo tempo em que são ouvidas e se reconhecem nas falas e interpretações dos demais membros do grupo, também constroem e exprimem uma vontade coletiva.

É no convívio social que se situa a capacidade de produzir ações mais integradas e intensificar as interações sociais. Esse é, de acordo com Arroyo (2002), um dos princípios básicos da ação educativa, pois "podemos aprender a ler, escrever sozinhos, podemos aprender geografia e a contar sozinhos, porém não aprendemos a ser humanos sem a relação e o convívio com outros humanos que tenham aprendido essa difícil tarefa" (Arroyo, 2002, p. 54). De acordo com o autor, é na complexidade dos relacionamentos dos seres humanos que se aprende a ser humano.

O exercício propiciado pela CE de socializar experiências e tomar decisões coletivamente mobilizou nas pessoas comportamentos e ações diferentes das habituais. Ao mesmo tempo em que lidavam com a divergência de ideias, tinham de chegar a possíveis consensos. Nas escolas, percebeu-se essa tentativa de alcançar consensos, ou seja, por meio de debates uns convenciam os outros sobre determinadas ideias. Em muitas situações foi necessário recorrer ao voto. Já nas assembleias locais, regionais e estadual o recurso ao voto era mais frequente. Após os debates, os pontos polêmicos eram normalmente levados à votação.

Observou-se que muitas vezes as pessoas tinham opiniões bem definidas sobre determinadas questões, mas, ao se deparar com argumentos novos, reviam posições em prol do atendimento dos interesses da população escolar.

De fato, o processo fortaleceu em algumas escolas e para algumas pessoas os laços coletivos. Modificou percepções. Entretanto, um aspecto destacado por Singer (2001), ao fazer uma reflexão sobre as experiências cooperativas solidárias no mundo, é que não basta despertar nas pessoas o interesse pela ação solidária, é necessário também criar mecanismos para assegurar a sua manutenção.

A menção às cooperativas feitas anteriormente é relevante porque, se em uma situação de sobrevivência é difícil para as pessoas se convencerem da importância da manutenção de ações cooperativas, isso parece ainda mais complexo quando se trata de questões que a sociedade não considera imprescindíveis à conservação da vida, como no caso aqui estudado, de definição de caminhos para a educação.

Como lembra Singer (1998), trata-se da utopia de construir um mundo em que a competição e a exploração deem lugar à igualdade e à cooperação. Um mundo em que os indivíduos se relacionem entre si de forma menos dominadora e mais cooperativa.

5.1.4 Da opção à obrigação: os projetos pedagógicos e os regimentos escolares

Dentro do processo da CE, o quinto momento foi reservado à elaboração ou revisão dos regimentos escolares, dos projetos pedagógicos e dos planos de estudo. Essa etapa deveria congregar as discussões e reflexões realizadas nos momentos anteriores. Diferentemente das outras etapas da CE, em que à comunidade era facultada a participação, nesse momento havia uma exigência de que todas as escolas, dentro de determinado prazo, encaminhassem às coordenadorias regionais de Educação todos os documentos mencionados.

De acordo com a Lei n. 9.394/96, em seu Art. 88, parágrafo 1º: "As instituições educacionais adaptarão seus estatutos e regimentos aos dispositivos desta Lei e às normas dos respectivos sistemas de ensino, nos prazos por estes estabelecidos". Dessa forma, as escolas públicas do Rio Grande do Sul tinham até meados de 2001 para apresentar seus projetos pedagógicos e regimentos escolares à SE.

A referência a esse aspecto é extremamente pertinente porque, sob a ótica do impacto e da importância da CE, essa exigência legal serviu como instrumento de reflexão e avaliação sobre o significado da adesão ou não da comunidade escolar a essa política. O depoimento de Caio, representante do governo, corrobora tal constatação:

> Temos escolas que foram perceber que o seu processo de participação na CE tinha sido insuficiente, mas não nulo, quando estavam construindo os projetos político-pedagógicos. Então, ali percebiam que havia uma continuidade

nas discussões. E que aqueles professores, estudantes, pais e funcionários que fizeram o processo da CE desde seu primeiro momento apresentaram um crescimento, uma compreensão do significado do estabelecimento das diretrizes da CE ou da educação para o estado do Rio Grande do Sul, com muita qualidade. E eles ficavam deslocados disso aí.

Parte-se do pressuposto de que o projeto pedagógico tem por objetivo reunir as linhas orientadoras das atividades desenvolvidas em cada escola, considerando fundamentalmente as características locais em conformidade com as orientações legais nacionais. Não é algo neutro: traduz a concepção de mundo, de homem e de sociedade dos sujeitos das unidades escolares. Por se constituir no próprio cotidiano da escola, é algo dinâmico que necessita ser constantemente revisado e aprimorado. É ao mesmo tempo processo e produto da escola.

Sua elaboração não tem o poder de modificar a orientação da política educacional mais ampla nem grande parte dos seus efeitos, porém é "um importante instrumento de fortalecimento da união entre a escola e a comunidade, de qualificação de seu desempenho, de resistência ao esvaziamento do papel dos educadores e de comprovação que a sociedade tem condições de vitalizar suas instituições" (CENTRO DOS PROFESSORES DO ESTADO DO RIO GRANDE DO SUL, 2001, p. 9).

O projeto pedagógico e o regimento são, na realidade, a síntese do perfil de escola que se deseja e da compreensão da sua função na sociedade. Exprimem os fins que se almeja com o ato educativo e indicam os meios para alcançar esses fins. Para traduzir efetivamente a identidade da escola, precisam contar com a reflexão, o diálogo e o debate com toda a comunidade escolar na sua elaboração, pois se não for assim serão incapazes de exprimir uma vontade coletiva. Contudo, vale ressaltar que, se a escola precisa ter autonomia para traduzir sua identidade e fazer valer no processo educativo suas vontades e necessidades, isso não significa que ela também precisa ser responsável pelos meios materiais para alcançar seus objetivos. Cabe aos governos assegurar as condições materiais para que esses fins sejam atingidos e, assim, garantir o caráter público e universal da educação.

Observou-se em algumas escolas o completo deslocamento da elaboração dos projetos pedagógicos e regimentos do processo da CE. Em alguns casos não poderia ser diferente, já que, se não houve envolvimento na CE, era necessário criar outras estratégias para atender à exigência da CRE e ao prazo da legislação em vigor.

Em seu depoimento, a professora Loiva, da Escola Selma Moraes, relatou a dificuldade de sua unidade de ensino para organizar os documentos, já que não esteve presente em nenhuma etapa da CE. A docente, ao perceber a importância do processo que havia sido perdido, chegou a pensar em tentar reverter a situação, organizando algo semelhante na escola:

> [...] inclusive, agora e o ano passado que a gente teve que fazer o regimento, foi um sufoco, né? Porque tinha que passar por todas aquelas fases que a constituinte passou, e aqui estava todo mundo perdido. E eu ainda falei pra diretora, eu digo, "olha, eu até posso pedir ajuda pra alguém e tentar fazer isso aí", mas é uma coisa trabalhosa, né? Eu teria que me dedicar exclusivamente pra isso e deixar as outras coisas de lado...

Por outro lado, identificou-se que o fato de a escola tradicionalmente não compartilhar suas decisões com a comunidade pode ter dificultado ainda mais a implementação de um processo, mesmo que isolado. Nas palavras da mesma professora: "[...] nós chegamos a fazer uma reunião com pais. Tiramos uma comissão e na primeira reunião, eu acho que eram oito pais que ficaram representantes. Assim, vieram três. Aí na segunda, veio uma. E aí a coisa foi morrendo. Então ficou muito difícil trabalhar".

Em todas as escolas pesquisadas, solicitou-se uma cópia do projeto pedagógico e do regimento para constituírem fonte de investigação. Esse pedido era normalmente realizado quando já houvesse maior proximidade da pesquisadora com o ambiente estudado. Em alguns estabelecimentos, notou-se certa dificuldade para localizar tais documentos e, quando se fazia algum questionamento sobre o seu conteúdo, algumas pessoas demonstravam desconhecimento.

Na Escola Selma Moraes houve até um certo constrangimento da diretora, que procurou o material em muitos armários e gavetas e não o localizou. Se as pessoas tivessem o entendimento de que esses documentos são o próprio cotidiano da escola e que exprimem as rotinas dos sujeitos que lá atuam, provavelmente não demonstrariam tanta ansiedade ao não localizá-los ou ao não conhecer o seu teor. É justamente porque essas exigências são tão pouco vinculadas ao fazer do dia-a-dia que, em geral, não passam de uma tarefa executada para cumprir uma obrigação. Identificou-se no estudo que muitos concebem essa elaboração como se fosse apenas uma exigência burocrática das secretarias de Educação, cujo cumprimento e realização coubesse apenas à equipe administrativa da escola.

Um mecanismo criado por algumas pessoas nas escolas para assegurar a participação dos pais na elaboração dos projetos pedagógicos e dos regimentos foi a distribuição de questionários, que deveriam ser respondidos em casa. A Escola Zulma Machado utilizou essa estratégia, pois a maior parte dos pais não reside no entorno da escola. Esse motivo, apresentado pela direção da escola como limitador da participação, foi refutado por algumas mães entrevistadas, que sugeriram a alteração do horário das reuniões para que os pais pudessem estar presentes.

De qualquer forma, a escola teve êxito no retorno dos questionários. No manuseio desses documentos, durante a coleta de dados deste estudo, foi possível perceber a dedicação da equipe diretiva no levantamento e tabulação das informações que retornaram à escola. Houve um cuidado de organizar questionários para cada faixa etária de alunos, já que lá havia turmas até a 4ª série.

A Escola Gilberto Alves também utilizou questionários para conhecer a opinião da comunidade. A utilização desse instrumento como canal de diálogo foi justificada pela reduzida participação dos pais nas reuniões promovidas pela escola. Segundo o professor Gustavo, a escola também obteve sucesso no retorno dos questionários:

> [...] houve uma discussão com todos os segmentos, discutimos com os alunos, discutimos com os próprios professores, com os funcionários e com os pais. Houve discussão do projeto político-pedagógico. Pra que se construísse esse projeto houve discussão. Depois dessa etapa de discussão, foi então feito um questionário. Aí as pessoas responderam o questionário, depois foi feita a tabulação de resultados e a partir dessa tabulação que se construiu o texto.

Vale lembrar que a Escola Gilberto Alves, a partir da decisão do Cpers, optou coletivamente por não participar da CE. Porém, realizou um processo de "participação indireta", ou seja, não compareceram às atividades promovidas pela SE, mas acompanharam todas as etapas da CE.

Um aspecto interessante nessa discussão é que algumas escolas que participaram da CE organizaram comissões independentes para elaborar os projetos pedagógicos e os regimentos, desconsiderando que essa deveria constituir mais uma etapa da política proposta pelo governo. Algumas escolas tinham a comissão da CE e a comissão para elaboração do projeto pedagógico e do regimento. Em parte, isso pode ser explicado pelas disputas internas travadas entre membros de um mesmo segmento ou de segmentos diferentes nas escolas. Ou seja, aqueles não favoráveis à política educacional que estava em curso no Rio Grande do Sul percebiam a organização dos projetos pedagógicos e regimentos como algo desvinculado daquela política educacional, que naquele momento ainda se encontrava em fase de implementação. Também ficou evidente que o estabelecimento de comissões diferentes servia para "demarcar posição" na escola.

A criação de duas comissões foi mais facilmente identificada nas Escolas Manoel Quadros e Fábio Costa. Nesta, a funcionária Diana relatou a dificuldade para inserir no projeto pedagógico e no regimento aquilo que vinha sendo definido na CE. A funcionária denunciou o caráter centralizador da comissão que organizou o projeto pedagógico e o regimento da escola. Para legitimar-se, tal comissão "escolheu", para participar das discussões como representante discente, um aluno que não questionasse as decisões tomadas.

> Foi muito complicado. A gente, praticamente eu e uma professora que participou comigo [na CE] tivemos que nos impor pra ficar participando do projeto político-pedagógico. Porque a gente fez tudo e, na hora de fazer o projeto, reuniu um grupo fechado e fez. Só que tava totalmente fora dessa proposta, né? E aí, nós tivemos brigas muito feias, foi bem complicado, foi sofrido pra gente conseguir participar. E não conseguimos contemplar tudo que a gente acreditava, que a gente tinha discutido, porque as pessoas que elaboraram, que fizeram esse projeto, que não era participativo coisa nenhuma, não tinham a visão da constituinte, né? Porque pra gente construir um projeto, mesmo, como deveria, como a gente estudou durante os dois anos, teria que ter a caminhada de todos. E não teve, inclusive os alunos, o aluno que era

convidado pra ir lá, normalmente era aquele bem alienado, aquele que dava pra manipular. E aí ele ia lá, fechava a boca e não dizia nada. E aí, acontecia daquela maneira que aqueles professores que tavam conduzindo queriam. Quer dizer, isso aqui não teve nada de participativo.

Essa escola, ao criar uma outra comissão para elaborar o projeto pedagógico e o regimento, deslegitimou formalmente todo o processo de definição dos princípios e diretrizes para a educação gaúcha e ainda desconsiderou todo o envolvimento de algumas pessoas nas primeiras etapas da CE. Entretanto, pode-se dizer que houve o "cuidado" de garantir a "representatividade" de todos os segmentos nessa nova comissão, para não correr o risco de não ser considerada democrática.

As disputas internas também podem ser explicadas do ponto de vista do significado do quinto momento da CE, justamente por ser a etapa reservada à definição ou revisão da filosofia e de todo o funcionamento da escola. Na realidade, o que estava em jogo eram compreensões e projetos diferentes de escola, de educação e de mundo. Assim, o que fosse ali definido poderia necessariamente conduzir a escola a modificações nas suas ações.

A percepção de que todo o processo da CE apontava para mudanças significativas no interior da escola parece ter motivado um grupo de professores da Escola Fábio Costa, vinculados à direção, a rapidamente organizar uma comissão para elaborar o projeto pedagógico e o regimento, e ainda a deixar estrategicamente de fora aqueles com ideias divergentes. Uma visão conservadora de escola e educação acabou sendo privilegiada nos documentos. Na realidade, foi mantida a mesma orientação que a escola já tinha. Na discussão sobre as alterações na organização escolar será possível perceber a resistência dessa escola a ações menos conservadoras.

Na Escola Manoel Quadros, mesmo com comissões com posturas divergentes, parecem ter sido conquistadas algumas mudanças. Para a professora Hilda, apesar das brigas das "petistas" e das "não-petistas", foi conquistada uma maior autonomia a partir das discussões e uma abertura para a realização de trabalhos integrados entre os professores.

É interessante registrar a opinião da professora Telma, também da Escola Manoel Quadros, sobre a elaboração do projeto pedagógico e do regimento:

> [...] aqui não tinha iniciado, iniciou agora, quando deram a prensa. E aí o que que aconteceu? Eles largaram a constituinte[8], aí passaram a se preocupar com o projeto político-pedagógico. Por quê? Porque isso envolve verbas. Porque é obrigado mesmo. É o governo federal, se o Rio Grande do Sul não lançar, não der uma dureza nas escolas... Porque tu sabes como é que é o brasileiro, enquanto não der uma prensa tu não faz, né, isso é assim. Então o que que aconteceu? Em agosto tem que entregar, em agosto tem que entregar, e aí foi aquela correria...

A partir desse trecho do depoimento da professora Telma, repleto de significados, poderiam ser realizadas inúmeras análises. Porém, para o propósito do que se vem discutindo, vale ressaltar a crítica ao processo da CE, que logo a professora revela desconhecer. Demonstra não saber que a elaboração do projeto pedagógico e do regimento integrava uma etapa da CE e que ambos deveriam ser pensados a partir das discussões e dos estudos realizados nos momentos anteriores. A crítica ao "brasileiro", que só age sob "obrigação", nada mais é do que o espelho da sua própria ação. Como a CE era um processo cuja participação não era obrigatória, a professora só deu maior atenção ao que era uma exigência legal.

Na Escola Paulo Borges, que teve uma participação efetiva em todo o processo da CE, a construção do projeto pedagógico e do regimento efetivamente constituiu o quinto momento da política. De acordo com o professor Darlan:

> Eu considero ótimo. Pode até ser muito forte esse adjetivo que eu tô colocando, mas eu considero ótimo. Ótimo porque se fez um estudo da parte legal, se fez em função da parte legal um estudo detalhado, aprofundado e conseguimos elaborar o nosso plano político-pedagógico dentro da nossa realidade. Já nós

---

8. Talvez por não querer que sua opinião fosse registrada pelo gravador, nesse trecho da entrevista a professora falou baixo, praticamente sussurrando. Logo após a entrevista, registraram-se as informações no diário de campo.

tínhamos um estudo feito pela constituinte escolar, isto foi avançando aos poucos, foi se sentindo... A escola foi colocando no papel o que ela pretende realmente desenvolver nos próximos anos. Eu acho que foi extremamente positivo e nos deu a possibilidade de fazer um planejamento mais consciente, mais consistente.

Na Escola Parque Rosa, percebeu-se que o quinto momento da CE não contou com o envolvimento da comunidade. Até porque essa é a escola em que o nível de escolaridade e as condições econômicas dos pais, do ponto de vista da direção, constituem um empecilho à participação. Embora a professora Anita afirme ter sido uma construção coletiva, ao longo da entrevista contradiz essa informação: "A elaboração foi um caminho coletivo, porque nós fizemos, né, envolvemos todos os segmentos da comunidade..., mas com uma participação bastante reduzida, em termos de, de alunos e pais. Porém, de professores e funcionários ela foi, ela foi importante".

Conforme se vem afirmando ao longo deste livro, entende-se que a escola tem por finalidade a formação do cidadão, de modo a assegurar-lhe a oportunidade de atualização histórica. Seu compromisso deve ser com um ensino voltado para os interesses da maior parte da população. Entretanto, se na escola não há suficiente clareza sobre os fins da educação e sobre a finalidade do ensino, questiona-se: como se dá o planejamento dos meios para alcançar esses fins?

Diferentemente das primeiras etapas da CE, em que a adesão era voluntária, na última havia uma exigência que impossibilitava, especialmente aos professores, recusar a participação no processo de debates. Sob a tensão dos prazos e da lei, as escolas foram pressionadas a elaborar seus projetos pedagógicos e regimentos. Essa situação faz lembrar o apego às notas instalado na sociedade e permite uma analogia com a questão da reprovação escolar. Como menciona Paro (2001b), se para o aluno estudar é necessário recorrer ao mecanismo da nota, é porque a escola carece de recursos que estimulem esse aluno para o estudo. No caso dos professores, se somente com a ameaça da punição há disposição para refletir e debater sobre o cotidiano da escola para traçar seus rumos, é porque esses trabalhadores carecem de instrumentos que lhes permitam perceber o significado, para a ação educativa, desses espaços de socialização de experiências e de construção de ações coletivas.

5.1.5 A influência da visão do papel dos pais nas decisões escolares na CE

No senso comum, é visível a noção de que a participação dos pais na escola restringe-se à presença nas reuniões de final de período para entrega de boletins, à escuta de reclamações sobre o comportamento dos filhos ou à ajuda em alguma atividade para angariar fundos para a escola.

Identificou-se que a concepção da presença dos pais no interior das escolas influenciou diretamente a inserção desse segmento nas atividades na CE. As escolas que percebem nessa participação a possibilidade de aprimorar as ações educativas foram as que demonstraram maior disposição em criar estratégias para estimular a presença dos pais tanto nas atividades da CE quanto em outras atividades na escola.

Em um estudo de caso de caráter participativo sobre a elaboração do projeto pedagógico e do regimento escolar, durante o processo da CE, Sarturi (2003) procurou compreender quais as possibilidades que uma proposta pedagógica pautada em princípios democráticos e construída pela comunidade escolar teria de provocar mudanças em sua prática curricular, levando em consideração as implicações decorrentes do seu processo de discussão e elaboração. Esse estudo foi desenvolvido em uma escola que teve uma participação intensa em todas as etapas da CE e contou com o envolvimento de todos os segmentos da comunidade escolar nas atividades propostas pela escola. A autora demonstrou que os sujeitos que integram a unidade escolar "desejam participar, dialogar, comprometer-se e serem coerentes com seu fazer" (SARTURI, 2003, p. 310).

Entretanto, a tradicional indiferença perante a presença de pais, funcionários e alunos nas decisões da escola desencadeia nesses sujeitos uma noção de que, por estarem tão acostumados a não ser ouvidos, não têm nada a contribuir ou que suas opiniões não modificarão em nada as rotinas nesse espaço. Isso não significa que essas pessoas não se preocupem com a qualidade da educação ou que não tenham vontade de interagir nessas rotinas.

Como afirma Paro (2000a), as pessoas se preocupam sim com a qualidade da escola pública, o que não necessariamente pressupõe que tenham despertado para a importância de sua participação na gestão da escola. Especialmente nos momentos de elaboração dos projetos pedagógicos e regimentos escolares, os debates que poderiam ter sido desencadeados nas escolas poderiam contribuir para modificar as relações autoritárias e centralizadoras de algumas direções. Se esses documentos devem traduzir o perfil, a filosofia, os objetivos da escola, sua elaboração necessariamente pressupõe um conhecimento aprofundado da realidade, o que, por sua vez, não pode desprezar o envolvimento e a manifestação dos sujeitos que integram os segmentos das unidades escolares.

Uma visão de que os pais com menor escolaridade têm menos condições de participar das decisões no interior da escola esteve presente em alguns depoimentos neste estudo. A professora Anita, da Escola Parque Rosa, quando questionada sobre alterações na participação dos pais com a CE, não demonstrou muita disponibilidade para criar condições para que esses pais se sentissem em condições de participar. Para ela, as limitações dos pais já constituem por si sós um empecilho à participação. Quando questionada sobre esse fato, respondeu:

> Não, não houve [participação]. Até porque o pai, às vezes, até quando se depara com determinados assuntos, ele se sente sem condições, às vezes até de..., de alcance na participação, né? Muitos semianalfabetos, né, nível cultural muito baixo, então isso coloca entraves nesse sentido, né […]? É, e até se propõe, vem de boa vontade e tal. Mas ele não tem alcance, por exemplo, pra discutir, o aspecto de ordem pedagógica, por exemplo, de estrutura de um regimento escolar, ele não tem condições de contribuir pra isso, não se sente em condições, muito poucos...

Essa mesma professora reclamou da pouca participação dos pais nas decisões da escola. Entretanto, de acordo com o que expôs, os pais com baixo nível de escolaridade não têm condições de se fazer presentes nas instâncias consultivas e deliberativas da escola. Nessa perspectiva, o modo de ser dessas pessoas não possibilita que participem da decisão política. A escola pública, que deveria agregar essas pessoas de modo a permitir que se desenvolvessem, rotula-as como incapazes de participar de qualquer processo decisório, e justifica isso, como no caso recém-mostrado, por sua incapacidade para compreender determinados assuntos. Nas palavras da mesma professora:

> A gente provoca um encontro, né? Até porque foi permitido que a gente, envolvendo a comunidade, poderia registrar dia letivo, sem perda do dia letivo. Então, nós fizemos chamamento todos os dias, geral mesmo. Mas aí comparecem, nós temos hoje quase mil alunos, a gente tem de 20 a 30 pais participando.

De fato, para assegurar o envolvimento e a presença de pessoas que tiveram menos acesso ao acúmulo de bens culturais e que têm, normalmente, níveis mais baixos de escolaridade, é necessário ter o cuidado de criar estratégias para levá-las a compreender e a poder opinar sobre os temas e questões em debate. Suas limitações de entendimento não podem servir de justificativa para excluí-las dos debates ou para promover sua autoexclusão.

Paro (2000c, p. 76), ao analisar a visão da direção de uma escola pública sobre a participação de pais[9], nessas mesmas condições, afirma: "Partindo do princípio de que, se a alfabetização e a educação escolar são para instrumentalizar para a cidadania, não significa que o analfabeto ou o desescolarizado deva ser visto como alguém que não tem direito a ela".

Postura inversa à da professora Anita foi manifestada pelo professor Gustavo, da Escola Gilberto Alves, que identifica na participação dos pais um fator extremamente importante na qualificação do ensino:

> [...] as pessoas ainda têm uma visão de que a escola é algo de altos estudos, têm vergonha de colocar suas opiniões e tal. Mas têm pais assim, que são...,

---

9. Trata-se de uma pesquisa em que o autor estuda o papel da família no desempenho escolar do aluno e as atribuições da escola na promoção da família na melhoria desse desempenho.

os que participam e isso, eu acho interessante, e é bom que se registre. Tem gente até, bastante humilde, que vem e que discute e que quer discutir a escola, né? Eu acho isso muito positivo, né, no sentido que os pais tão preocupados realmente com os filhos e com a função da escola, né? Querem uma escola de qualidade pros filhos.

A postura conservadora da Escola Selma Moraes, já evidenciada anteriormente, reflete-se também na relação que a direção estabelece com o segmento dos pais, dificultando qualquer tipo de aproximação. Nas visitas para coleta de dados, percebeu-se que os pais são diariamente impedidos de entrar na escola. Mesmo nos dias frios e úmidos, devem permanecer do lado de fora da porta principal para aguardar a entrada e a saída dos filhos. Vale, ainda, ressaltar que os próprios pais não reivindicam esse acesso, pois foi possível presenciar várias situações em que eles, com o objetivo de entregar algum material ou dar recado para os filhos, apenas tocavam a campainha, sem entrar. Para os pais, parece absolutamente normal que sua "entrada" na escola ocorra apenas nos dias de reunião para entrega de boletim ou para participar de alguma festa.

Prevalece nessa escola a opinião de que os pais têm pouco a contribuir na educação escolar dos filhos. Parece que a participação desse segmento e o consequente maior conhecimento sobre as rotinas da escola representam uma ameaça à concentração de poder da direção. A professora Loiva, mesmo contrária a tal situação, acredita não ser interessante contrariar a postura de pessoas com tantos anos de magistério. A docente revelou também:

> [a participação dos pais] aqui na nossa escola, é mínima, mas também em função da direção. A pessoa é uma pessoa, assim, já mais antiga, que já teve cargos, assim, outras vezes. Então fica aquela coisa, ela decide, ela tem que tá vendo, que os pais começam a dar opinião demais, querem mandar mais que os professores, ela tem essa ideia. Então, por melhor que a gente receba os pais aqui, ele não se sente... Inclusive o nosso [representante no] conselho escolar, que é uma coisa muito importante, é o mesmo há 11 anos. É sempre a mesma pessoa, que também não é assim uma pessoa que venha e que traga ideias novas, não, ela vem, assina papéis, leva...

Diferentemente do que ocorre na Escola Selma Moraes, a receptividade aos pais, já tradicional na Escola Zulma Machado, parece ter-se intensificado com o processo desencadeado pela CE. De acordo com a funcionária Nívea:

> Eu acho que vieram mais, até pelo fato do chamamento que, que era a escola que você tem, é a escola que você quer ter, mais ou menos era isso aí, né? Então, eles parece, assim, que se sentiram mais à vontade. Também, não que antes as nossas portas não estivessem abertas, sempre teve, mas é aquilo que eu te disse, é uma maneira da pessoa se sentir, mais, mais livre pra bater na porta, né? Entendeste? Eu vejo assim, que eles participaram mais. Porque aqui os pais eles vêm assim, eles têm, isso já há muito tempo acontece assim...

A funcionária destacou na entrevista o caso de um pai que nunca aparecia na escola, mas com as atividades propiciadas pela CE passou a frequentá-la:

> Eu me lembro de uma coisa que foi muito marcante. Eu, como costumo abrir portão, abrir a porta, essas coisas assim, então eu conheço muito os pais. E havia um menino que já estava aqui na quarta série, que a nossa escola é de 1ª a 4ª série, e aquele pai nunca tinha vindo... E pra mim aquilo foi maravilhoso, porque eu vi aquele menino contente com o pai dele dentro da escola, pela primeira vez. Então, tá certo, é um pai, a constituinte não é feita de um pai, eu sei o valor que ela tem, o que eu quero te dizer, é assim, quero só dar um exemplo [...].

No depoimento de três mães dessa escola, o aspecto que mais se sobressaiu na avaliação das ações lá desenvolvidas foi justamente o das relações entre todos os segmentos da comunidade escolar, o que confirma a apreciação feita por Nívea. A mãe Janete afirmou estar muito satisfeita com as relações estabelecidas na escola. Na sua opinião, "os filhos se sentem valorizados porque os pais estão dentro da escola". Ressaltou que chega a faltar ao serviço para participar das atividades organizadas na escola. A mãe Laura, ao falar da receptividade aos pais na Escola Zulma Machado, lembrou que não podia passar da porta de entrada da escola onde a filha estudava antes, e para falar com um professor só agendando com antecedência. Laura avaliou que se sentia constrangida na outra escola "até se precisasse usar o banheiro", algo que não acontece na Escola Zulma Machado. Uma terceira mãe, Sandra, que participou ativamente da CE, afirmou que a escola procura criar condições para que os pais tomem parte de todos os projetos desenvolvidos. Para Sandra, a participação na CE foi algo muito positivo.

Para a professora Marlene, da Escola Júlio Dutra, a CE viabilizou uma participação mais sistemática dos pais nas decisões da escola. Embora longe de ter a presença maciça da família na escola, a professora considera positiva a resposta dos familiares ao chamamento da política pública:

> [Os pais] participaram, participaram bem, com participações interessantes, bem, se fazia até grupos de discussão e eles deixaram conclusões por escrito, tudo mais, mas foi bem interessante. Eu te digo, claro que numa escola de 2 mil alunos, era pra ter reuniões com 500, 600 pais, ou ter reuniões de..., diversas reuniões de pais porque a gente chamava uma reunião e tinha 80, 100 pais. E os que foram, assim, eles se interessavam, eles sabiam que os trabalhos, que tinham seguimento em outro mês, vinham de novo, sabiam que estavam discutindo...

Para o professor Darlan, da Escola Paulo Borges, a presença dos pais na escola é muito importante no acompanhamento do desenvolvimento dos filhos. Porém, o professor identificou dois aspectos que comprometeram essa participação. O primeiro, já salientado em outra escola, está relacionado à baixa escolaridade dos pais, o que dificulta seu entendimento sobre as rotinas da escola. O segundo refere-se à falta de tempo para comparecer às atividades realizadas na escola, já que os pais dedicam diariamente um elevado número de horas ao trabalho. O professor Darlan relatou:

> A aproximação da escola com a família? Ela aumentou, porque já existia. Agora, o que a gente pode observar no decorrer... É de que a família não tem uma preparação adequada pra entender quanto é importante essa presença constante da família. A presença da família não só para que o professor reclame do comportamento, do aproveitamento e de tantas outras atividades. A participação da família no sentido de saber como o filho está, como é que está

sendo o desenvolvimento do processo ensino-aprendizagem, se realmente tá havendo assimilação ou se o aluno tá tendo dificuldade. Isso ainda persiste. [...] Outra também que a gente não pode deixar de considerar é que muitos trabalham, trabalham e trabalham muito para sobreviver. Então, muitos aqui dos nossos pais, eles trabalham em granja pra fora, as mães trabalham fora em casa de família e outras precisam ficar com os filhos menores em casa. Então, tudo isso aí vai somando uma série de dificuldades dentro da visita mais presente na escola.

Da mesma forma que o professor Darlan, a professora Adriana, da Escola Parque Rosa, salientou que a ausência das mães na escola está diretamente relacionada às condições econômicas e de organização familiar. Destacou que na sua escola é muito fácil encontrar um aluno que não tem ou que não conhece o pai. Nesse caso, cabe à mulher garantir a subsistência da família e arcar com todos os cuidados com os filhos. A professora Adriana atribui a esse acúmulo de atividades a ausência de grande parte das mães na escola.

> [...] em todas as escolas existe muita dificuldade em trazer a comunidade pra dentro da escola. Eu penso que isso tem muito a ver com o novo modelo de sociedade que se criou, a saída da mulher de dentro de casa hoje, pra ajudar no orçamento familiar. E muitas delas, assumindo integralmente e sozinhas a educação dos filhos. Compromete demais o envolvimento delas com a escola. Em função de trabalharem, quando chegam em casa [...] cansadas, ainda têm que pensar que todo aquele trabalho, que ela dispôs às vezes na casa de uma outra família, ela tem a dela ainda pra fazer e o filho pra atender, né?

O fato de as rotinas de trabalho dos pais pesarem em seu grau de participação na escola, já salientado nos últimos depoimentos, também precisa ser considerado, pois as condições de sobrevivência das pessoas das camadas menos favorecidas economicamente foram apontadas como um fator limitador do envolvimento na escola.

Para algumas dessas pessoas, o futuro parece estar restrito à possibilidade de garantir a própria sobrevivência. Nesse contexto, os projetos e as perspectivas de vida são bastante limitados e a escola parece não ter muito sentido para a vida dessas pessoas. A professora Adriana, que tem na escola muitos alunos pobres, relatou:

> [...] a criança fica muito sem orientação, a criança permanece na rua, sob a influência de colegas. E acho que houve desemprego também, outra sensação que há desemprego, parece que coloca assim, um nível de imobilismo na família, onde a mãe já não se importa com mais nada, nem com o próprio filho que tá ali do lado, porque, desde que falta comida dentro de casa, vai faltando as coisas básicas que o ser humano precisa... Qual é a motivação que ela vai ter pra vida em si, né? Ela só sabe que o filho vai incomodar, porque vai querer comida e ela não vai ter, pelo menos ele vindo na escola, ela vai ter isso garantido pra ele, e muitas vezes a escola..., a família, tá vendo a escola como essa opção... Porque a escola tá assumindo o compromisso que deveria ser de ordem familiar, né? E a escola hoje então praticamente resolve quase que, conduz praticamente sozinha a educação da criança.

Em seu depoimento, o professor Gustavo, da Escola Gilberto Alves, também relacionou as precárias condições de vida ao pouco envolvimento da família com a escola:

> [Os pais] poucos vêm..., mas também tem uma outra questão, nós chegamos inclusive a ir na casa dos pais, pra tentar mobilizar... Até fui eu que fiz esse trabalho. Peguei meu carro e fui na casa de alguns pais. E isso também foi uma coisa extremamente importante pra mim... Porque me colocou diante de uma realidade que eu não tinha vivenciado, né? Claro, a gente supõe, tá lidando com uma comunidade..., tu tens ideia de onde eles vêm. Mas... O ir no lugar, ver realmente de onde essas pessoas vêm... pra mim, de alguma forma justifica a ausência dos pais. Porque tem gente que realmente vem dum grotão, assim. E pessoas, às vezes, nem ônibus têm na porta, pra vir e tal. E o pessoal tem muito medo de assalto... Ter que sair à noite, então é complicado... Às vezes a gente acha que os pais não vêm à escola, mas há uma grande dificuldade. Eles não têm dinheiro pra ônibus, outros, né, não têm realmente como vir.

A influência da postura da direção da escola na participação dos pais; o preconceito com o nível de escolaridade e a condição socioeconômica das famílias, e outros aspectos contidos nas análises desta pesquisa precisam ser considerados no seu conjunto para permitir o entendimento dos mecanismos e das circunstâncias que facilitaram ou dificultaram o envolvimento das famílias na CE.

Em estudo sobre a participação dos pais na escola pública portuguesa, Virgínio Isidro Martins de Sá (2003) adota um quadro classificatório[10] para os diferentes tipos de papéis assumidos pelos pais na escola: o pai colaborador, o pai consumidor, o pai independente, o pai isolado e o pai participante. De acordo com Sá, o pai colaborador é aquele que se envolve em atividades determinadas pela escola (entre elas o auxílio à aprendizagem dos filhos), mas que não representa uma ameaça às tradicionais relações de poder. É o que o autor define como "uma relação de subordinação dos pais às diretrizes da escola" (SÁ, 2003, p. 155). O pai como consumidor é aquele que aparentemente conquistou novos direitos[11], mas eles são restritos no que diz respeito aos processos internos ou ao questionamento das políticas educativas. Os pais independentes são aqueles que mantêm reduzido contato com a escola, seja porque decidiram não participar ou porque (por motivos diversos) não podem participar. A categoria dos pais isolados está, de certa forma, relacionada à anterior, ou seja, são aqueles pais "que não participam porque acham que não *devem* participar" (SÁ, 2003, p. 162, grifo do autor). A última categoria, a dos pais participantes, representa, segundo Sá, "a alternativa com maior potencial para o futuro desenvolvimento da escola enquanto organização democrática" (SÁ, 2003, p. 165).

Embora esse autor utilize referências distintas e analise uma realidade bem diferente da brasileira, na qual a oferta, por exemplo, em muitos casos, é maior que a demanda por escolas, pode-se usar a categorização criada por ele para indicar que, de acordo com as informações obtidas nas diferentes escolas, prevalece um perfil do pai independente, ou seja, aquele que, por várias circunstâncias, não participa das atividades na escola. A presença do pai colaborador também foi identificada naquelas escolas menos abertas

---

10. Sá apoia-se num estudo desenvolvido por: VICENT, C. *Parents and teachers*. Power and participation. London: Falmer Press, 1996.

11. Um desses direitos assinalados pelo autor refere-se à possibilidade da escolha da escola pelos pais.

ao debate e ao diálogo com a comunidade. Nesse caso, a opinião da família não modifica as relações de poder na escola. E, para encerrar, viu-se que em algumas escolas o incentivo tornou alguns pais participantes, o que resultou em ações coletivas e experiências mais democráticas.

5.2 As bases necessárias à participação

5.2.1 Os investimentos que asseguraram a participação

Ao longo do estudo, vem-se tentando afirmar a importância da reflexão, do diálogo e do debate nas relações estabelecidas no interior da escola como forma de produzir uma educação comprometida com uma visão de mundo menos excludente e que atenda às demandas da maior parte da população. Entretanto, essa autonomia para definir sua identidade não pode ser confundida com responsabilidade para angariar fundos para a manutenção da escola.

É importante chamar a atenção para esse fato porque nos últimos anos tem-se assistido à incorporação de termos tradicionalmente usados por educadores progressistas nos discursos dos defensores dos projetos neoliberais, o que provoca uma grande confusão entre aqueles que não são capazes de fazer a distinção no uso de expressões como "autonomia", "participação", "parceria" em um e em outro discurso[12].

A apropriação desses termos tem servido para desconfigurar o caráter público e retirar a responsabilidade do Estado com a educação da população. Os chamados parceiros ou amigos são incentivados a participar das rotinas da escola como aliados para prover as camadas populares de uma educação de melhor qualidade.

Essas "ajudas" acabam sendo aceitas pelas escolas como forma de compensar a ausência do Estado. Sem perceber a lógica perversa de penetração

---

12. Como já mencionado anteriormente, a expressão do projeto neoliberal na educação no Rio Grande do Sul ocorreu na gestão do governador Antonio Britto (1995-1998).

de interesses privados nas escolas, grande parte das pessoas aprova essas iniciativas. Por outro lado, um posicionamento contrário nessas situações gera, muitas vezes, a indignação dos sujeitos nas unidades escolares.

Para elucidar essa situação, vale lembrar o caso de uma escola situada no município de Bento Gonçalves que, no ano de 2001, foi contemplada por uma empresa privada com uma reforma no prédio, material escolar e uniformes. A SE rechaçou essa atitude na escola, baseada no argumento de que as definições da CE não indicavam esse tipo de ação. A objeção da SE em relação às doações desencadeou uma polêmica no Rio Grande do Sul, amplamente divulgada nos meios de comunicação. A postura da SE foi, nesses debates, considerada inadequada, pois sugeria que os alunos deveriam ser privados daquilo que o Estado não oferecia. Com o título "Ajuda vetada" (Domingues, 2001), foi publicada uma matéria em um jornal gaúcho, criticando a ação do governo do estado. O título da matéria sintetiza o "tom" conferido ao debate.

A educação, ao invés de ser tratada como um direito fundamental de todos e, dessa forma, ser cobrada do Estado a garantia desse direito, passa nessa perspectiva a depender da ajuda privada. Por outro lado, o tratamento dispensado tanto à educação quanto a outras áreas do setor social assume uma configuração de despesa ou gasto público. O equívoco desse entendimento está no fato de não alcançar a compreensão de que todo o recurso "investido" na educação de uma população resulta em benefícios para a sociedade.

Para ilustrar essa concepção, recorre-se mais uma vez a uma matéria veiculada no jornal sobre a conferência estadual da CE. O texto afirmava que "o contribuinte gaúcho financiará encontro de 3,5 mil professores em Porto Alegre, que discutirão a Constituinte Escolar" (Barrionuevo, 2000a).

Nesse caso, o tratamento dado à matéria leva a imaginar que, ao subsidiar indiretamente a participação de professores num evento, o contribuinte não estaria investindo na qualificação daqueles que são responsáveis diretos pela educação da maior parte da população do estado. Vale ressaltar também o equívoco de mencionar somente o investimento na participação de professores, já que pais, alunos, funcionários e representantes de instituições também tiveram suas despesas cobertas pelo governo do estado para participar da conferência.

Uma das reclamações comuns entre os trabalhadores públicos da área educacional é a de que os governos, sucessivamente, não oferecem condições que assegurem a formação continuada. Embora no discurso e em alguns documentos os governos destaquem a importância do investimento permanente na formação do educador, essas ideias, na maior parte das vezes, não ultrapassam a mera declaração de intenções.

Para executar o projeto da CE foi necessário investir[13] na elaboração, impressão, distribuição e divulgação de material, bem como na contratação de palestrantes e conferencistas. Também foi necessário fornecer hospedagem, alimentação e transporte aos participantes em algumas etapas da CE.

Um ponto destacado por Avritzer (2002) em suas análises sobre uma política participativa (no caso o OP), apresentadas no capítulo 2 deste livro, pode ser retomado neste momento e refere-se à relevância da capacidade financeira de um governo para realizar políticas participativas. Ou seja, a falta de suporte financeiro para realizar aquilo que foi decidido pode provocar uma falta de credibilidade dos participantes e inviabilizar a implementação de outro projeto com as mesmas características, dado o desapontamento das pessoas com a falta de sequência para tudo aquilo que foi decidido.

Pode-se dizer que houve uma preocupação dos gestores em criar condições para que houvesse uma efetiva participação das escolas na CE. Percebeu-se, durante a coleta de dados, que esse foi um aspecto positivo do processo. Detectou-se também que a estratégia utilizada pelos órgãos do governo para divulgar a CE foi eficiente, pois nas primeiras visitas às escolas já se percebia que as pessoas sabiam do que se tratava. Esse diagnóstico é válido para os professores e para os funcionários, porque nos segmentos dos pais e dos alunos era fácil encontrar pessoas que não sabiam o que era a CE.

---

13. Tentou-se, sem sucesso, ao longo da coleta de dados, apurar os valores gastos com a CE.

Para a professora Elza, da Escola Miguel Ramos, esse investimento constituiu um desperdício do dinheiro público. Na sua opinião, o investimento não reverte em melhoria para a escola. A professora chega até a dizer que alguns colegas apenas utilizaram os recursos para passear.

> Eu particularmente não vi nada de novidade naquilo que tava ali. Achei até, assim, que fizeram um gasto muito grande, porque patrocinavam passagem, hospedagem, almoço, tudo. Pra discutir coisas, que, que era realmente do dia-a-dia, não tinha nada de novidade. Pra ver se iam colocar ensino religioso ou se não iam, por exemplo... [...] Eu vejo assim... Nem tavam sabendo bem pra onde tavam indo, pra que tavam indo, simplesmente que era um passeio. Porque tinham passagem paga, tinham alimentação, então era pra fazer um passeio...

Parece que essa professora teve uma grande dificuldade para compreender a CE. Primeiro, por expressar um olhar sobre a participação dos colegas no processo como se estivessem apenas se aproveitando da oportunidade para ficar fora da escola e passear. E segundo, por não perceber que essas "coisas do dia-a-dia" podem fornecer um conjunto de elementos para reflexão e análise sobre as práticas dos educadores e dos alunos na escola.

Da mesma forma que a professora Elza, a professora Telma, da Escola Manoel Quadros, também reprovou a estratégia adotada pelo governo para propiciar a participação na CE. Quando fez as críticas, a professora sussurrou a fim de evitar a gravação de seu depoimento. Porém, no diário de campo registrou-se o seu comentário negativo sobre o fato de o almoço, a hospedagem e todas as despesas, durante o processo da CE, terem sido pagas pelo governo do estado.

Na realidade, é o grupo de pessoas citadas no capítulo anterior que chega a fazer uma análise totalmente invertida dos propósitos da política. Embora essas opiniões tenham constituído minoria no estudo, não há como desprezá-las, pois revelam um tipo de visão presente na escola e traduzem, de certo modo, a disputa de forças que se estabeleceu nesse espaço.

É preciso ressaltar aqui que, se durante o processo houve toda essa preocupação dos gestores em garantir os meios para a participação, foi identificado nas escolas durante e após a definição dos projetos pedagógicos e dos regimentos escolares um certo isolamento. Em duas escolas que tiveram uma participação mais intensa na CE isso foi mais facilmente percebido, devido às reclamações dos entrevistados. Isso ocorreu na Escola Paulo Borges e na Escola Zulma Machado. Embora os entrevistados dessas escolas reconheçam um esforço da CRE para assegurar algumas condições para a implementação das modificações definidas a partir do envolvimento na CE, manifestaram insatisfação com a ausência de espaços para debates e discussões após a realização da conferência estadual.

5.2.2 Um clima favorável ou não à participação: o papel das direções e do corpo docente

É importante fazer uma referência ao papel dos diretores de escola e dos professores na criação de um clima favorável ou não à implementação da CE, pois percebeu-se que a opinião e a postura desses trabalhadores acabaram influenciando as ações dos integrantes dos demais segmentos da comunidade escolar na adesão ou não ao processo. Esses sujeitos, em especial os diretores, tradicionalmente assumem uma posição centralizadora nas decisões escolares. Esse comportamento foi percebido no estudo, principalmente a partir da decisão do sindicato de boicotar o processo da CE.

A opção dos docentes por seguir a orientação do sindicato influenciou a participação dos outros segmentos na CE. Nesse caso, mesmo naquelas escolas que já tinham o processo encaminhado, os outros segmentos da comunidade não foram capazes de dar prosseguimento à CE após a decisão dos educadores em seguir a orientação do Cpers. Evidenciou-se claramente esse quadro em duas escolas investigadas: na Escola Júlio Dutra e na Escola Gilberto Alves. No caso de ambas, percebeu-se que houve uma forte influência do corpo docente, tanto para despertar na comunidade o interesse pelo processo quanto para mostrar-lhe a necessidade de interromper a participação.

Na Escola Júlio Dutra, a professora Marlene admitiu que o impacto da decisão dos professores influenciou a participação dos demais segmentos:

Acredito que como tava todo mundo entusiasmado nessa assim de..., de início de governo, de propostas novas, né? Todo mundo muito disposto a conversar. Depois, como a escola, como um todo... Os professores, a direção não mais puxou, é lógico que também houve um arrefecimento total dessa participação, né?

Entretanto, em outras escolas percebeu-se que, independentemente da decisão do Cpers, a direção e o corpo docente não consideraram importante o processo da CE e, desde o início, não criaram estratégias para despertar na comunidade o interesse pela política. Esse foi o caso, por exemplo, da Escola Selma Moraes, em que se percebeu pouca disposição para qualquer tipo de mudança, certa acomodação dos educadores e resistência às alterações nas rotinas da escola. Durante a entrevista, a professora Loiva destacou o papel da direção dessa escola na ausência de envolvimento da comunidade na CE: "Nunca se perguntou se alguém queria ir, ou fez uma reunião pra mostrar a importância do que seria o trabalho. Por isso que eu te digo, a direção da escola que tinha que tá envolvida nisso aí".

A situação encontrada na Escola Selma Moraes parece mais complicada que nas Escolas Júlio Dutra e Gilberto Alves. Isso porque, nestas, pelo menos todos os segmentos tiveram acesso à proposta que estava sendo apresentada pelo governo do estado, muito embora não tenham sido capazes de dar continuidade a ela sem a direção e os professores. Naquela, não houve sequer a divulgação da intenção do governo, eliminando a possibilidade de todos os segmentos optarem se queriam ou não participar da CE ou ao menos conhecê-la.

Um aspecto para o qual Avritzer (2002) também chama a atenção nas suas análises sobre o OP refere-se à *vontade política da administração*. Ou seja, o sucesso, tanto na implementação de um processo participativo quanto na execução daquilo que foi decidido, depende, em parte, da postura assumida por aqueles que ocupam cargos no governo. Embora os diretores das escolas estaduais do Rio Grande do Sul não ocupem cargos de confiança, já que são eleitos para essas funções, pode-se transferir essa interpretação do autor para este momento do estudo.

Assim, pode-se afirmar que a pouca vontade dos gestores, independentemente dos seus motivos, comprometeu significativamente a implementação do processo nas escolas. Mas, por outro lado, pode-se apresentar a seguinte dúvida: por que os outros segmentos das unidades escolares não deram prosseguimento ao processo da CE? A análise dos dados levantados permitiu chegar a alguns indicativos para essa questão. Primeiro, a concepção de que foram os docentes que tradicionalmente assumiram as funções decisórias no interior da escola. Segundo, a ideia de que a ausência dos docentes poderia comprometer a qualidade das discussões. Terceiro, a visão de que os outros segmentos não seriam capazes de se organizar sem os docentes. Quarto, a percepção de que poderia parecer falta de respeito ou de consideração com os professores que decidiram não participar do processo. De fato, o que está por trás de todas essas ideias são determinadas relações de poder construídas no interior da escola, em que os professores representam as autoridades e os detentores do conhecimento, como já discutido no início deste capítulo.

Se nas três escolas citadas a direção e os professores tiveram papel significativo na pouca adesão dos outros segmentos à CE, encontrou-se exatamente o oposto na Escola Zulma Machado. Nesta, o entendimento da direção de que o envolvimento no processo poderia trazer benefícios para a escola levou a assumir uma postura de convencimento dos demais segmentos sobre a importância da participação. Ao falar dos bons resultados obtidos pela escola na CE, a professora Elisa deixou claro que a responsabilidade pelo sucesso foi da equipe da direção.

> Porque teve uma pessoa que fez essa ligação, né? Começou com a Carla que trabalhava com a diretora, que na época era a Aline. A Carla saiu, eu fiquei no lugar com a Aline e eu continuei esse processo. Eu, às vezes, levava o material para casa e fazia o levantamento, a organização de toda a documentação foi feita por mim... E eu me lembro que a Aline lutou muito para concluir esse trabalho.

Um outro ponto a ressaltar é que nessa escola a direção transformou o caráter voluntário do processo em obrigação. Evidentemente, isso valia para os trabalhadores. Logo que perceberam que as pessoas estavam convencidas da importância da CE, abandonaram o recurso coercitivo e passaram a convidar os sujeitos para as atividades. De acordo com a professora Elisa:

A direção insistia... Nós temos um caderninho que é o caderno das convocações. Então o professor era convocado, não era convidado, isso na primeira etapa. Na segunda etapa já passou a ser convite, aí a Carla começou a dizer "vem quem quer". Mas, aí imagina, né? Teve uma professora que ficou fora, mas aí ela se sentia excluída porque aí o grupo começou a vir porque queria e ela não participava, não sabia de nada do que tava acontecendo, do que era falado, não era, no fim, ela veio.

A influência aqui detectada das direções das escolas e dos professores na adesão dos demais segmentos à CE serve para mostrar o quanto as definições e as ações são pouco compartilhadas entre os segmentos nas unidades escolares. Essa dependência em relação aos professores propicia o reforço das relações de submissão no interior da escola, em que apenas uma parte dos sujeitos consegue fazer valer sua vontade.

5.3 Da participação na CE a possíveis mudanças e avanços

5.3.1 Alterações na organização escolar: entre o avanço e o conservadorismo

Como já foi mencionado neste capítulo, havia uma grande expectativa dos educadores no Rio Grande do Sul sobre o programa que seria implementado na educação gaúcha a partir de 1999, com a gestão petista. As experiências da administração pública desenvolvidas no município de Porto Alegre, que naquele momento já tinham quase dez anos, acirravam as expectativas para o que seria desenvolvido em nível estadual. O depoimento da professora Marlene, da Escola Júlio Dutra, confirma esse fato e salienta os significados das mudanças curriculares promovidas naquela rede de ensino:

Ah não, a receptividade da escola no início foi assim, nós acreditávamos que, como em todo o magistério, né? Nós estávamos louquinhos pra que, se começasse assim..., curiosos sempre, assim... com o exemplo de Porto Alegre, a gente entende que deu um pulo, quando houve essa educação por ciclos, quando houve toda essa mudança, né? Se vê as notícias sobre evasão, sobre repetência e tudo mais. Eu acho que todo mundo tinha uma grande expectativa e uma grande ansiedade mesmo de que se começasse alguma coisa nesse sentido, em todo o estado.

As referências teóricas do material sistematizado pela SE para a CE induziam claramente a uma superação da estrutura seriada do ensino nas escolas públicas. Entretanto, a partir da discussão e da reflexão sobre sua realidade, as escolas tinham autonomia para elaborar seus regimentos e, consequentemente, para optar ou não por mudanças na sua organização.

Poucas escolas aceitaram tal desafio. Em um universo de mais de 3 mil escolas no Rio Grande do Sul, apenas 62 optaram por mudanças substanciais. A organização seriada, tanto no ensino fundamental quanto no ensino médio, ainda prevalece no estado. Na região onde se desenvolveu este estudo, apenas uma escola decidiu pela extinção da seriação. Embora a preocupação com a retenção de alunos e com os processos de avaliação tenha adquirido destaque em vários momentos da CE[14], parece que isso não foi suficiente para promover uma ruptura com um esquema tradicional de ensino na maior parte das escolas do estado.

Desde a década de 1950, os elevados índices de retenção de alunos, especialmente nas primeiras séries do ensino fundamental, vêm constituindo causa de preocupação entre os educadores brasileiros, tanto pelo prejuízo à organização e ao funcionamento da educação quanto pelos efeitos negativos na aprendizagem dos alunos e suas consequências no âmbito pessoal, familiar e social. A constatação da grande reprovação de estudantes nas escolas públicas do país fez emergir o debate sobre o tema da promoção continuada (Barreto; Mitrulis, 2001).

Nas décadas de 1960 e 1970, alguns estados do país flexibilizaram a organização curricular de suas redes de escolas e substituíram a estrutura das séries por níveis de ensino. Essas mudanças atingiriam fundamentalmente os primeiros anos do processo de escolarização. De acordo com Elba

---

14. Dois cadernos temáticos tratavam diretamente dessa questão. Esse debate também estava indiretamente presente em outros cadernos temáticos.

Barreto e Eleny Mitrulis (2001), os processos de progressão continuada[15] colocados em prática até esse período inspiravam-se nos sistemas adotados nos Estados Unidos e na Inglaterra, cujas referências curriculares tinham forte influência comportamentalista e uma concepção linear e cumulativa do conhecimento.

> Nesses países a progressão escolar nos grupos de idade homogênea foi historicamente considerada, antes de tudo, como uma progressão social a que todos os indivíduos, indiscriminadamente, tinham direito mediante a frequência às aulas, independentemente das diferenças de aproveitamento que apresentassem. (BARRETO; MITRULIS, 2001, p. 110)

A partir da década de 1980, com a abertura democrática e com todas as transformações que ocorreram no plano político, social e cultural, aflorou no Brasil o debate sobre a função social da escola. Os elevados índices de reprovação e evasão ainda registrados nas escolas públicas alertavam para a necessária revisão de um conjunto de procedimentos adotados pelos governos no setor educacional, com destaque para o papel da avaliação.

Nos debates no meio educacional, a tradicional ideia do domínio de uma determinada matéria como requisito para progredir dentro do sistema de ensino deu lugar a formas diferenciadas de conceber a organização das atividades escolares e o trato com o conhecimento. Nesse sentido,

> a concepção do conhecimento em rede contribuiu para subverter a hierarquia dos tempos escolares, que havia servido de álibi para a reprovação, e pretendeu inaugurar um período de grande liberdade da escola e dos professores para construir e desconstruir o currículo. (BARRETO; MITRULIS, 2001, p. 116)

Seguindo a matriz de interpretação da escola como espaço de formação do cidadão que vai muito além da transmissão de conhecimentos e técnicas, algumas administrações públicas experimentaram em suas redes mudanças substanciais na organização curricular. No início dos anos 1990, nas cidades

---

15. Uma análise detalhada dos processos de progressão continuada defendidos por educadores e implementados em algumas cidades e estados desde a década de 1950 pode ser encontrada em Barreto e Mitrulis (2001).

de São Paulo, Belo Horizonte, Porto Alegre, entre outras, determinou-se que as escolas substituíssem a estrutura seriada de ensino pelos ciclos. Em linhas gerais, esses novos projetos educacionais tinham em comum o fim da repetência entre um ano e outro do processo de escolarização e o agrupamento dos alunos por faixa etária. Ao final de cada ciclo, a partir de uma avaliação do desenvolvimento do aluno, poderia haver a repetição do último ano do ciclo.

O direito de todos de permanecer na escola e progredir dentro da estrutura curricular sem o rótulo do fracasso pessoal confere aos ciclos uma dimensão claramente democrática. Essa flexibilidade no processo de ensino repercute no plano pedagógico (uma escola menos centrada nos conteúdos), no plano cultural (a escola como pólo de valorização da cultura) e no plano cognitivo (uma escola preocupada com a história de vida e com as vivências de cada um), resultando em uma configuração de escola mais inclusiva (Barreto; Mitrulis, 2001).

Diferentemente das administrações anteriormente exemplificadas, nas quais a implementação dos ciclos foi uma determinação das secretarias de educação, na gestão aqui analisada não houve nenhuma imposição no que tange à organização dos currículos. Diante do fato de um percentual tão pequeno (menos de 5%) de escolas terem escolhido romper com a estrutura seriada de ensino, vale aqui problematizar a questão da opção ou não das secretarias de educação de indicar às escolas a adoção de uma estrutura curricular menos excludente e seletiva.

É necessário aqui lembrar que a participação na CE era opcional. Apesar do esforço da SE em convencer as escolas a participar do processo, percebeu-se que a adesão foi parcial e com níveis diferentes de envolvimento. Esse registro é importante porque, se entre as escolas que participaram ativamente do processo e examinaram sua função na sociedade foram raras as que optaram por mudanças mais significativas em suas estruturas, o que dizer daquelas que tiveram pouco ou nenhum envolvimento?

Assim, embora todo o material organizado pela SE apontasse para a superação de uma estrutura de ensino excludente e competitiva, todas as opções de mudança foram deixadas para as escolas. Na realidade, tudo ficou sob a responsabilidade das escolas, desde a participação nas diferentes etapas da CE à decisão por mudanças mais significativas nos programas de ensino.

Do ponto de vista de quem foi governo, a opção por não impor os ciclos deve-se a uma avaliação de que essa constitui uma alternativa importante para a educação, porém tem de contar com o apoio daqueles sujeitos que integram a comunidade escolar. De acordo com Lucia Camini:

> [...] nós avaliamos com a equipe das coordenadorias como nós encaminharíamos essa questão. Então, nós decidimos que por se tratar de uma questão tão complexa, numa rede como a nossa, nós não partiríamos imediatamente pra colocar os ciclos como uma alternativa imediata. Nós criaríamos as condições pra que as escolas e as comunidades conhecessem as diferentes propostas que nós temos. E que, lá no limite quando eles construíssem o seu projeto político-pedagógico, e se a escola percebesse e se tivesse acordo construído na comunidade, [...] nós estaríamos dando todo o suporte. [...] E foi por isso que nós tivemos 62 escolas que evoluíram pra ciclo. Mas [foi] uma decisão amadurecida, consciente e portanto qualificada. Porque nós sabemos que você mudar radicalmente, [...] num primeiro momento, [significa] ter que tirar tudo do lugar, e aí se não tiver acordo..., logo ali na frente ela pode "fazer água", ou virar contra quem a propõe. Então, nós entendemos que é uma alternativa importante, mas ela tem que ser construída e ela tem que ter o compromisso daqueles que se encontram envolvidos.

É evidente que qualquer mudança na escola precisa contar com o compromisso dos segmentos que a compõem. No caso dos ciclos, implica romper com uma determinada concepção de ensino alicerçada em notas e pareceres para uma valorização do conhecimento e para uma busca permanente do aprendizado. No livro *Reprovação escolar: renúncia à educação,* Paro (2001b) mostra como há na sociedade um apego à reprovação que não resulta de uma causa isolada, mas de um conjunto de fatores de naturezas diversas. Entre os educadores isso não é diferente; mesmo entre aqueles que apresentam um discurso progressista, a dificuldade para eliminar a reprovação da escola está presente. O autor utiliza quatro grupos de determinantes (socioculturais, psicobiográficos, institucionais e didático-pedagógicos) para explicar por que, mesmo em uma escola que já está organizada em ciclos, há tanta resistência à promoção automática.

Isso de certa forma ajuda a entender por que tão poucas escolas, ao ter a oportunidade de adotar um ensino mais democrático, romperam com a estrutura seriada do ensino durante o processo da CE. Talvez tenha faltado à SE promover mecanismos que assegurassem maior aceitação dos ciclos e ações mais consistentes sobre a necessidade de uma revisão nos critérios de avaliação.

Para assegurar o compromisso dos segmentos que integram as unidades escolares com uma educação inclusiva, é necessário convencê-los dos efeitos nefastos da reprovação na vida do educando. É preciso refletir sobre questões como: que valores, que conceitos levará da escola um sujeito que foi constantemente rotulado como incapaz de avançar e acompanhar seus colegas? O que de positivo esse tipo de ação agregará a sua personalidade em formação? Que percepção terá esse sujeito da própria escola?

De acordo com Paro (2001b, p. 77), faz-se necessário implementar políticas com o propósito de suprimir a reprovação do interior da escola, que devem ser introduzidas

> de forma democrática e acompanhadas de processos de conscientização a respeito de sua justeza e necessidade. Mas é imperioso também prever algum tipo de iniciativa que enseje aos atores envolvidos, especialmente educadores, refletirem sobre crenças e modificarem hábitos e condutas incrustados há muito tempo na maneira de ser e de agir de cada um.

Sem dúvida, a preocupação com a reprovação estava presente entre os gestores e nos documentos por eles organizados; porém, sua supressão do cotidiano das escolas não era uma meta a ser alcançada. Na análise dos depoimentos daqueles que eram integrantes do governo, parecia haver um certo receio do impacto, na opinião pública, de uma decisão mais radical sobre a organização curricular nas escolas. Na fala já citada de Lucia Camini, transparece a ideia de que a opção pelos ciclos "poderia não resultar em mudanças significativas na escola ou se voltar contra quem propõe". Parece que, ao deixar tal opção para as escolas, a responsabilidade sobre as consequências da decisão tomada recairia sobre a própria escola e não sobre o governo.

Se a opção da SE durante a gestão Olívio Dutra tivesse sido a de determinar às escolas a eliminação da reprovação, provavelmente haveria muita repercussão na grande imprensa no estado. Isso talvez não resultasse em algo positivo para a popularidade da gestão aqui em análise e, ainda, dificultasse a implementação de outros projetos, dada a imagem negativa que poderia ser construída sobre as ações dessa gestão na esfera educacional. Embora seja apenas uma suspeita, não afirmada ao longo da coleta de dados, acredita-se que esse pressuposto foi levado em consideração.

Ao analisar os quatro anos da gestão, a professora Lucia Camini avalia como positiva a decisão de não impor os ciclos, pois, na sua opinião, as escolas que os implementaram foram efetivamente aquelas que se dispuseram a mudar suas ações: "Então, essa foi uma decisão acertada da secretaria [...] porque nós vimos e sabemos que tem limites nos ciclos onde a Secretaria da Educação, mesmo se tratando do âmbito de uma prefeitura, não respeitou esse processo. Aí acontece que você tem um ciclo de fachada". Fica claro nesse depoimento que a escolha da promoção automática não tem um valor em si, depende de um conjunto de medidas.

Ao analisar os motivos que impediram um maior número de escolas de optar pelos ciclos, a professora Lucia Camini lembrou o quanto é difícil mostrar aos pais a importância de uma avaliação processual. Afinal, vive-se em uma sociedade que exclui o tempo todo. Na sua opinião, para os pais, quanto mais reprova, melhor é o professor, e quanto mais disciplina exige, melhor é a escola.

> [...] essa é uma questão ainda extremamente polêmica [...] porque toda a sociedade é competitiva, ela trabalha no processo de escolha dos melhores [...], e os pais, mesmo que não tenham um grau de escolaridade mais elevado, eles ainda tentam reafirmar que quanto mais exigente o professor é e quanto mais é cobrado o conteúdo, pura e simplesmente, numa avaliação que muitas vezes não é de processo, melhor é o professor. Então, tivemos que trabalhar com uma certa desmistificação do processo, pra que os pais compreendessem que uma avaliação [...] compreende todos os processos, e não apenas uma prova, um método que o professor utiliza [...].

Para a professora Lucia Camini, essa postura dos pais não é diferente no interior da escola. As escolas, na maior parte das vezes, incentivam a competição entre seus alunos, transformando a avaliação em um processo que serve para classificar e rotular alunos como bons ou maus. Além de estabelecer tal distinção, confere uma punição àqueles que enquadrou como piores e uma premiação para aqueles que classificou como melhores.

> [...] por mais que a constituinte tenha dado conta disso, mas tu não muda uma cultura de uma hora para outra. E as próprias direções das escolas, elas trabalham muito reforçando isso, na maioria dos casos porque elas querem ver a sua escola diante das outras, como aquela que de fato tem a disciplina e portanto os alunos têm que tá competindo entre eles pra obter as melhores notas. Os professores trabalham também nessa direção. E os pais, vão [...] [se] adaptando a isso.

Para a professora, esse debate está na essência da qualificação do ensino. Não é possível discordar de sua opinião, uma vez que, de fato, pensar uma outra organização curricular exige romper com um conjunto de conceitos já estabelecidos na sociedade e incorporados tanto pelos educadores quanto pelos pais. Isso significa recorrer a uma visão de ensino menos competitiva e excludente, cujos mecanismos não neguem a condição de sujeito do educando.

Entretanto, se o caráter da educação predominantemente aceito na sociedade acentua a importância da reprovação como valor intrínseco ao processo educativo, não se pode supor que, durante o processo da CE, as escolas "espontaneamente" optariam por adotar a promoção automática em seus projetos pedagógicos. Somente uma concepção mais avançada de educação de um coletivo de educadores permite que sejam criadas as condições em uma escola para uma opção espontânea dessa natureza. É justamente por essa concepção de educação não estar presente na maior parte das escolas brasileiras que, no caso do Rio Grande do Sul, apenas 62 adotaram os ciclos em suas organizações.

De acordo com Paro (2001b, p. 61),

> se, por um lado, não se deve acreditar na eficácia e mesmo na legitimidade de se combater a tendência à reprovação "por decreto", como imposição — pois só como componente de uma visão avançada de educação, que nega

a submissão e adota a motivação intrínseca no ensino, ela pode se firmar —, por outro lado, não é possível, nem lógico, acreditar que qualquer concepção avançada de educação possa omitir o cuidado com a superação da negação do sujeito que a prática da reprovação encerra.

Se, conforme afirmou a gestora Lucia Camini, prevalece na sociedade uma visão de educação punitiva, classificatória e competitiva, não teria sido mais adequada uma ação do Estado inibidora de práticas dessa natureza?

Um debate qualificado foi realizado na Escola Paulo Borges, única a optar pelos ciclos na região abrangida pela Coordenadoria de Educação onde foi realizado este estudo. Das escolas investigadas, essa foi uma das que participaram mais ativamente da CE. O conhecimento mais detalhado da realidade, propiciado nas primeiras etapas do processo, conduziu a um movimento na escola para a revisão dos mecanismos de avaliação e de organização do ensino. Como expressa a professora Ana, a opção pelos ciclos foi consequência do diagnóstico sobre o cotidiano da escola:

> Foi uma consequência, os ciclos acabou sendo uma consequência. Não tem como explicar isso direito, porque as discussões [...] iam acontecendo e se acumulando. Como é que a gente ia voltar atrás? Depois de tu conhecer, não tem mais como tu fechar os olhos, fazer de conta que tu não sabes [...].

Para a professora Maria, da mesma escola, talvez a CE nem fosse necessária para perceber que era preciso haver uma mudança no interior da escola. O próprio cotidiano fornece elementos que indicam a necessidade de revisão das ações. Entretanto, o processo da CE foi o desencadeador da implementação dos ciclos que, por sua vez, conduziu a outras mudanças.

> Muita coisa podia ter sido feita sem ter ciclo. Eu fico assim meio confusa, às vezes, quando eu falo, porque não foi o ciclo, muitas mudanças que aconteceram já podiam ter acontecido antes. Mas, o ciclo, acho que deu essa oportunidade, porque a gente tinha vontade de fazer e não se fazia, né? Tava tudo aquela coisa tradicional, não tinha tudo isso que aconteceu depois do ciclo. Mas eu acho que aconteceram muitas mudanças.

A professora revelou o quanto a incomodava a reprovação de um grande número de alunos em matemática, disciplina que ministra. Entretanto, sempre buscava argumentos para justificar tal problema. Fica claro, no trecho a seguir, que a opção pelos ciclos necessariamente tem de ser acompanhada por reformas estruturais. A criação dos laboratórios de aprendizagem e a garantia de carga horária para atender os alunos com dificuldade no turno inverso permitiram uma qualificação do trabalho, reconhecida pelos próprios alunos. Nesse caso, as mudanças ocorridas foram consequência da opção pelos ciclos.

> Pra mim, como professora de matemática, são muito boas, por exemplo, quanto à avaliação, as mudanças que aconteceram na avaliação, né, quanto à parte do laboratório de aprendizagem. Porque era muito cômodo, por exemplo, o professor de matemática [...], tem 30 alunos, vão reprovar 8 alunos ou 7. E isso me preocupava, isso me angustiava [...]. Todo mundo tem condições de aprender, todo mundo podia ter aprendido. Mesmo antes de ter o ciclo eu sempre me preocupei com essa história, daquele aluno que ficou, que reprovou, mas por que, a culpa é minha, a culpa é dele, ficava procurando um motivo, né. Mesmo que eu tivesse aquela preocupação, eu não podia fazer muita coisa, porque eu não tinha aquele tempo pra dar pra aquele aluno. E agora, com o laboratório de aprendizagem, eu tenho. E aquele aluno que tem dificuldades, que eu achava que ele tinha condições, e que eu não tinha nem aquele momento, agora eu tenho um laboratório, que eu posso trabalhar com aquele aluno e ele acompanha, né. Eu tava dizendo que eles fizeram uma autoavaliação. E eu fiquei muito satisfeita com a autoavaliação que eles fizeram: "ah, professora, agora eu aprendi tudo" [...].

Para que os ciclos pudessem ser implementados, os professores da Escola Paulo Borges tiveram redução da carga horária em sala de aula para disporem de mais tempo para estudo sobre as modificações por que passava a escola. Tal estratégia contou com o apoio da CRE. O professor Darlan, diretor da escola, falou dessa alteração:

> Aqui, o máximo que a gente dá para o professor são 10 horas. A gente deixa 10 para que o professor possa, devido à implantação do nosso projeto, ter mais tempo para estudo, mais tempo para análise, mais tempo para discus-

são, para leitura de textos, a gente está aprendendo, então a gente precisa de muito subsídio pra que se possa errar o menos possível.

É evidente que a opção por uma mudança tão significativa na organização curricular precisa ser acompanhada da oferta de condições de trabalho condizentes com as novas demandas da escola. Essa é, talvez, uma das principais reclamações dos professores naquelas localidades onde os ciclos foram impostos pelas secretarias de educação, sem um suporte necessário para todas as dificuldades decorrentes de uma mudança dessa natureza.

A grande questão é que uma coisa não elimina a outra, ambas devem ser pensadas com a finalidade de propiciar o desenvolvimento integral do educando. De acordo com Leite (2003, p. 193), "se um currículo adequado exige a promoção automática, a recíproca é verdadeira". Tanto a promoção automática quanto as boas condições de trabalho são requisitos necessários para uma educação de qualidade. Não é porque se eliminou a reprovação da escola que se precisa de melhores condições de trabalho ou vice-versa. Uma coisa não prescinde da outra.

Ocorre que a oferta de boas condições de trabalho é necessária e deve ser reivindicada sempre, independentemente de alterações na organização curricular. A opção pela eliminação da reprovação dos currículos escolares precisa ser acompanhada de um processo de reflexão, debate e estudo sobre as novas demandas da escola. Isso é necessário para desconstruir determinadas práticas já incorporadas pelos educadores, para permitir que percebam o significado e a importância da promoção automática e para assegurar o compromisso com o novo processo.

Medidas decididas de forma autoritária nos gabinetes podem ser inúteis e ter resultados frustrantes se não contarem com esse envolvimento dos educadores. Qualquer política educacional que pretende efetivamente alcançar os objetivos a que se propõe precisa considerar a predisposição daqueles sujeitos diretamente envolvidos na sua execução (Paro, 2001b; Leite, 2003).

Depois de muitos debates e discussões originados na CE, a Escola Paulo Borges optou pela alteração na organização curricular por reconhecer nos ciclos a possibilidade da inclusão. De acordo com a professora Ana:

[...] a nossa visão de ciclos aqui é em função da inclusão. É tá repensando que papel temos nós professores, que deuses somos nós, que determinamos quem vai adiante na vida e quem não vai. Se todos vão, independente da escola, todos crescem, todos vão fazer 7 anos, 8 anos, 9 anos, 10 anos, não somos nós que vamos impedir. Aí, se eles vão tá compatíveis com os colegas deles, na mesma série ou no mesmo ciclo ou na mesma etapa do desenvolvimento na escola, bom, aí é outra história. Agora, que eles vão se desenvolver e que eles vão tá sempre aprendendo coisas, que eles vão tá sempre crescendo, vão. Ou nós vamos estar junto com eles, ou nós vamos estar contra eles...

Percebe-se também na fala da professora uma tentativa de superar uma visão presente na escola de que cabe ao professor, com os instrumentos de que dispõe, definir os rumos da vida dos alunos. Esse "estar contra os alunos" pode ser caracterizado, segundo Freire (1999), como uma relação do formador como o sujeito de uma relação na qual o aluno constitui o objeto.

Estar a favor dos alunos é permitir que eles se desenvolvam. É entender que discentes e docentes são sujeitos do processo educativo — mesmo considerando suas diferenças e condições —, que ambos aprendem e ensinam, o que não significa ignorar os papéis de cada um no interior da escola. Assim, segundo Freire (1999), tanto na experiência docente quanto na discente, uma não se reduz à condição de objeto da outra.

É interessante destacar que todas as pessoas entrevistadas na Escola Paulo Borges parecem ter incorporado em seus discursos a visão de educação demonstrada pela professora Ana. A fala da merendeira Amélia expressa uma compreensão do caráter includente que os ciclos têm no interior da escola pública:

> Eu acho assim, ó, que já tava na hora, porque tinha alunos que ficavam rodando, rodando naquelas matérias e depois já tavam ficando assim com uma idade meio avançada e tavam perdidos junto com os outros. E aí o que que acontecia? Eles saíam da escola. Nos ciclos segue trabalhando com ele, né?

A funcionária demonstra ter assimilado que a reprovação não consiste em um procedimento positivo para o aluno que a experimenta. Até porque, se esse fosse um mecanismo tão eficaz, os alunos não repetiriam mais de uma vez uma determinada série, como ocorre em muitas redes de ensino em que se encontram alunos que frequentam por várias vezes a mesma série. Como afirma Paro (2001b, p. 111), é um total equívoco acreditar que é por meio de provas e da reprovação que o aluno encontra estímulo para o estudo porque, se isso for verdade, "significa que o ensino está muito mal provido de recursos para motivar o aluno para estudar".

Mesmo que alguns não tenham muita clareza sobre quais alterações os ciclos produzem, parece haver consenso sobre a necessidade de modificar a escola. Porém, prevalece uma certa confusão sobre os caminhos a serem trilhados para alcançar tais mudanças.

Segundo Arroyo (2002, p. 161), uma nova organização vem carregada de dúvidas. Afinal, na "organização seriada já sabemos o que fazer, cumprir as normas de enturmação, de avaliação, seguir as normas que predefinem quem passa de série e quem não passa". Nesse caso, o papel da CRE e da SE no acompanhamento e assessoramento do processo instalado na escola é imprescindível. Embora alguns entrevistados na Escola Paulo Borges tenham afirmado que houve autorização para a redução de carga horária dos professores e novas contratações, pareceu ter faltado um acompanhamento mais sistemático das modificações que estavam ocorrendo na escola. A sensação de isolamento e de necessidade de dar conta dos próprios problemas foi constatada em vários depoimentos.

Um aspecto expresso na fala da professora Clara sobre a opção da escola pela superação do ensino seriado merece destaque: "Nós quisemos assim, não temos como voltar atrás. Não foi o governo quem determinou. Não podemos nem dizer que isso foi coisa do governo".

O fato de terem decidido coletivamente organizar a escola em ciclos parece não animar os sujeitos entrevistados a revelar qualquer tipo de resistência. A professora Clara chegou a chorar durante a entrevista, porque estava enfrentando muitas dificuldades com as mudanças ocorridas na escola. Mesmo sem expressar verbalmente, percebe-se que ela teria um certo constrangimento em demonstrar resistência e contrariedade a algo que foi definido pela coletividade. O choro e a fala parecem exprimir o conflito vivido pela docente entre aquilo que escolheu e as dificuldades que enfrenta. E, na sua percepção, diante das dificuldades só resta buscar soluções, e não encontrar culpados.

Parece que a responsabilidade pela mudança nas rotinas da escola, a partir da opção pelos ciclos, ficou concentrada nas mãos dos docentes. Durante a investigação, percebeu-se nesse segmento uma maior preocupação com a revisão dos planos de ensino, com as mudanças nos processos de avaliação, com a reorganização da carga horária das aulas etc. Disso deduz-se que a concentração de esforços de todos os segmentos da escola foi maior na fase de decisão pela mudança na organização curricular do que no momento da sua implementação, em que as tarefas ficaram principalmente nas mãos dos professores. A análise dos dados levantados permite inferir que nem os professores nem os outros segmentos devem ser responsabilizados por esse quadro durante a etapa de implementação da modificação curricular. De fato, pode-se afirmar que foram as tradicionais rotinas escolares (em que os docentes concentram todas as responsabilidades pelo processo pedagógico) que acabaram conduzindo os professores a buscar isoladamente soluções para as dificuldades enfrentadas.

O processo vivido pela Escola Paulo Borges é novo e, como tal, necessita da disponibilidade da comunidade escolar para enfrentar os problemas que surgem no dia-a-dia. Por ser, talvez, a única escola na região a trabalhar com ciclos, não tem com quem compartilhar as dificuldades e carece de respostas às múltiplas dúvidas que surgem. Por outro lado, a ausência de uma estrutura universitária na cidade inviabiliza o diálogo com aqueles trabalhadores que atuam na formação de educadores. Por sua vez, a universidade também teria muito a aprender com essa experiência.

A professora Sueli destacou o inevitável aumento do volume de trabalho ocasionado pelas mudanças na escola. O processo de avaliação permanente exige uma dedicação maior do docente. Para Sueli: "Aquele professor que não quer trabalhar, troque de escola, porque não dá, se tu ver o trabalho que tem uma professora, que nos mostrou ontem na reunião [...]".

Além do aumento das tarefas docentes, destaca-se nos depoimentos como um problema a presença de uma certa confusão sobre o fim da reprovação. Apesar disso, segundo a professora Ana, a maior parte dos alunos compreendeu a sistemática dos ciclos:

[...] a maioria se responsabilizou mais pelo seu processo. Isso aí a gente tem sentido, eles pedem pra vir ao laboratório. [...] a avaliação tá sendo um acompanhamento diário, e eles tão fazendo esse acompanhamento também, né, do processo deles. Então isso eu já senti, essa responsabilidade deles.

Embora haja um significativo compromisso do corpo discente com o novo processo, há um grupo de alunos que acredita bastar a matrícula para progredir para a etapa seguinte. Nesse caso, faltam às aulas, ou quando apresentam dificuldades não comparecem ao reforço no turno inverso. Na escola, os educadores têm dúvidas sobre como lidar com esse aluno, e aí aparecem argumentos e expressões características do ensino seriado, como na fala da professora Ana:

Eles estão meio confusos como a gente tá. Tem uns que a Sueli tá dizendo que eles não vão avançar, porque eles não vêm, porque eles acham que vão passar por osmose. [...] Eu acho que não dá para passar! Não sabe, não quer, não vem; como é que tu vai passar?

Mesmo na fala da professora Ana, que tem uma visão avançada de educação, percebeu-se uma preocupação com um possível rótulo que a escola ganhe, de lugar "onde todo mundo passa", o que, do ponto de vista educativo, seria extremamente positivo, já que é uma escola onde os sujeitos, na fase de formação de suas personalidades, não experimentam o fracasso e a negação da possibilidade de continuarem se desenvolvendo com o grupo de sua convivência. Seria melhor que a professora vibrasse com a possibilidade de a escola passar a ter esse estereótipo mais inclusivo.

Segundo a professora Sueli:

Eles não estão conseguindo, não vêm ao reforço e pensam que vão passar, eles acham: "eu vou passar", mas não é bem assim. O que a gente tem que botar na cabeça das pessoas não é dizer vai passar todo mundo. E é o que muita gente imagina. Porque se não avançou não avançou, o que que vai se fazer? Porque todo mundo tem aquela ideia que chegou aqui e vai passar, não é assim.

Nesse depoimento, parece que a escola fez "tudo que era possível", porém, se o aluno não provou estar em condições de ser aprovado, não o será. Durante as visitas à Escola Paulo Borges, percebeu-se que a professora Sueli estava montando um verdadeiro "dossiê" dos alunos que julgava sem condições de progredir para a etapa seguinte. Embora não se tenha tido acesso a esses pareceres da professora, constatou-se, durante as conversas na escola, que o conteúdo dos documentos voltava-se para a falta de interesse dos alunos, para o pouco entusiasmo com as aulas, para o não-comparecimento à escola. A responsabilização do aluno por não ter aprendido parece ser acentuada nesse processo. A grande preocupação manifestada pela professora Sueli é com o fato de os alunos "passarem" e não com o "aprender".

A falta de interesse de alguns alunos, justificada com o discurso "vou passar de qualquer jeito", é apontada como um dos principais problemas enfrentados pela Escola Paulo Borges. A aluna Rita, de 14 anos, ao analisar o comportamento dos colegas, comprova essa constatação: "Eu acho que tem muita gente que pensa: estando nos ciclos e em etapas, por conceito não vai rodar. Mas eu acho que roda. É só desinteressar que roda".

Nessa visão dos alunos (que não é exclusiva desse segmento), fica evidente que a maior motivação para estudar está nas notas e no medo da reprovação. Como relata Rita, na ausência desses mecanismos torna-se desnecessário comparecer à escola. Para Barreto e Mitrulis (2001, p. 132), tradicionalmente o estímulo para estudar não está na vontade de aprender, mas sim "nos constrangimentos historicamente criados pela própria escola" ou "na sua ligação com as exigências mais amplas do mercado de trabalho".

O homem assume a condição de sujeito de sua própria história quando dispõe do controle de sua vida e faz prevalecer suas vontades. Como discutido nos primeiros capítulos deste estudo, no modo de produção predominante no mundo hoje, a não-propriedade dos meios de produção limita a condição de sujeito do homem. Na escola, a partir do momento em que os alunos aprendem a dar mais valor às avaliações externas, significa que estão aprendendo mais sobre aquilo que a sociedade espera deles do que sobre aquilo que gostam, que desejam, que sentem e que precisam. Se, como afirma Paro em várias de suas obras, é necessário educar para o bem viver, o olhar externo sobre a ação do aluno não pode sobrepujar sua própria avaliação, pois isso ameaça sobremaneira sua condição de sujeito.

Entretanto, a mesma aluna considera importante a extinção da reprovação, pois não imagina ser positivo estudar em uma escola que confere grande valor às provas. Além disso, a aluna revela a importância do aprender em detrimento do memorizar:

> Acho que mudou muito, começando que, acho que essa etapa em ciclos, acho que foi a partir da constituinte. Foi uma nova forma que eles acharam de educar. [...] Eu acho que estudar numa escola onde os professores só dão prova, prova, o aluno tem que decorar a matéria, prova, prova, eu acho que isso daí fica muito cansativo, que eu acho que o aluno não deve aprender só fazendo prova e decorando e sim no dia-a-dia.

Vale ressaltar que Rita foi umas das representantes discentes da escola na CE e teve, por isso, um contato maior com os debates sobre os efeitos da reprovação na vida dos alunos.

Apesar dessa dificuldade revelada por alguns para assimilar um ensino sem reprovação, em muitas falas foi possível identificar uma maior preocupação com o "aprender". Uma professora revelou que há uma demanda do corpo docente para entender melhor como o aluno aprende, como se desenvolve. Ao se referir à avaliação, a professora Maria afirmou: "[...] a avaliação pra mim é muito mais pra saber onde eles estão. O que que na verdade eles conseguiram aprender do que a nota em si".

Se, por um lado, a nota continua a ser a referência para alguns educadores nessa escola, por outro, muitos passaram a dar maior importância ao aprendizado do aluno e ao domínio de determinados componentes culturais em detrimento dos conceitos.

Em relação aos pais, parece ter havido dois tipos de interpretação sobre a opção pelos ciclos. Para uns, era a possibilidade de ver seus filhos avançarem deixando de permanecer por vários anos na mesma série, experimentando o fracasso de ter de repetir mais um ano na escola. Para outros, era a desqualificação do ensino pela ausência da reprovação, como se a adoção da promoção automática dentro dos ciclos fosse comprometer o aprendizado dos alunos.

Em uma avaliação sobre o comportamento dos pais em relação aos ciclos, a professora Ana afirmou: "Tem uns que tiraram os filhos daqui, outros botaram: 'Ah, eu vou botar nessa escola, pode ser que ande agora'. Então, nós temos os dois tipos, né?"

Um aspecto detectado nas falas é que, com a implementação dos ciclos, a reprovação deixa de ser o grande problema da escola para dar lugar ao debate sobre outras questões. Isso foi mais facilmente detectado na Escola Paulo Borges na relação dos pais com a escola. A professora Clara revelou não saber como lidar com essas outras coisas. Exemplificou com um pai que foi até a escola e disse: "Eu não posso mais com o meu filho". É óbvio que a

> introdução da promoção automática implica uma transformação radical na escola, na medida em que professores e alunos passarão a viver em torno de outros valores e aspirações. Está claro que não podemos saber, antecipadamente, quais os problemas que essa nova estruturação irá apresentar; podemos, entretanto, delimitar as suas características mais gerais. (Leite, 2003, p. 193)

É provável que a ênfase no diálogo, decorrente do processo de debate da CE, tenha levado a família a se sentir mais à vontade para expor seus problemas com os educadores da escola. Para estes, essa maior aproximação da família com a escola (extremamente positiva) tem constituído motivo de preocupação, pois não sabem como agir perante determinadas situações. Percebe-se que a "nota" deixa de ser o foco principal da escola para dar lugar a outras preocupações.

Das dez escolas pesquisadas, a Paulo Borges foi evidentemente a que mais se mostrou disposta a mudar sua organização curricular. Entretanto, a preocupação com os índices de reprovação e de repetência também foi percebida em outras escolas.

A Escola Gilberto Alves, mesmo tendo optado coletivamente por interromper a participação no processo da CE a partir da indicação do Cpers, ao elaborar o regimento e o projeto pedagógico seguiu as orientações dos documentos distribuídos pelo governo para a CE. Segundo o professor Gustavo: "Muito embora a gente não tenha participado diretamente, os princípios são os mesmos e o processo foi o mesmo, só que de uma forma mais independente".

Assim, a escola decidiu rever sua organização curricular e optou por implantar a progressão parcial. Os motivos da escolha da progressão parcial e como essa ocorreu estão sintetizados neste trecho da fala do professor Gustavo:

> [...] nossa opção foi pela progressão parcial. Então, a ideia de progressão parcial e o que a gente tem estimulado a comunidade é exatamente nesse sentido, quer dizer, não vê assim como uma "forçação de barra" para aprovar. [...] Há também essa preocupação na nossa escola, no sentido de diminuir a repetência, diminuir a evasão escolar também, até por uma questão de estímulo. Até para que os alunos possam se recuperar. Então nós implantamos esse ano a progressão parcial. O aluno que foi reprovado em até duas disciplinas tem direito de cursar a série seguinte e fazer a progressão parcial paralela num outro turno.

Tal trabalho parece ter mudado a rotina da escola, de forma a evitar a retenção do aluno em uma série. Da parte dos professores, parece haver uma preocupação maior com o aprendizado dos alunos. Sobre essa questão, o professor Gustavo revelou:

> Nós estamos trabalhando assim, o aluno deverá progredir. Os próprios professores também foram construindo essa questão da progressão, de uma forma que o professor possa focalizar o problema do aluno, [...] é um estudo mais particularizado, tu vais trabalhar com um grupo menor e tu vais trabalhar no detalhe.

Com relação ao envolvimento da comunidade na opção pela progressão parcial, o professor revelou ter havido a participação de todos os segmentos, embora essa prática não fosse tradicional na escola. Atribuiu essa abertura à participação do grupo que naquele momento administrava a escola, menos centralizador das decisões que os anteriores. A harmonia entre as opiniões desse grupo e os princípios defendidos pelo governo do estado para a educação parece ter facilitado a introdução de novas propostas na escola.

Mesmo contando com o envolvimento de todos os segmentos, quando se questionou sobre os pais ficou evidente sua menor participação.

Porém, eles foram bastante receptivos à implantação da progressão parcial. De acordo com o professor, o mesmo parece ter ocorrido em relação aos alunos: "A receptividade dos pais foi muito boa. Até pela questão do investimento também dos pais, puxa, um ano de estudo perdido. E pros alunos também".

Assim como ocorreu na Escola Paulo Borges, na Escola Gilberto Alves a alteração na organização curricular pressupunha maior empenho e responsabilidade com a escola. Algo que, segundo o professor Gustavo, é cobrado pela equipe administrativa e deve ser assumido por toda a escola. Trata-se de uma necessidade de assumir o compromisso com a aprendizagem e o sucesso dos alunos.

> Nós estamos cobrando isso dos alunos que estão em progressão, que é a questão do compromisso com a escola, né? A questão da disciplina também, quer dizer, nós temos que nos comprometer com essa escola, com esse projeto de escola, com a progressão nos estudos, com a possibilidade de um tempo menor nas contas dos estudos.

Assim como a Escola Gilberto Alves, a Escola Fábio Costa também implantou a progressão parcial. Se essas escolas têm em comum a fixação da progressão, o mesmo não pode ser dito do processo que conduziu a tal modificação. Na Escola Gilberto Alves, a progressão, implementada a partir do debate com a comunidade, é percebida como um entrave à evasão, ou seja, evitar que o aluno abandone os estudos por ter sido reprovado em uma série. Já na Escola Fábio Costa, constituiu praticamente uma imposição da CRE.

Os dados coletados na Escola Fábio Costa permitem concluir que o processo lá instalado ia de encontro a todos os princípios e diretrizes afirmados na CE. Havia uma recomendação da CRE para que as escolas que não optassem pela mudança na organização curricular (ciclos, progressão) pelo menos reduzissem a nota mínima para a obtenção da aprovação. Consternado com essa orientação, o professor Lúcio, diretor da escola, revelou ter sido "obrigado" a alterar a média da escola e a implantar a progressão parcial:

Tu não podia sair fora da média cinco. Na progressão que foi implantada aqui, através de um regimento outorgado pelo Conselho Estadual de Educação, o aluno não é mais reprovado, ele vai passando pra série seguinte e fica em dependência em até duas disciplinas. Então, a gente quis mudar isso, porque a comunidade quis e aí não foi aceito dentro da própria Coordenadoria de Educação, porque eles dizem que tem que ser mais amplo e eles não enviam pra SEC nem pro conselho o regimento que não esteja mais ou menos assim, padrão da média cinco em todas as escolas do estado. Aí eu comecei a questionar: "Mas como?" Se nós fizemos dois plebiscitos aqui na escola, e os pais dos alunos, 99% optaram pela média sete, porque sempre a média foi sete aqui, optaram pela média sete. E a progressão, no início eu não aceitava pelo seguinte, por falta de espaço, por nós não termos recursos humanos, que sempre falta até, vamos dizer assim, no regime regular, né, no ensino médio e fundamental, também não poderia retirar. Então, o aluno que que acontecia? O aluno só que não é alfabetizado na 1ª série é que reprova. Os demais passam pra série seguinte, mas ficam trabalhando as deficiências que ficaram do ano anterior.

Mesmo conseguindo agregar um número muito significativo de pessoas da comunidade (como ocorreu no OP) nos debates sobre o projeto pedagógico e o regimento escolar, ficou evidente o caráter persuasivo das relações estabelecidas entre a administração da escola e os demais segmentos. O professor Lúcio argumentou que mostrou para a comunidade as "vantagens e desvantagens" da redução da nota. Então, a partir disso a maior parte optou por manter a média sete. Tal decisão não foi aceita pela CRE, que indicava a média cinco. Tal recusa causou a indignação do professor Lúcio: "Vários questionamentos começaram a surgir e a gente começou a se perguntar, mas até onde nós temos o direito de colocar no papel aquilo que a comunidade quer?"

Assim, estabeleceu-se um conflito entre a escola e a CRE. Após muitas idas e vindas do regimento e do projeto pedagógico, a média ficou em seis.

Nós ficamos surpresos na hora em que não passou nosso regimento na Coordenadoria, que teria que ter média cinco, que não poderia ser mais, ou seis, aqui até a gente deixou o seis, mas sete não poderia ser. Então, quer dizer que a constituinte é aquela coisa assim, ó, é a vontade da comunidade, aquilo que a comunidade quer, [...] quando chegou na prática dentro da escola, simplesmente, aí era só sobre leis, pareceres. A gente traçou junto com os pais, alunos, professores... E não foi aceito tudo aquilo que a comunidade queria, então é uma coisa praticamente pronta.

No caso da Escola Fábio Costa, a CRE contestou as decisões e as reivindicações da comunidade escolar, determinando modificações no regimento e no projeto pedagógico. Percebe-se que o debate desencadeado na escola conduziu a opções conservadoras e excludentes. A luta pela manutenção de uma média elevada e a resistência à progressão, mesmo que parcial, demonstraram que o fato de contar com a participação de todos os segmentos não fez com que a decisão da coletividade fosse a mais democrática.

Ainda neste debate, é preciso considerar a postura indiferente da equipe administrativa da Escola Selma Moraes. Nessa escola de ensino fundamental incompleto, a professora Loiva revelou que chegaram a conversar rapidamente sobre possíveis alterações na organização curricular, entretanto optaram por não realizar mudanças e permanecer no sistema seriado. A professora atribuiu isso ao fato de a escola ainda resistir ao novo e a mudanças. Só para lembrar, essa é a escola que nunca faz greve, que não participa de nenhuma mobilização e que não teve praticamente envolvimento nenhum com a CE.

A falta de informação, a infraestrutura inadequada, os baixos salários, enfim, poder-se-ia aqui enumerar uma série de argumentos utilizados pelos educadores contra os ciclos. Comumente, tais argumentos são ouvidos tanto naqueles locais onde se mantém uma estrutura seriada quanto naqueles onde foi imposta a implementação dos ciclos. No primeiro caso, os argumentos são usados para conservar a estrutura tradicional, e no segundo, para justificar a impossibilidade da manutenção dos ciclos.

É interessante considerar essa questão, pois na Escola Paulo Borges primeiramente se optou pelos ciclos pelos motivos já expostos, para depois, paralelamente à sua implementação, avaliar os problemas que surgiriam. Parece ser necessário haver um compromisso dos sujeitos que integram a comunidade, dada a quantidade de elementos que precisam ser mobilizados quando a escola se propõe a romper com uma determinada organização. Durante o estudo, percebeu-se um notável destaque para a importância do compromisso dos segmentos que integram a comunidade com qualquer mudança promovida na escola. Entretanto, exceto quando diretamente questionados, poucos entrevistados mencionaram o papel, a responsabilidade e o compromisso do Estado no provimento de meios que assegurem à escola pública uma educação de qualidade. É como se bastasse o compromisso dos segmentos para assegurar melhores condições de ensino.

Outro aspecto que precisa ser considerado é a questão da autonomia. Se, por um lado, a SE foi coerente com a defesa da autonomia (debate presente nas diferentes etapas da CE) ao não impor às escolas qualquer tipo de organização curricular e, principalmente, ao não obrigar as escolas a participar do processo de elaboração da CE, por outro, constatou-se uma intolerância em relação aos índices estabelecidos pelas escolas para que os alunos obtivessem aprovação. Observou-se também uma certa pressão para que as escolas adotassem a progressão continuada, ou seja, os alunos avançassem para a série seguinte mesmo que não tivessem obtido o índice mínimo para aprovação em determinada disciplina.

Essas constatações parecem revelar uma intenção de eliminar a reprovação dos currículos escolares de forma gradual. Isto é, primeiro se diminui a média, para depois se implementar a progressão parcial. Talvez com tal estratégia os diferentes segmentos que integram as unidades escolares apresentassem menos resistência à implementação de um sistema de ensino em que não houvesse reprovação. Essa prática parecia ser a intenção dos gestores.

De acordo com a representante do governo Lucia Camini, era necessário reverter os percentuais de evasão e repetência das escolas estaduais do Rio Grande do Sul. Isso implicava levar educadores e sociedade em geral a perceberem as causas do insucesso escolar:

> É um trabalho forte no sentido de qualificar o ensino pra superar os percentuais de evasão e repetência. [...] Nós ainda temos altos índices de evasão e repetência, por conta de que muitas vezes a comunidade nem sequer se dava conta de que o ato educativo e as condições sociais estavam levando muitos

alunos a não concluir nem o ensino fundamental [...]. Há muitos educadores que muitas vezes não se dão conta que a sua própria prática pedagógica está levando à evasão escolar [...].

Com isso, percebe-se que havia uma vontade dos gestores de eliminar a retenção de alunos. Porém, parece ter faltado uma vontade política desencadeadora de uma ação mais condizente com os princípios expostos no início do processo da CE, de democratização da escola pública, já que a decisão sobre a eliminação da reprovação foi delegada às escolas.

Percebeu-se que as escolas que optaram pelos ciclos foram "premiadas" pelas coordenadorias regionais de educação com redução de carga horária em sala de aula para os professores; acompanhamento mais intenso dos educadores da CRE; organização de horários de reforço; criação de laboratórios de aprendizagem e garantia de tempo para reuniões e estudos. Como já dito, providências que assegurem um ensino de qualidade são necessárias sempre. Isto é, a adoção dos ciclos não pode ser requisito para essas ou outras medidas e vice-versa.

O acesso ao debate, à discussão sobre os efeitos nefastos da reprovação na vida de um sujeito não conduziu a mudanças mais expressivas na educação da rede pública estadual gaúcha. Prova disso é que nenhum dos princípios ou diretrizes resultantes de todo o processo da CE aponta para a extinção da reprovação da estrutura curricular da rede estadual do Rio Grande do Sul.

5.3.2 Avanços a partir da participação

Embora não tenha constituído propósito específico deste estudo realizar um levantamento ou um diagnóstico dos avanços percebidos nas escolas a partir da CE, algumas mudanças foram naturalmente sendo relatadas ao longo da coleta de dados.

Uma primeira alteração identificada pelos sujeitos entrevistados refere-se ao próprio processo de desenvolvimento da CE, que teve como intenção contar com a participação da sociedade em seu delineamento. Por ter sido uma proposição inédita na rede pública de ensino do Rio Grande do Sul, muitos perceberam já nessa ação um avanço nas relações entre a escola e os setores de governo.

Muitos dos princípios e diretrizes definidos na CE só seriam passíveis de realização em médio e longo prazo, até porque a implementação de alguns estava atrelada à realização de outros. Entretanto, alguns participantes do estudo apontaram sinais de que a partir do início do processo da CE estavam ocorrendo alterações nas rotinas escolares.

Um aspecto destacado em muitas falas foi a menor dependência da CRE e da SE na tomada de decisões sobre questões internas, o que conferiu às escolas uma autonomia efetiva para definir suas ações. Na opinião da professora Ana, da Escola Paulo Borges, a abertura ao diálogo e ao debate tanto entre os integrantes da comunidade escolar quanto entre estes e os servidores da CRE foi fundamental nas opções de alteração curricular feitas pela escola.

> Na relação com a SE e com a CRE nós estamos mais autônomos. A gente já não é mais tão dependente deles. Hoje eu percebo, assim, que a coisa não vem mais imposta e sim... Se a comunidade escolar tá mobilizada e quer isso, eles estão a serviço da comunidade. [...] Quando a gente pensou em voltar atrás, porque teve um momento em que a gente se viu sozinho, quando a gente ficou sabendo que éramos só nós [única escola a optar pelos ciclos], dava vontade de fugir, né? Então, naquele momento a CRE disse: "Olha, vocês têm essa construção, vamos lá." "Vocês vão nos apoiar?" Era o que a gente tinha medo, nós somos poucos professores, vai ter que ter professores pra laboratórios, vai ter que ter professores pro EJA..., porque nisso a gente já tinha feito um regimento pro EJA. Eles disseram: "É isso que querem? Façam. É professor que vai precisar? Bom, isso a gente dá um jeito." Então, se colocaram à disposição do sonho da escola. Não fomos nós que fizemos o sonho deles, eu acho. Eles trabalharam pra que a gente conseguisse concretizar o sonho. [...] Isso que eu quero deixar claro... Antes a gente tudo não podia, né... A delegacia, e era delegacia... tava em cima pra atrapalhar, dificilmente vinha pra ajudar, pra cobrar. Era um susto, chegava o pessoal da delegacia, todo mundo corria pra juntar papel... E hoje não, hoje eles estão aqui, eles tão pra nos dá o que a gente tá pedindo, o que tá faltando.

O professor Darlan, da mesma escola, ratifica essa opinião:

> Muito estreitas as relações. Eu acho que hoje o papel das coordenadorias, antigas delegacias de Educação, realmente está dentro daquela perspectiva que a gente esperava. Porque até alguns anos atrás, que como eu te disse eu sou professor do estado desde [19]64, aquela ação fiscalizadora acabou. Hoje é uma ação de cooperação, é uma ação de que deixa a escola com liberdade plena pra o desenvolvimento da ação educativa na comunidade.

No caso da Escola Paulo Borges, sem o apoio da CRE teria sido difícil implementar as mudanças definidas ao longo da CE. Isso porque tais alterações implicavam a revisão de um conjunto de ações no interior da escola que demandariam mais recursos humanos e materiais. Esse fato vai ao encontro de um princípio, defendido ao longo deste trabalho, de que a transferência de poder para as escolas não reduz o papel do Estado no provimento das condições de manutenção das escolas.

Para a professora Loiva, da Escola Selma Moraes, a relação dos educadores com a CRE melhorou muito a partir do processo de instalação da CE, pois na sua opinião ficou mais fácil dialogar com os servidores que ocupavam cargos na CRE:

> Olha, eu posso te dizer assim... Porque eu também tô no setor, então me envolvo com isso, né? Eu noto assim... Que a coordenadoria ficou bem mais aberta, bem mais acessível é... Tu chega lá, tu fala com as pessoas, o coordenador mesmo, ele, ele tá circulando nos corredores, tu consegue conversar no corredor... Coisa que antigamente não acontecia, o coordenador estava sempre no gabinete, né?

A possibilidade de as escolas criarem e realizarem projetos que atendam aos interesses e às necessidades da comunidade que vive no seu entorno também foi um ponto que mereceu destaque nas conversas. Segundo o professor Darlan, da Escola Paulo Borges:

> [...] posso te afirmar, e isso não são palavras minhas, são palavras do grupo, que a gente cresceu muito porque se tem uma abertura, inclusive com a parte cultural. Hoje nós temos na escola uma série de atividades extraclasse que vêm motivando a participação dos alunos. Por exemplo, a banda é peque-

na, é simples, mas ela é uma atração na comunidade, e isso envolve muito o aluno. Nós temos o CTG[16] da escola, a biblioteca, a gente tem trabalhado bastante em cima disso, o jornal, [...], o grupo de dança da escola, que hoje é uma parceria com o CTG [...].

Segundo a professora Hilda, da Escola Manoel Quadros, a maior autonomia das escolas permitiu aos educadores implementarem novas formas de trabalho. A professora revelou: "Eu acho que mudou porque antes era bem pior, eu acho que mudou muita coisa. Nós estamos fazendo muitos trabalhos interdisciplinares, porque antes eu acho que era difícil de fazer. [...] Eu acho que isso tem a ver com a abertura, com tudo."

Se por um lado ficou evidente nos depoimentos a percepção de que a participação no delineamento da política conduziu a mudanças, por outro, detectou-se em algumas escolas uma certa resistência a alterações nas formas de trabalho. Para a professora Marlene, da Escola Júlio Dutra, é preciso primeiramente considerar que "os professores são extremamente difíceis para qualquer tipo de mudança". Na sua opinião, é preciso observar também que mudanças substanciais dependeriam de outras condições de trabalho:

> A gente tenta através da supervisão escolar, repassar tudo da Constituinte Escolar, mesmo, principalmente essa coisa da construção do conhecimento, da teoria do Paulo Freire, isso aí a gente tenta. Só que eu acho que isso é uma coisa que demandaria, como eu te digo, assim, ó..., um aprofundamento, um tempo que não existe. E isso aí, eu acho que existe um grande contratempo nessa política, né? Porque, pra uma mudança, teria que ter uma mudança estrutural no sentido de que as professoras teriam que ter horas-atividade, horas pra estudo e tudo mais, que continua aquela prática de enche, enche, enche de aula e não tem tempo de pensar, né?

Na Escola Fábio Costa, onde há uma grande resistência a qualquer tipo de mudança, a funcionária Diana afirmou ter-se sentido frustrada ao final do processo da CE. Na sua opinião, somente aqueles que participaram ativamente das diferentes etapas da CE tiveram a possibilidade de rever suas

---

16. CTG é a sigla de Centro de Tradições Gaúchas, local onde são cultivadas as tradições do Rio Grande do Sul.

ações no interior da escola, bem como refletir sobre uma outra concepção de educação. Estes, por sua vez, não tiveram espaço na escola para expor o que vivenciaram nesse processo:

> Pra mim mudou, mas pra escola eu acho que não, né? Acho que a escola não avançou nada, nada mesmo... Porque as pessoas que foram pra lá, que conseguiram essa formação, que entenderam a escola diferente aí, chegaram aqui e não conseguiram fazer nada. Quer dizer, a gente ficou frustrada porque, se todo mundo tivesse caminhado junto, né, porque a proposta da constituinte era pra toda a comunidade... Teve o momento dos pais, dos alunos, funcionários, professores. E onde teve segmento que não participou, ficou difícil, até inclusive a gente, tem horas que a gente ia falar e tinha gente que levantava e saía, porque não acreditava naquilo, porque a nossa escola ainda é muito autoritária, hierárquica, o professor tem razão, professor manda e aluno obedece. E então, foi difícil pra gente trabalhar, eu, eu me sinto muito frustrada.

Do ponto de vista da ex-secretária da educação Lucia Camini, a abertura à participação da sociedade propiciou a formulação de princípios, em uma política educacional, afinados com as necessidades das diferentes realidades encontradas no Rio Grande do Sul.

> Nós conseguimos criar uma outra cultura em relação às políticas públicas, de modo particular na educação. Eu acho que as comunidades se deram conta de que a escola é estatal, mas ela é pública, que portanto, ela não pertence ao governante [...] Prova disso é que nós fizemos uma proposta pra educação do campo, a partir da realidade do campo e não mais com a visão da cidade, urbana, né? Assim como também as escolas indígenas começaram a se pensar a partir da cultura, dos valores, das comunidades indígenas. [Mencionou também a educação de jovens e adultos, o ensino médio alternativo e a educação profissional.]

Entretanto, para a ex-secretária, o restrito espaço de tempo aliado à disputa de forças travada com as elites tradicionais durante os quatro anos da gestão não chegou a criar na sociedade uma cultura de participação. De certa forma, no que tange às mudanças decorrentes da participação na esfera educacional, foram abertas algumas brechas que precisavam de mais tempo para se consolidar:

Eu acho que nós conseguimos abrir espaços. Eu não digo que as coisas ficaram consolidadas, porque é um período muito curto, num processo tão grande como esse, numa dimensão de um estado que nunca tinha sido governado... E, o cerco que nós vivemos, nos quatro anos. Enquanto as elites [...] se deram conta que a educação poderia estar fazendo essa transformação, eles começaram a atacar e a criar todos esses mecanismos. E aí a gente chegou à conclusão de que setores da esquerda perderam, porque aproveitaram o embalo da abertura dos espaços de mídia e contribuíram de alguma forma pra incentivar e avalizar determinadas denúncias, ataques que foram feitos.

Esses últimos dados apresentados permitem inferir que as possibilidades delegadas às escolas para ampliarem sua autonomia não conduziram a ações mais independentes e adequadas às necessidades da comunidade em todas as unidades escolares, ou seja, a resposta das escolas a essa provocação foi bastante heterogênea.

Nesse sentido, pode-se recorrer a Barroso (1996, p. 186), quando afirma que a autonomia não é a autonomia de um ou de outro segmento, mas "o resultado do equilíbrio de forças, numa determinada escola, entre detentores de influência (externa e interna), dos quais se destacam o governo e seus representantes, os professores, os alunos, os pais e outros membros da sociedade local". Parece que, nas escolas investigadas, essa correlação de forças nem sempre foi favorável ao envolvimento dos sujeitos na definição de projetos coletivos e pautados nas vontades e anseios da comunidade.

Além disso, é preciso ressaltar que a defesa da transferência de poder para as escolas precisa estar pautada na ideia de que, sendo esta pública, deve atender aos interesses mais gerais da população e, assim, deve negar a presença de interesses privados de qualquer natureza dentro da escola.

5.4 O acesso a uma outra leitura de mundo

Uma análise das referências teóricas adotadas pela SE logo no início da gestão Olívio Dutra já revela a proximidade do projeto educacional do governo com aquilo que os programas do Partido dos Trabalhadores sempre tiveram como princípios para a educação. Como já citado no capítulo anterior, tal coerência de projetos (e nem poderia ser diferente) pode ser percebida em vários pontos. Muitos autores que foram referência para os debates e discussões durante a CE foram militantes ou simpatizantes do PT. Alguns até chegaram a ocupar cargos em administrações petistas. Exemplo disso foi a presença de Paulo Freire na Secretaria da Educação (1989-1991), na gestão de Luiza Erundina na prefeitura de São Paulo.

Em uma leitura do vasto material impresso elaborado e distribuído para estudo nas diferentes etapas da CE em seminários, conferências e palestras, percebe-se o comprometimento com autores e expositores que apresentam uma visão de mundo, de sociedade e de homem coerente com o discurso da democracia participativa defendida pelos gestores.

Pode-se dizer que a referência teórica central de todo o material elaborado foi Paulo Freire, cuja concepção de educação aponta para um processo pautado na libertação do homem contra qualquer tipo de dominação. O documento que sintetiza os princípios e diretrizes para a educação pública estadual informa que, além de Paulo Freire, foram realizados estudos e leituras "de referências teóricas importantes, como Vitor Paro, Miguel Arroyo, Pablo Gentili, entre muitos outros", com o objetivo de auxiliar os debates (Rio Grande do Sul, 2000c, p. 29).

O recurso a autores comprometidos com uma visão que rejeita o modelo de organização da sociedade predominante no mundo parece fundamental num processo que tem como um de seus pressupostos a radicalização da democracia. Porém, isso não basta, haja vista o número de experiências fundamentadas em autores com esse perfil em gestões cujas ações podem ser definidas como centralizadoras e não-comprometidas com as necessidades da maior parte da população que frequenta a escola pública. Embora o embasamento teórico constitua um ponto de partida importante, em um processo com objetivos como o da CE é necessário criar um conjunto de condições para que o acesso a essas referências possa ser traduzido em ações concretas no interior da escola.

Dessa forma, a CE constituiu uma oportunidade para muitos cidadãos conhecerem e refletirem sobre as ideias de autores que questionam e criticam a concepção de mundo hegemônica. Para a funcionária Nívea, da Escola Zulma Machado, parece que tal possibilidade propiciou, além do acesso a uma outra visão de escola, uma mudança na própria atitude como educadora:

> Conheci, que eu já conhecia, mas não tanto..., quanto eu passei a conhecer o Paulo Freire, que eu conhecia ele como uma cidadã comum, do lado de fora aqui, entendeste? Aí passei a conhecer melhor, hoje até falo sobre ele e tudo, coisa que eu não fazia. Então eu acho que pra escola foi bom, pra comunidade foi bom, foi, mas pra mim enquanto pessoa, foi maravilhoso.

Com o depoimento de Nívea, parece oportuno enfatizar a necessidade de que sejam criados mecanismos (não somente na esfera educacional) para ampliar o grau de consciência dos homens sobre suas reais condições de vida, para, quem sabe, ultrapassar uma práxis reiterativa, caracterizada pela repetição de uma determinada ação, cuja realização não depende de uma elaboração anterior e de uma intencionalidade criadora (Paro, 2002a). E desenvolver uma práxis criadora que una a idealização de um projeto (subjetivo) à sua realização (objetivo), pois estes são componentes inseparáveis, ou seja, ambos se modificam no processo de realização, na medida em que a execução de um determinado projeto não se dá exatamente como foi idealizado.

Entretanto, com base em Sanchez Vázquez, Paro (2002a) chama a atenção para o fato de que não basta ter a noção da presença da consciência num processo prático. De acordo com o autor, é necessário desenvolver uma práxis reflexiva, que ultrapasse essa noção e na qual o sujeito se encontre consciente "da racionalidade do processo e da participação nele de sua consciência" (Paro, 2002a, p. 29).

Pode-se dizer que naquelas escolas onde houve um envolvimento mais intenso na CE, as leituras e as reflexões contribuíram para a construção de uma outra visão de escola pública. Por propiciar a interpretação das práticas diárias dos educadores, o contato com autores até então desconhecidos para muitos, a reflexão sobre o trabalho realizado e a revisão das relações estabelecidas nesse espaço, a CE constituiu-se em processo de formação.

É no espaço da escola, em meio a um conjunto de elementos de toda a ordem, que os educadores constroem suas práticas. No produto de tais práticas estão impregnadas as vivências do próprio educador. Seus valores, conhecimentos e saberes, elaborados ao longo de sua existência, têm uma dimensão significativa sobre o tipo de ação que desenvolverão.

O enfrentamento dos limites, das facilidades, das contradições vividos em cada unidade escolar exige muitas vezes a definição de estratégias e a implementação de ações rápidas e imediatas. É de supor que o necessário imediatismo das respostas às situações surgidas no cotidiano, aliado às rotinas diárias de um trabalho em que raros são os espaços de debate e de reflexão, indique a predominância de uma práxis reiterativa no interior das escolas.

Em geral, nas jornadas dos trabalhadores em educação há poucos momentos reservados para o estudo, para a exposição de ideias e sentimentos, para a análise das diversas situações vividas no dia-a-dia, para a troca de ideias e experiências e para a definição de projetos coletivos de ação. Os relatos dos educadores públicos revelam justamente a ausência desses espaços no interior da escola.

Assim, como os educadores poderão superar uma práxis reiterativa se não dispõem dos meios para construir ações mais coletivas e refletir sobre as ações que desenvolvem na escola e sobre sua influência na vida dos alunos?

Será difícil alcançar esse intento enquanto os educadores tiverem quase a totalidade da sua jornada de trabalho sendo cumprida em sala de aula, precisarem atuar em duas ou três escolas para conseguir melhores rendimentos, não terem condições de refletir sobre as próprias ações.

Já se afirmou que na escola são construídas as práticas educativas; porém, tal processo está constantemente sendo alimentado pelas orientações e pelas políticas definidas nas redes de ensino que, dependendo dos seus princípios para o setor educacional, poderão definir prioridades que resultem em avanços ou retrocessos nessas práticas.

Dessa forma, é preciso criar condições para que os homens tenham possibilidades de desenvolver uma práxis reflexiva na sociedade, na qual o sujeito possa perceber o significado da sua participação na modificação de uma determinada realidade.

A professora Marlene, da Escola Júlio Dutra, identifica nas ideias de Paulo Freire uma excelente referência para a educação. Entretanto, ela está convencida da dificuldade de se implementar um projeto com tais características numa escola que não passa por modificações na sua estrutura:

> A proposta em si, eu acredito que ela é bem interessante, principalmente porque o que ela traz no bojo... é a metodologia de Paulo Freire, que pras escolas populares, pras escolas públicas, eu não acredito que não surgiu ainda nada mais interessante. A implementação da proposta, tem uma série de..., de entraves, até naturais, porque uma coisa nova é muito difícil, vai trancando, isso aí mesmo que eu te disse, dos professores não terem seu tempo pra estudo, pra reuniões e pra tudo mais, segura uma barbaridade. Parece que não tem como, a gente vendo do ponto de vista da supervisão, parece que não tem como andar.

É comum presenciar nas reuniões escolares longas discussões sobre o comportamento de um aluno, sobre a inclusão ou não de um determinado conteúdo em uma grade curricular, sobre as baixas notas de uma turma, entre outros. Em tais debates, normalmente é deixada de lado uma questão crucial que poderia facilitar a tomada de decisão sobre problemas pontuais: qual a função social da escola?

Não se está aqui desconsiderando a importância e a necessidade do debate sobre questões específicas, mas salientando que a discussão sobre a função da escola na sociedade e sobre o papel que os educadores nela desempenham antecede essa discussão. Ou seja, como será possível escolher o melhor caminho se não há suficiente clareza sobre onde se quer chegar? De acordo com Paro (2000b, p. 84), a função social que se pode atribuir à escola pública é a de "cumprir adequadamente um papel consistente de socialização da cultura e ao mesmo tempo de contribuição (por modesta que seja) para a democratização da sociedade".

Uma análise do material que subsidiou as discussões da CE é reveladora do tipo de reflexão induzida pela SE. Entre os temas[17] propostos,

---

17. Conforme mencionado no capítulo 3, cada um desses temas foi explorado em um caderno com trechos de obras publicadas sobre cada assunto.

é possível citar: "a escola como espaço público"; "a influência dos meios de comunicação na formação, controle e alienação dos sujeitos sociais"; "violência"; "planejamento participativo", entre outros. Percebeu-se que muitas escolas elegeram, dentre os 25 propostos, aqueles temas que julgavam mais urgentes para serem debatidos. A justificativa para essa opção foi a falta de tempo para aprofundar todas as temáticas.

O segundo momento da CE constituiu justamente um espaço de reflexão sobre o trabalho desenvolvido em cada escola. Tal estratégia de mobilizar os sujeitos da comunidade escolar a fazerem um levantamento de suas práticas e a pensarem suas ações parece ter permitido às escolas que fizeram esse processo realizar um mapeamento dos limites e dificuldades vividos no cotidiano. Na opinião de Diana, funcionária da Escola Fábio Costa:

> [...] pra mim, eu acho que foi um espaço de formação muito importante nesses dois anos. Aí, a gente fica falando uma língua diferente parece na escola, né? Porque quem participou, quem discutiu, e começou a enxergar a educação, quem não enxergava ainda, diferente, né? E quem não foi, ficou parado no tempo e ficou pior, eu acho. [...] Porque o meu processo de formação na constituinte, reflete aqui, né, quando a gente vai atender, quando a gente tem uma palavra de carinho, quando eles têm dificuldade, até aqui na minha cozinha... [...]
> Quer dizer, esses dias assim, normalmente os professores falam assim, falam que querem formação, que querem que o professor seja informado e o professor não tem dinheiro pra comprar um livro, mas quando tem a oportunidade de participar, de seminários, de um curso que seja gratuito, o pessoal não vai.

Para a professora Tânia, da Escola Manoel Quadros, foi justamente a oportunidade de realizar leituras e estudos que afastou os pais da CE. Fica evidente na fala da docente uma ideia de que os pais não são capazes de compreender a realidade da escola e de interpretar os textos de alguns autores sobre as relações que se estabelecem nesse espaço:

> Eu acho assim, ó..., muita leitura e pra certas pessoas, por exemplo, essa mãe mesmo, era uma coisa sem prática, né, Hilda? Era assim, por exemplo, tu

fazia a roda, então tinha a mãe de uma escola, a mãe de outra, e tinha mães, professores e tudo... As professoras começavam a colocar os problemas das escolas... Agora, a mãe que tá ali não tinha o mínimo... A realidade lá dentro da escola ela não sabe, ela vai leva o filho e deu, não é isso?

Embora seja verdadeira a dificuldade de muitos pais, funcionários e alunos para compreender determinadas interpretações, não se identificou naquelas reuniões (em que foram criadas estratégias para permitir a compreensão do que estava em discussão) um sentimento de exclusão nos participantes. O fato de os debates normalmente serem permeados por relatos de experiência parece ter facilitado o entendimento de algumas questões pelos participantes. O ponto de partida nesses momentos eram, normalmente, as vivências dos sujeitos e as rotinas da escola.

Nas etapas que eram realizadas nas escolas cabia a cada uma organizar as atividades e criar condições para que todos os segmentos pudessem participar. As estratégias para alcançar esse propósito variavam de escola para escola. O importante nesses casos parece ser o entendimento de que todos têm algo a dizer e que, se todos são responsáveis por aquele processo, todos devem estar em condições de participar e se sentir sujeitos. Isso implicava a criação de condições para o entendimento dos debates.

No depoimento da professora Tânia não se identificou qualquer disposição para tornar a escola mais aberta à comunidade. Na Escola Manoel Quadros, onde atua, foi possível identificar dois grupos bem definidos. Um deles tinha opinião semelhante à da professora e não demonstrava interesse numa participação mais intensa de pais e alunos nas decisões escolares. O outro grupo, com posição totalmente inversa a essa, ainda tentou dar prosseguimento ao processo da CE com o envolvimento de toda a comunidade da escola.

O acesso a análises e interpretações sobre a escola pública pautadas numa visão crítica sobre o caráter das relações dominantes na sociedade pode levar os sujeitos a terem uma percepção menos conformadora da realidade. Evidentemente, com um grau de aprofundamento maior em algumas escolas do que em outras, as etapas da CE constituíram uma oportunidade de reflexão sobre questões específicas do dia-a-dia na escola e sobre questões estruturais que atingem diretamente as ações lá desenvolvidas.

Ao longo do estudo, percebeu-se que o acesso a uma nova interpretação da realidade desencadeou em muitos participantes da CE um desejo de construir um espaço de ensino e aprendizagem mais adequado às necessidades e aos interesses da população. Entretanto, a reflexão sobre as rotinas da escola e sobre a sua função num contexto mais amplo não pode ficar restrita a alguns momentos. Sobre essa questão, o representante do governo, Adão, mencionou:

> [...] a caminhada até a conferência foi uma, com um espírito, digamos assim, de querer inovar, de querer mudar, então as pessoas participavam; terminada a conferência, terminado aquele grau de motivação, sabe, de vontade de mudar a escola, mudar as pessoas... quer dizer, toda aquela discussão, todo aquele processo de discussão e aquela motivação que a Constituinte colocou, imprimiu no processo das escolas, parece que escorrega pelos dedos, escorrega pelo meio dos dedos.

Assim, não basta que as pessoas tenham acesso a um conjunto de análises críticas sobre a realidade; elas precisam contar com os meios para continuar a interpretar as diversas situações do cotidiano para que possam fazer suas próprias análises e, dessa forma, serem capazes de lutar por mudanças substanciais no interior das escolas e da sociedade.

As lições tiradas do processo de participação na Constituinte Escolar: uma (re)visão conclusiva do estudo

Ao nascer, uma criança não possui nenhum domínio sobre o conhecimento produzido pela humanidade. É no decorrer de um longo processo de socialização, no qual em um determinado momento se inclui o processo de escolarização, que se educa e aprende sobre seus direitos e deveres em uma sociedade.

Por possibilitar o acesso a um conjunto de conhecimentos, saberes, valores, condutas, modos de pensar e de agir e por propiciar o estabelecimento de um conjunto de interações sociais, o processo de escolarização cumpre um papel importante na vida do sujeito.

Este trabalho teve como pressuposto fundamental o fato de que a escola, por meio da formação de sujeitos autônomos, independentes, críticos, conscientes de sua situação social, pode contribuir para a transformação social. Em uma organização social cujas desigualdades geralmente são concebidas como imutáveis e sem solução, torna-se fundamental levar as pessoas a perceberem que também são responsáveis pelo mundo em que vivem e que as possibilidades de intervenção nessa sociedade se ampliam quando se deixa de ignorar as razões de uma determinada condição de existência.

É na escola que a criança e o jovem têm a maior experiência de inserção em uma instituição pública. Pode-se afirmar que a escola pública constitui a maior rede institucional do Estado na sociedade. As referências que acumularão nesse espaço poderão favorecer uma ação mais crítica ou mais submissa na vida adulta em relação àquilo que pertence à coletividade. A partir da compreensão de que a escola pública pertence a todos e sentindo-se responsáveis por ela, os sujeitos poderão agir de modo a exercer um controle sobre o tipo de ação que lá é realizada, para que prevaleçam as vontades coletivas em detrimento dos interesses individualistas. Assim, poderão ser criadas as condições para que desde cedo o cidadão aprenda sobre seu direito de decidir acerca dos rumos daquilo que lhe pertence, o *público*.

O presente trabalho pretendeu analisar uma política setorial da gestão Olívio Dutra (1999-2002) no estado do Rio Grande do Sul, que visava romper com um modelo de política pública para a educação alicerçado na unilateralidade e na centralização das decisões. A proposta dessa gestão de contar com a participação do cidadão para decidir os rumos da educação pública gaúcha despertou o interesse em realizar o estudo.

A partir de algumas leituras, percebeu-se o quanto seria complexo trabalhar com os dados da CE, já que era uma política pública ainda em andamento quando se iniciou o estudo. Por outro lado, a literatura indicava que os resultados de uma política educacional, diferentemente de outros setores, não são facilmente perceptíveis a curto prazo. Diante dessas constatações, optou-se por analisar o desenvolvimento da CE buscando entender como os sujeitos das unidades escolares e dos setores de governo percebiam e se percebiam nesse processo. Isso, claro, sem desconsiderar a importância e o significado de alguns resultados identificados ao longo da investigação.

Por se tratar de um processo com tamanha riqueza de características e situações, foi necessário delimitar a investigação e optou-se por focalizar o estudo na questão da participação. Dessa forma, buscou-se desvelar quais foram as condições criadas pelos gestores e pelas próprias escolas para propiciar a participação dos sujeitos nas diferentes etapas da CE e, especialmente, entender como os condicionantes econômicos, políticos, culturais e sociais do modelo de sociedade dominante influenciaram na oferta dessas condições. Assim, utilizou-se a abordagem qualitativa como orientação para os passos que seriam trilhados no processo investigatório.

O desenvolvimento da CE foi um processo complexo e variado cujos resultados oscilaram entre o avanço, o continuísmo e a contradição. Evidentemente, esse quadro é produto das disputas de forças que se estabelecem num exercício democrático e da influência de um conjunto de fatores internos e externos à escola. Tentar-se-á, nas próximas páginas, expor uma síntese das informações obtidas na investigação.

O estudo permitiu compreender como os diferentes sujeitos que atuaram na política perceberam as relações estabelecidas entre governo e sociedade e como se perceberam no processo. Pode-se dizer que as percepções de quem foi governo e dos usuários das escolas foram próximas em alguns aspectos e distantes em outros. Tanto da parte de quem foi governo quanto das escolas, não se notou uma intenção de mascarar os problemas ou as dificuldades enfrentadas no processo de implementação da CE.

Um aspecto importante a considerar é que, durante o processo de coleta de dados, em muitos momentos foi difícil conservar uma atitude neutra e indiferente como pesquisadora perante alguns depoimentos. A visão de mundo conservadora, preconceituosa e excludente que estava por trás da postura de muitos educadores participantes do estudo causava certa indignação, por serem pessoas que têm um papel importante na formação de tantas outras. De fato, essas pessoas acabam por reproduzir na escola um tipo de ação hierárquica e competitiva que prevalece na sociedade, sem perceber que, em princípio, a presença de todos em uma unidade escolar tem o mesmo objetivo: a educação do cidadão.

Duas questões que geralmente estão no centro do debate sobre as políticas educacionais são que as reformas implementadas normalmente não chegam à sala de aula e que não mudam substancialmente as práticas cotidianas.

Quanto ao primeiro aspecto, pode-se dizer que a CE foi uma política pública que chegou às escolas. Em todos os contatos realizados com os educadores durante a fase de coleta de dados, nunca foi percebida uma atitude de desconhecimento desse processo. Notou-se também que, logo no início das conversas, as pessoas sempre faziam uma apreciação em relação à CE, de aprovação ou de repúdio ao processo instalado pelo governo. Poucas foram as atitudes dos educadores que poderiam ser classificadas como indiferentes. Como descrito ao longo dos capítulos 4 e 5, as atitudes positivas ou negativas em relação à CE tiveram razões de naturezas diversas. Em relação aos pais e aos alunos, nem todos tinham ouvido falar da CE.

Nesses segmentos, as pessoas às vezes até tinham estado envolvidas em alguma etapa, porém era necessário descrever, mesmo que brevemente, o processo para que identificassem do que se estava falando.

Quanto ao fato de modificar as práticas cotidianas, será necessário considerar alguns aspectos. Primeiramente, é importante ressaltar a heterogeneidade de situações vividas nas escolas estaduais do Rio Grande do Sul, conforme analisado nos dois últimos capítulos deste livro. Detectou-se que as escolas que aderiram, mesmo que parcialmente, ao processo da CE, foram capazes de produzir movimentos significativos em suas rotinas de trabalho. Algumas, a partir da reflexão e do debate sobre suas ações, optaram por mudanças importantes em seus projetos pedagógicos e regimentos escolares. Além disso, também se perceberam mudanças — não tão visíveis e que não estão descritas nos documentos escolares — nas formas de intervenção e de interação entre os sujeitos. Nessa questão das alterações nas rotinas escolares, podem-se salientar algumas possibilidades que a participação na CE desencadeou nas escolas:

a) permitiu uma maior aproximação dos segmentos que integram a unidade escolar, minimizando hierarquias: pais, alunos, professores e funcionários;

b) garantiu o encontro e a organização de muitas pessoas da comunidade para participar dos momentos de reflexão e debate sobre a escola;

c) viabilizou a participação da comunidade em uma instância de decisão sobre os rumos da escola e os parâmetros de uma política pública. Isso não fazia parte da rotina, nem era tradição nesse espaço;

d) no caso da relação OP e CE, levou as pessoas a perceberem que o recurso *público* pertence ao cidadão que, portanto, tem direito de opinar e decidir sobre sua melhor aplicabilidade;

e) propiciou um maior conhecimento sobre a organização e o funcionamento da escola pública, bem como das dificuldades enfrentadas nesse espaço;

f) despertou em muitos sujeitos o interesse e a vontade de conhecer e decidir sobre os rumos da escola pública. Pode-se atribuir esse sentimento de satisfação (valorização pessoal) à possibilidade de participarem de atividades das quais tradicionalmente foram excluídos;

g) tornou mais visível a presença de grupos divergentes dentro da escola. As chances de opinar e de se posicionar sobre determinadas questões faziam aflorar as ideias divergentes dos participantes;

h) desmascarou preconceitos e visões diferenciadas do envolvimento que deve ter cada segmento nas decisões escolares, desencadeando, em algumas unidades escolares, ações mais coletivas e solidárias;

i) ampliou o olhar dos sujeitos das unidades escolares sobre a educação pública, já que, em alguns momentos, os debates eram realizados entre escolas com características diferentes.

Em relação às escolas que não participaram ou que tiveram pequeno envolvimento com o processo, notou-se que as rotinas foram pouco alteradas, especialmente em relação ao tipo de interação estabelecida entre os sujeitos. Nesses casos, é possível tecer algumas considerações sobre um conjunto de fatores que condicionaram a adesão restrita das escolas à CE ou a total ausência no processo:

a) primeiramente, é preciso considerar o peso de uma cultura dominante em que o poder de decisão não é compartilhado e em que as ações individuais prevalecem sobre as coletivas;

b) o predomínio de uma visão de que determinadas características das pessoas não lhes dão condições de tomar decisões. Em algumas unidades, notou-se uma grande dificuldade para adotar uma concepção de que pais, alunos e funcionários também devem ser responsáveis pelas ações desenvolvidas na escola e, dessa forma, também devem ser convocados a decidir sobre seus rumos. O processo proposto pelo governo do estado só tinha sentido se contasse com o envolvimento desses segmentos;

c) a centralização das ações das equipes diretivas tornou mais difícil a implementação do processo da CE. Nas escolas em que o diálogo e a participação da comunidade nas decisões já fazia parte das rotinas, percebeu-se mais predisposição para aderir ao convite da SE;

d) o entendimento de que se tratava de mais um projeto de um novo governo, que não traria modificações significativas para a escola;

e) o papel desempenhado por alguém que exerce uma liderança na escola foi identificado tanto como facilitador quanto como limitador do envolvimento da comunidade em processos decisórios. Facilitou quando a pessoa com essa característica exerceu sua liderança para organizar as pessoas para debater; dificultou quando apenas se utilizou de sua capacidade para legitimar as próprias escolhas.

É imprescindível destacar, ainda, dois aspectos que se sobressaíram no estudo: a decisão do sindicato dos trabalhadores em educação de boicote à CE e a exigência legal de apresentação dos projetos pedagógicos e regimentos escolares às SE.

Quanto ao primeiro aspecto, viu-se, ao longo da investigação, que a decisão do Cpers influenciou significativamente a participação no processo da CE. Essa estratégia de pressão, utilizada pelo sindicato sobre o governo para reivindicar melhores salários, resultou no limitado envolvimento de parte das escolas da rede estadual de ensino do Rio Grande do Sul na CE. O movimento desencadeado pelo sindicato parece ter afetado a motivação de muitos sujeitos para participar: alguns efetivamente seguiram a orientação da assembleia; outros utilizaram essa justificativa para não participar. Por outro lado, a ação dos gestores ao alegarem falta de condições de conceder os reajustes pretendidos pelos trabalhadores também parece ter afetado a motivação para participar da CE. O fato é que uma coisa não dependia da outra. Suponha-se que houvesse ocorrido o inverso, ou seja, o governo tivesse atendido a todas as reivindicações dos trabalhadores em educação no que tange à questão salarial e não tivesse proposto uma política de amplo debate sobre a educação no Rio Grande do Sul, será que esses trabalhadores teriam "boicotado" as revisões salariais por não terem a sua segunda reivindicação atendida? Esse questionamento "ao extremo" é para chamar a atenção de que tanto melhores salários quanto a participação da sociedade nos rumos da educação pública são pré-requisitos importantes quando se almeja uma escola pública de qualidade.

Quanto ao segundo aspecto, a exigência legal de organização dos projetos pedagógicos e dos regimentos escolares serviu de instrumento para os sujeitos das unidades escolares avaliarem o significado e a relevância da participação na CE. Provavelmente, se não houvesse essa exigência muitas escolas nem teriam percebido os avanços conquistados ou as possibilidades desperdiçadas no processo que estava em andamento.

Disso tudo pode-se inferir que, mesmo com a criação de alguns canais que possibilitem às pessoas decidir sobre algumas questões e desenvolver alguma noção de controle público sobre o governo, essa adesão está condicionada a uma série de fatores de ordem social, econômica, política e cultural. Dessa forma, a proposição de uma política participativa precisa, ao mesmo tempo, considerar esses fatores e desenvolver estratégias de motivação para a adesão a um processo decisório. Isto é, por serem processos cuja voluntariedade da participação constitui um princípio fundamental, o envolvimento das pessoas pressupõe o convencimento do significado que a intervenção de cada um pode ter na vida de todos.

Identificou-se ao longo do estudo que muitos debates, por propiciarem o acesso a um conjunto de temas, despertaram nos participantes a inconformidade com as condições de vida da população e, mais especificamente, com as condições da escola pública. Esse foi um aspecto interessante, pois significa despertar nas pessoas a percepção da falsa "neutralidade" conferida a determinadas situações vividas tanto dentro quanto fora da escola.

Se a superação dos graves problemas pelos quais passa a sociedade implica a transformação das relações sociais vigentes, isso significa a necessidade de uma inversão dos valores predominantes no mundo hoje. Como lembra Charles R. Clement (2004, p. 6), "o único valor aceito no atual sistema político-econômico é o valor financeiro, pois os outros valores não são contabilizados no PIB".

Essa constatação do autor pode ser ilustrada com uma ação que já virou rotina na esfera federal no Brasil: o constante contingenciamento de recursos de setores estratégicos, do ponto de vista social, para garantir o superávit primário. Os meios para assegurar as condições de vida e de sobrevivência de milhões de pessoas são reservados para assegurar a acumulação do capital e, assim, garantir a uma minoria as possibilidades de continuar dominando as relações sociais que se estabelecem no mundo.

Uma sociedade efetivamente democrática só se constitui com pessoas capazes de compreender e interpretar o mundo a sua volta. O entendimento das razões de uma determinada condição de vida constitui um pré-requisito essencial quando se almeja despertar nas pessoas a indignação com a situação desigual a que é submetida a maior parte da população deste país.

O tipo de ação na esfera federal anteriormente citado não é exclusividade do Brasil, pois no mundo os Estados nacionais perdem poder para as agências internacionais, que passam a ser soberanas na definição das políticas a serem implantadas em diferentes setores. São, nesse sentido, pertinentes as dúvidas apresentadas por Palast (2004b, p. 16) sobre o tipo de democracia que se tem hoje no mundo: "Quem votou no FMI? Quem lhe deu tantos poderes? Há um poder crescente de instituições políticas e econômicas que não escolhemos". E conclui o autor: "Não há dúvidas de que não temos mais uma democracia real, no sentido de que, quando votamos, escolhemos nossos verdadeiros líderes, nosso destino. Não está mais nas nossas mãos".

Realizar este estudo tornou-se algo complexo à medida que se tinha acesso a um conjunto de informações sobre a implementação da política aqui estudada. Isso porque se estava em uma encruzilhada entre a análise de um processo com um formato participativo, mas inserido em uma lógica (global) política e econômica cujos princípios se contrapunham ao modelo proposto. Como dito, a democracia nos Estados nacionais assume uma importância cada vez maior na retórica, sem, entretanto, constituir-se em algo realmente verdadeiro, pelo menos no sentido que se vem defendendo ao longo deste estudo. A partir dessas constatações é possível retomar uma questão tratada no primeiro capítulo: quais são as possibilidades de o homem ser sujeito nessa sociedade?

Parece que somente com a reivindicação — de um número cada vez maior de pessoas conscientes e inconformadas por compreenderem que não é por mero acaso que se encontram em determinada situação — por condições de vida mais humanas se conseguirá ter uma sociedade mais justa.

O esforço dos movimentos sociais que lutam por assegurar os direitos de milhares de homens e mulheres neste país prova que há uma inconformidade com as condições de vida da população. Tais movimentos buscam a ruptura com as relações de dominação e exploração predominantes na sociedade e acabam por formar redes de interação social pautadas em valores diferentes daqueles prevalecentes na sociedade. Muitas vezes tais grupos encontram formas alternativas de sobrevivência em organizações cooperativas, dentro daquilo que tem sido denominado de economia solidária. Assim, por dentro de uma cultura, vão-se criando outras formas de relação social.

Se, por um lado, a noção de participação política na formação sociopolítica do brasileiro é limitadamente presente, dados os raros canais à disposição do cidadão para efetivamente se apropriar do conjunto de informações e decisões públicas, por outro, crescem os movimentos organizados que reivindicam essa participação e que pressionam os governos para assegurar seus direitos e condições de vida melhores.

É o que alguns autores, como Paul Singer e João Machado, denominam de implantes socialistas, experiências que visam superar a lógica da sociedade capitalista. Se a experiência em análise neste estudo contribuiu na formação de sujeitos, ela, de certa forma, contribuiu para a transformação social. Nesse sentido, as experiências educativas com essas características também poderiam ser denominadas de implantes socialistas.

Embora com efeitos diferentes em cada estabelecimento, pode-se dizer que uma política como a CE favorece o controle social sobre a escola. Assim, à medida que uma política educacional constitui uma ação de um Estado comprometido com um setor da sociedade, pressupõe-se que ela acaba por fortalecer esse setor. Se o seu compromisso é com as camadas economicamente menos favorecidas da população, então ela pode contribuir para o aprimoramento desses sujeitos.

Contudo, pode-se afirmar que a CE foi uma experiência que não chegou a se consolidar a ponto de haver uma reação mais forte da sociedade para reivindicar a continuidade de um determinado modelo de gestão na educação. Isso de certa forma facilita a ação de uma nova administração cuja tendência tem sido ignorar e minimizar as definições da CE e todo o esforço que foi feito para definir os princípios e as diretrizes para a educação no Rio Grande do Sul.

Na verdade, o estudo corroborou a ideia, já bastante difundida entre os educadores progressistas, de que a escola pública precisa potencializar as experiências democráticas e de que os governos, por sua vez, precisam implementar políticas que possibilitem às escolas ampliar as experiências de construção de ações coletivas e de participação da sociedade nas decisões públicas. Entretanto, sabe-se que essa abertura à mobilização dos sujeitos não é desprovida de intencionalidade. Assim, não é possível esperar de governos com uma postura conservadora e centralizadora, comprometidos com determinado setor da sociedade, a criação de condições para a participação do povo na decisão política.

Os problemas que afetam a educação a que tem acesso a maior parte da população no Rio Grande do Sul são de domínio público há muito tempo. Faltou, ao longo de muitas administrações, vontade política aos gestores para definir ações governamentais que contribuíssem para modificar as práticas educativas e, consequentemente, qualificar a educação. Essa talvez seja a razão da grande expectativa entre os educadores para o que seria implementado na gestão aqui analisada.

Como se tratou ao longo da investigação, o predomínio de uma concepção liberal de democracia, na qual há uma limitação da participação do cidadão, de modo a não haver muita pressão sobre o sistema com demandas sociais que ameacem a prioridade da acumulação sobre a distribuição, interessa aos setores que têm o domínio econômico e político na sociedade (Santos; Avritzer, 2002).

No que tange à escola, é preciso mudar relações e superar hierarquias e, fundamentalmente, garantir que aqueles que integram a comunidade sejam sujeitos das decisões no próprio espaço escolar. Os resultados alcançados na política aqui realizada podem ter sido tímidos num universo de escolas tão grande e complexo como é o do estado do Rio Grande do Sul. Muitos resultados certamente se diluíram nas práticas diárias daqueles que integram a comunidade escolar.

Pode-se também dizer que os resultados dessa política foram tímidos do ponto de vista do despertar as pessoas para a necessidade de permanecerem e ampliarem espaços de reivindicação e participação na esfera governamental. Todo o envolvimento e o entusiasmo das pessoas que tiveram uma participação mais intensa na CE parecem ter ficado adormecidos logo após o término do processo. Toda a organização para participar das diferentes etapas, mantida, em algumas escolas, até a elaboração dos projetos pedagógicos e dos regimentos escolares, desfez-se após a conclusão desses documentos.

Pode-se afirmar que são ações e condutas que, na maior parte das escolas, não chegaram a ser incorporadas ao seu cotidiano; como afirmam Berger e Luckmann (2001), ao final do processo são retomadas as velhas rotinas da realidade dominante. Entretanto, não se pode dizer que esse processo foi desprovido de significados para esses sujeitos.

O estudo demonstrou que se está muito longe de ser sujeito das decisões políticas. A sonhada democracia participativa e o desejado controle público sobre as ações de um governo só serão alcançados na medida em que forem criados canais permanentes de participação da sociedade nas decisões de governo. Canais esporádicos (uma gestão), como o aqui estudado, permitem uma maior aproximação entre sociedade e governo e um maior conhecimento sobre as estruturas e investimentos públicos, porém não garantem o exercício permanente da coletividade.

Se na sociedade prevalece a ideia da competição e de que apenas alguns serão vitoriosos, na escola a negação da condição de sujeito dos seus usuários não pode servir para conservar e acentuar essa visão. Afinal, todo ser humano deve ter o direito a desenvolver-se tendo acesso a tudo o que foi produzido pela humanidade. O predomínio das relações hierarquizadas, a dificuldade para implementar uma estrutura curricular em que não ocorra a reprovação dos alunos, a visão de que determinado assunto não deve ser debatido com toda a comunidade, todos esses aspectos servem para ilustrar como a escola nega a condição de sujeito dos seus usuários.

Algumas ações indiscutivelmente democráticas já foram incorporadas à rotina das escolas públicas estaduais gaúchas, como, por exemplo, a eleição de diretores. Nesse caso, raríssimos são os questionamentos sobre esse procedimento. A opção da SE ao implementar a Constituinte Escolar foi permitir que as escolas fizessem suas opções sobre os melhores encaminhamentos que dariam às suas organizações curriculares e aos seus procedimentos de ensino.

Ao deixar, por exemplo, a tomada de decisão sobre o fim da reprovação para as escolas, a CE limitou a possibilidade de se ter no Rio Grande do Sul uma educação mais democrática. O pequeno número de escolas que optaram pela ruptura com uma estrutura seriada de ensino ratifica a ideia de que prevalece na sociedade uma educação reprovadora.

As políticas participativas implementadas por algumas gestões constituem formas de maior intervenção da sociedade e uma ampliação do exercício democrático. O aperfeiçoamento dessas formas de intervenção precisa ser buscado. Isso significa a criação de mecanismos de ampliação dos espaços e possibilidades de decisão. Implica, por exemplo, no caso do OP, uma elevação dos percentuais dos recursos que podem ser definidos pela sociedade. No caso de uma experiência como a CE, implicava a criação de mecanismos para a definição dos princípios e diretrizes para a educação no Rio Grande do Sul que assegurassem à população a fiscalização e a intervenção sobre as ações do Estado na área educacional.

Em uma sociedade cujos valores dominantes distanciam o cidadão da possibilidade de intervenção pública, em que impera uma concepção restrita de política eminentemente vinculada à disputa pelo poder e o exercício democrático limitado ao ato de votar em dia de eleição, processos participativos precisam ser promovidos e constantemente aperfeiçoados e ampliados.

Isso porque, se somente um pequeno percentual do orçamento e poucas questões estiverem à disposição da população para serem decididos, acabam não representando nenhuma ameaça ao projeto hegemônico e ainda criam a falsa ideia de intervenção da sociedade no espaço público, o que pode não constituir uma ameaça à organização social vigente e representar um fortalecimento do projeto hegemônico, levando até mesmo à perda de credibilidade nas experiências participativas e dificultando a implementação de novos projetos pautados nesses princípios.

Dois aspectos identificados ao longo do estudo podem comprometer a consolidação de processos participativos. Um primeiro refere-se ao esvaziamento dos espaços de participação e organização da sociedade na medida em que as solicitações e reivindicações definidas coletivamente não contem com o compromisso dos gestores na sua execução. Um segundo aspecto refere-se a uma participação do tipo "faz-de-conta", isto é, há o envolvimento de um número significativo de pessoas em um processo sobre o qual elas não têm qualquer poder de influência e decisão. Ou seja, é criada uma estrutura que propicia a participação (passiva), entretanto esta serve apenas para legitimar escolhas previamente definidas.

A consolidação dessas experiências participativas depende também de sua articulação com outras ações do governo que provoquem mudanças mais significativas na estrutura social, para que o peso e o impacto de determinadas medidas adotadas por um governo representem efetivamente alguma ameaça ao projeto hegemônico e não se tratem de medidas esporádicas e tão desarticuladas de qualquer projeto mais amplo que não ultrapassam o resultado imediato da própria atividade.

> [...] importantes reformas sociais, ainda que não signifiquem a consolidação de um programa socialista, como reforma agrária, criação de políticas de combate efetivo à exclusão e ao desemprego, maior investimento em educação, em assistência social, criação de receitas através de mecanismos tributários como imposto sobre grandes fortunas e sobre capital financeiro, ou ainda o fortalecimento através de políticas públicas do que restou dos mercados nacionais para a competição global, para citar algumas possíveis mudanças imediatas, isto "contrariaria os investidores estrangeiros" e desencadearia o "nervosismo das bolsas", para usar a linguagem dos economistas oficiais. (SOUSA JÚNIOR, 2004)

Pode-se afirmar que as experiências aqui analisadas e outras, como a do OP, estão na contramão das políticas neoliberais por se alicerçarem no agrupamento de pessoas e na participação direta sobre os rumos de um governo. Sabe-se que as elites dominantes não têm interesse na proliferação e no crescimento dessas ações, pois quanto menos a população se interessar pelas questões políticas, mais fácil fica para esses setores dominantes permanecerem no poder. Na gestão aqui analisada, vale lembrar o papel assumido pela grande imprensa, que, atrelada aos interesses dos grupos econômicos, tentava deslegitimar o processo da CE. Essa conduta revela a preocupação com a ampliação do movimento que poderia ser desencadeado no estado.

Sobre o pouco interesse da ampliação da participação, menciona Comparato (2002, p. 3):

> O capitalismo é o arqui-inimigo da soberania popular ativa, do direito do povo, nos diferentes países, e dos povos no plano internacional, de tomar diretamente e não por meio de representantes as grandes decisões políticas. A democracia participativa é, de fato, um tremendo risco para um sistema econômico que depende, sempre mais, do controle do poder político para subsistir.

A participação na decisão política realmente não constitui um hábito; porém, quando são criadas condições de intervenção e as pessoas percebem que as ações do Estado têm relação direta com seu cotidiano, há indícios de que um interesse pelo envolvimento pode ser despertado e de que o controle público sobre as ações de um governo pode ser alcançado.

Se, por um lado, há na sociedade e nas próprias instâncias de governo uma imagem reconhecida de que os cidadãos não são participativos, por outro, os mecanismos criados pelos governos e pelas instituições para efetivamente propiciar esse envolvimento são raros. Contraditoriamente, muitas vezes se assiste às pessoas reclamarem por mais espaços de decisão; mas quando tais espaços são criados e estão disponíveis, parece haver certo desinteresse em ocupá-los. Entretanto, dizer daqueles que não participam que simplesmente não querem participar é algo demasiado simplista, visto que esse suposto desinteresse está relacionado a um conjunto de fatores, conforme descrito nos dois últimos capítulos deste livro. Essa atitude acaba por desconsiderar um complexo conjunto de elementos que desencadeiam e explicam o interesse ou desinteresse por um processo participativo.

A partir do que foi visto, pode-se afirmar que as políticas participativas conduzem a um maior comprometimento do governo com as demandas dos cidadãos. Além desta, podem-se apontar outras lições tiradas desta pesquisa:

a) um projeto democrático pode construir relações diferentes daquelas hegemônicas, não pautadas na dominação e na hierarquização;

b) não é possível desprezar um conjunto de condições internas das escolas que facilitaram ou dificultaram (obstáculos) a participação no processo da CE;

c) é preciso considerar o grau de motivação das pessoas para integrar um processo como o da CE, e criar mecanismos que as estimulem a aderir e a continuar participando;

d) mesmo sendo uma reivindicação da sociedade, a adesão a um projeto não se dá de imediato à sua proposição. É preciso considerar as resistências e as disputas que se estabelecem nos processos democráticos. Ilustra essa situação a contradição percebida entre uma antiga reivindicação do movimento dos trabalhadores em educação que, diante da oportunidade concreta de construção de um projeto coletivo, recusaram a participação e fizeram aflorar um conjunto de impedimentos que afastaram pessoas do processo;

e) no caso específico da realidade da escola em que tradicionalmente as ações foram impostas de forma autoritária, "de cima para baixo", a adesão espontânea a um processo que se contrapõe a essa orientação parece exigir a criação de estratégias de convencimento acerca de sua importância, isto é, o uso de elementos persuasivos quando a coerção pauta as relações pode levar a um tempo maior de adesão;

f) por se tratar de um projeto novo, de ruptura com um determinado tipo de ação, é preciso definir um conjunto de princípios que estejam articulados com outras políticas setoriais e com a política mais ampla do governo. É preciso contar também com destinação orçamentária que assegure a realização daquilo que foi definido pela coletividade, de forma a não ameaçar a credibilidade da política e comprometer a implementação de novas ações;

g) é preciso considerar um conjunto de forças (da ideologia dominante) que se contrapõem a um projeto dessa natureza na sociedade para dificultar ou impedir a sua implementação.

A convivência das pessoas nos encontros, nos debates, nas conferências, constituiu-se como momento de construção coletiva dos caminhos para construir as bases de uma escola pública que atenda aos interesses da maior parte da população. As diferentes histórias de vida traduzidas na pluralidade dos olhares sobre a escola pública, de sujeitos que raramente são convidados a dar a sua opinião na sociedade, tornaram muitos momentos da CE mais humanos.

> O sentido maior do processo Constituinte, vejo, é o de colocar o povo gaúcho em movimento, para ler, interpretar, discutir, não apenas suas práticas de Educação, mas também o seu destino como Povo, como Nação, como Ser Humano. Desta forma vai ele mesmo, o povo, construindo a pedagogia que o fará cada vez mais sujeito criador do próprio movimento da história, a sua e a de toda a humanidade. (CALDART apud RIO GRANDE DO SUL, 2000c, p. 27)

Para concluir, parece que é fundamental, numa sociedade alicerçada na exploração da força de trabalho, conservar e expandir a ideia de utopia de Paulo Freire como o sonho impulsionador das nossas ações. Assim, a *esperança* de uma transformação no caráter desigual de nossa sociedade reside na *luta* contra todas as orientações políticas, econômicas, sociais e culturais pautadas em valores que acentuem qualquer tipo de dominação. Isso se faz com uma sociedade educada, inconformada, crítica e com pessoas conscientes das condições injustas do modelo de sociedade vigente. Como já mencionado ao longo deste livro, não basta a emancipação política: é preciso lutar pela emancipação humana e, assim, contrariar a letra da música, para que a esperança que a gente carrega nunca se torne um sorvete em pleno sol[1].

---

1. Na letra original: "A esperança que a gente carrega é um sorvete em pleno sol". Milton Nascimento e Fernando Brant, *Carta à República*.

Referências bibliográficas

AFONSO, Almerindo Janela. *Políticas educativas e avaliação educacional*. Braga: Universidade do Minho/Centro de Estudos em Educação e Psicologia/Instituto de Educação e Psicologia, 1999.

ALLGAYER, Carlos Alberto. O que há com a democracia? *Zero Hora*. Porto Alegre, 24 ago. 2000, Opinião, p. 13.

ALMEIDA, Jorge. *Como vota o brasileiro*: perfil ideológico do eleitor e evolução do voto nas pesquisas de opinião de 1994. São Paulo: Xamã, 1998.

ANDRÉ, Marli E. D. A. Um projeto coletivo de investigação da prática pedagógica de professoras da Escola Normal. In: FAZENDA, Ivani (Org.). *Novos enfoques em pesquisa educacional*. 2. ed. São Paulo: Cortez, 1992. p. 51-60.

ARROYO, Miguel G. A escola possível é possível? In: ARROYO, Miguel G. (Org.). *Da escola carente à escola possível*. 3. ed. São Paulo: Loyola, 1991. p. 11-53.

_____. *Ofício de mestre*: imagens e autoimagens. 6. ed. Petrópolis: Vozes, 2002.

AVRITZER, Leonardo. Modelos de deliberação democrática: uma análise do orçamento participativo. In: SANTOS, Boaventura de Sousa (Org.). *Democratizar a democracia*: os caminhos da democracia participativa. Rio de Janeiro: Civilização Brasileira, 2002. p. 561-597.

_____. Orçamento Participativo e a teoria democrática: um balanço crítico. In: AVRITZER, Leonardo; NAVARRO, Zander. *A inovação democrática no Brasil*: o orçamento participativo. São Paulo: Cortez, 2003. p. 13-60.

AZEVEDO, Janete M. Lins de. *A educação como política pública*. Campinas: Autores Associados, 1997.

AZEVEDO, José Clóvis de. *Escola cidadã*: desafios, diálogos e travessias. Petrópolis: Vozes, 2000.

BARRETO, Elba Siqueira de Sá; MITRULIS, Eleny. Trajetória e desafios dos ciclos escolares no País. *Estudos Avançados*: dossiê educação. São Paulo, v. 15, n. 42, maio/ago. 2001. p. 103-140.

BARRIONUEVO, José. Mirante, *Zero Hora*, Porto Alegre, 20 ago. 2000a. Página 10, p. 10.

_____. Oito mil vagas para militantes de esquerda, *Zero Hora*, Porto Alegre, 12 jan. 2000b. Página 10, p. 10.

_____. O modelo cubano, *Zero Hora*, Porto Alegre, 31 maio 2000c. Página 10, p. 10.

_____. Política partidária com dinheiro público, *Zero Hora*, Porto Alegre, 24 ago. 2000d. Página 10, p. 10.

BARROSO, João. O estudo da autonomia da escola: da autonomia decretada à autonomia construída In: BARROSO, João (Org.). *O estudo da escola*. Porto: Porto, 1996. p. 167-189.

_____. A escola entre o local e o global: perspectivas para o século XXI, o caso de Portugal. In: BARROSO, João (Org.). *A escola entre o local e o global*: perspectivas para o século XXI. Lisboa: Educa, 1999. p. 129-142.

_____. Regulação e desregulação das políticas educativas: tendências emergentes em estudos de educação comparada. In: BARROSO, João (Org.). *A escola pública*: regulação, desregulação, privatização. Porto: ASA, 2003. p. 19-48.

BATISTA, Paulo Nogueira. O Consenso de Washington: a visão neoliberal dos problemas latino-americanos. In: LIMA SOBRINHO, Barbosa et al. *Em defesa do interesse nacional*. 3. ed. São Paulo: Paz e Terra, 1995. p. 99-144.

BATISTA JÚNIOR, Paulo Nogueira. *A economia como ela é...* 2. ed. São Paulo: Boitempo, 2001.

BELLONI, Isaura; MAGALHÃES, Heitor de; SOUSA, Luzia Costa de. *Metodologia de avaliação em políticas públicas*. São Paulo: Cortez, 2000.

BENDFELDT, Juan F. A dimensão desconhecida do capital: o capital humano. In: JARAMILLO, Mário et al. *Educação em crise*. Porto Alegre: Ortiz, 1994. p. 39-92.

BENEVIDES, Maria Victoria. A construção da democracia no Brasil pós-ditadura militar. In: FÁVERO, Osmar; SEMERARO, Giovanni (Org.). *Democracia e construção do público no pensamento educacional brasileiro*. Petrópolis: Vozes, 2002. p. 69-86.

BERGER, Peter L.; LUCKMANN, Thomas. *A construção social da realidade*. 20. ed. Petrópolis: Vozes, 2001.

BOBBIO, Norberto. Democracia. In: BOBBIO, Norberto; MATTEUCCI, Nicola; PASQUINO, Gianfranco. *Dicionário de política*. 5. ed. Brasília: UnB, 2000a. p. 319-329.

_____. *Liberalismo e democracia*. São Paulo: Brasiliense, 2000b.

_____. *O futuro da democracia*. 7. ed. rev. e amp. São Paulo: Paz e Terra, 2000c.

_____. *Estado, governo, sociedade*: para uma teoria geral da política. 9. ed. Rio de Janeiro: Paz e Terra, 2001.

BOBBIO, Norberto; MATTEUCCI, Nicola; PASQUINO, Gianfranco. *Dicionário de política*. 5. ed. Brasília: UnB, 2000.

BOTTOMORE, Tom. *Dicionário do pensamento marxista*. Rio de Janeiro: Jorge Zahar, 2001.

BRASIL. Constituição (1988). *Constituição da República Federativa do Brasil*, promulgada em 5 de outubro de 1988.

_____. Lei n. 9.394, de 20 de dezembro de 1996. Estabelece as diretrizes e bases da educação nacional. *Diário Oficial [da República Federativa do Brasil]*, Brasília, 23 dez. 1996.

_____. Instituto Brasileiro de Geografia e Estatística. *Relatório síntese de indicadores sociais 2002*. Brasília: IBGE, 2003. Disponível em: <http://www.ibge.gov.br>. Acesso em: 10 jun. 2003.

BURGELIN, Pierre de. Prefácio. In: ROUSSEAU, Jean-Jacques. *O contrato social*. São Paulo: Martins Fontes, 1999. p. ix-xxiii.

CALDART, Roseli Salete. *Pedagogia do Movimento Sem Terra*. São Paulo: Expressão Popular, 2004.

CAMINI, Lucia et al. *Educação pública de qualidade social*: conquistas e desafios. Petrópolis: Vozes, 2001.

CARDOSO, Fernando Henrique. Reforma e imaginação. In: LIMA SOBRINHO, Barbosa et al. *Em defesa do interesse nacional*. 3. ed. São Paulo: Paz e Terra, 1995. p. 173-180.

CENTRO DOS PROFESSORES DO ESTADO DO RIO GRANDE DO SUL. *Caderno de Educação*, Porto Alegre, ano 1, n. 1, fev. 2001.

CHESNAIS, François. *A mundialização do capital*. São Paulo: Xamã, 1996.

CHIZOTTI, Antonio. *A pesquisa em ciências humanas e sociais*. São Paulo: Cortez, 1995.

CLEMENT, Charles R. Amazônia: como manter a floresta em pé e ainda fazer bons negócios?, *Jornal da Ciência*, Rio de Janeiro, 1 out. 2004. p. 6.

COLL, César. O projeto educativo de cidade: o futuro da educação em Barcelona, *Revista Pátio*, Porto Alegre, v. 1, n. 8, p. 46-49, fev./abr. 1999.

COMPARATO, Fábio Konder. Povos dominados do mundo, uni-vos!, *Folha de S.Paulo*, São Paulo, 17 ago. 2001a, Caderno Opinião, p. A3.

_____. Réquiem para uma constituição. In: FIOCCA, Demian; GRAU, Eros Roberto (Org.). *Debate sobre a Constituição de 1988*. São Paulo: Paz e Terra, 2001b. p. 77-88.

_____. *A sociedade humanista como modelo político*. São Paulo: Escola de Governo, 2002. Texto datilografado.

COSTA, Nilson do Rosário. *Políticas públicas, justiça distributiva e inovação*. São Paulo: Hucitec, 1998.

COUTINHO, Carlos Nelson. *A democracia como valor universal e outros ensaios*. 2. ed. Rio de Janeiro: Salamandra, 1984.

_____. *Marxismo e política*: a dualidade de poderes e outros ensaios. 2. ed. São Paulo: Cortez, 1996.

_____. A democracia na batalha das ideias e nas lutas políticas do Brasil de hoje. In: FÁVERO, Osmar; SEMERARO, Giovanni (Org.). *Democracia e construção do público*: no pensamento educacional brasileiro. Petrópolis: Vozes, 2002. p. 11-39.

CRUZ, Roberto Moraes. Formação profissional e formação humana: os (des)caminhos da relação homem-trabalho na modernidade. In: AUED, Bernardete Wrublevski (Org.). *Educação para o (des)emprego*. Petrópolis: Vozes, 1999. p. 175-190.

CUNHA, Edite da Penha; CUNHA, Eleonora Schettini M. Políticas públicas sociais. In: CARVALHO, Alysson (Org.). *Políticas públicas*. Belo Horizonte: UFMG, 2002. p. 11- 25.

CURY, Carlos Roberto Jamil. O público e o privado na educação brasileira. In: VELLOSO, Jacques et al. *Estado e educação*. Campinas/São Paulo: Papirus; Cedes/Ande; Anped, 1992. p. 73-93.

_____. Políticas da Educação: um convite ao tema. In: FÁVERO, Osmar; SEMERARO, Giovanni (Org.). *Democracia e construção do público*: no pensamento educacional brasileiro. Petrópolis: Vozes, 2002. p. 147-162.

D'ALIMONTE, Roberto. Teoria das decisões coletivas. In: BOBBIO, Norberto; MATTEUCCI, Nicola; PASQUINO, Gianfranco. *Dicionário de política*. 5. ed. Brasília: UnB, 2000. p. 309-312.

DALLARI, Dalmo de Abreu. *O que é participação política*. São Paulo: Brasiliense, 1999.

_____. Os direitos fundamentais na constituição brasileira. In: FIOCCA, Demian; GRAU, Eros Roberto (Org.). *Debate sobre a Constituição de 1988*. São Paulo: Paz e Terra, 2001. p. 49-68.

DAVIES, Nicholas. *O Fundef e as verbas da educação*. São Paulo: Xamã, 2001.

DELORS, Jacques. *Educação*: um tesouro a descobrir. Relatório para a Unesco da Comissão Internacional sobre Educação para o Século XXI. 4. ed. São Paulo: Cortez, 2000.

DOMINGUES, Luiz. Ajuda vetada, *Zero Hora*, Porto Alegre, 17 mar. 2001, Opinião ZH, p. 3.

DOURADO, Luiz Fernando. O público e o privado na agenda educacional brasileira. In: FERREIRA, Naura Syria Carapeto; AGUIAR, Márcia Angela da S. (Org.). *Gestão na educação*: impasses, perspectivas e compromissos. 3. ed. São Paulo: Cortez, 2001. p. 281-294.

DUTRA, Olívio. O orçamento participativo e a questão do socialismo. In: DUTRA, Olívio; BENEVIDES, Maria Victoria. *Orçamento participativo e socialismo*. São Paulo: Perseu Abramo, 2001. p. 7-17.

ENGUITA, Mariano Fernandez. *Trabalho, escola e ideologia*: Marx e a crítica da educação. Porto Alegre: Artes Médicas, 1993.

FALEIROS, Vicente de Paula. *O que é política social*. 5. ed. São Paulo: Brasiliense, 1991.

_____. *A política social do Estado capitalista*. 8. ed. rev. São Paulo: Cortez, 2000.

FARIAS, Claudia Feres. Do conflito jurídico ao consenso democrático: uma versão da implementação do OP-RS. In: AVRITZER, Leonardo; NAVARRO, Zander. *A inovação democrática no Brasil*: o orçamento participativo. São Paulo: Cortez, 2003. p. 217-248.

FERNANDES, Florestan. *Educação e sociedade no Brasil*. São Paulo: Dominus, 1963.

FERRARI, Alceu Ravanello et al. *Experiências cooperativas no campo e na cidade*: subsidiando políticas sociais alternativas em trabalho, educação e lazer. Relatório de Pesquisa. Pelotas: UFRGS; UFPel; UCPel, 2001. Financiado pela Fapergs.

FERREIRA, Sílvio. O orçamento participativo do ensino: plano lançado ontem pela SEC permite que a comunidade reveja o sistema educacional do Estado, *Zero Hora*, Porto Alegre, 23 abr. 1999, Geral, p. 40.

FREIRE, Paulo. *Pedagogia da autonomia*. 12. ed. São Paulo: Paz e Terra, 1999.

_____. *Pedagogia da indignação*: cartas pedagógicas e outros escritos. São Paulo: Edunesp, 2000.

_____. *Política e educação*. 6. ed. São Paulo: Cortez, 2001.

FRIEDMANN, John. *Empowerment*: uma política de desenvolvimento alternativo. Oeiras: Celta, 1996.

FRIGOTTO, Gaudêncio. Os delírios da razão: crise do capital e metamorfose conceitual no campo educacional. In: GENTILI, Pablo (Org.). *Pedagogia da exclusão*: crítica ao neoliberalismo em educação. 6. ed. Petrópolis: Vozes, 2000.

FRIGOTTO, Gaudêncio. Educação e a construção democrática no Brasil: da ditadura civil-militar à ditadura do capital. In: FÁVERO, Osmar; SEMERARO, Giovanni (Org.). *Democracia e construção do público no pensamento educacional brasileiro*. Petrópolis: Vozes, 2002. p. 53-68.

_____. *Palestra proferida no Fórum Social Mundial*. Porto Alegre, 2003. Anotações.

GALEANO, Eduardo. *De pernas para o ar*: a escola do mundo ao avesso. Porto Alegre: L&PM, 1999.

GENTILI, Pablo (Org.). *Pedagogia da exclusão*: crítica ao neoliberalismo em educação. Petrópolis: Vozes, 2000.

GIDDENS, Anthony. *Para além da esquerda e da direita*. São Paulo: Edunesp, 1996.

GOMES, Angela de Castro. A política brasileira em busca da modernidade: na fronteira entre o público e o privado. In: NOVAIS, Fernando A. (Coord.); SCHWARCZ, Lilia Moritz (Org.). *História da vida privada no Brasil*: contrastes da intimidade contemporânea. São Paulo: Companhia das Letras, 2002. p. 489-558.

GOULART, Marcelo Pedroso. *Ministério Público e democracia*: teoria e práxis. São Paulo: LED, 1998.

GRAMSCI, Antonio. *Maquiavel, a política e o Estado moderno*. Rio de Janeiro: Civilização Brasileira, 1968.

_____. *Concepção dialética da história*. 2. ed. Rio de Janeiro: Civilização Brasileira, 1978.

GRISONI, Dominique; MAGGIORI, Robert. Glossário. In: GRISONI, Dominique; MAGGIORI, Robert. *Ler Gramsci*. Lisboa: Iniciativas Editoriais, 1974. p. 215-349.

GUARESCHI, Pedrinho A. *Comunicação e poder*: a presença e o papel dos meios de comunicação de massa estrangeiros na América Latina. 13. ed. Petrópolis: Vozes, 2001.

HOBBES, Thomas. *Leviatã, ou matéria, forma e poder de um Estado eclesiástico e civil*. São Paulo: Martin Claret, 2003.

KONDER, Leandro. O socialismo e o indivíduo. In: KONDER, Leandro; BETTO, Frei. *O indivíduo no socialismo*. São Paulo: Perseu Abramo, 2000.

LAFARGUE, Paul. *O direito à preguiça*. 2. ed. São Paulo: Hucitec/Edunesp, 2000.

LAURELL, Asa Cristina. Avançando em direção ao passado: a política social no neoliberalismo. In: _____. *Estado e políticas sociais no neoliberalismo*. São Paulo: Cortez, 1997. p. 151-178.

LEITE, Dante Moreira. Promoção automática e adequação do currículo ao desenvolvimento da criança. *Revista Brasileira de Estudos Pedagógicos*. Brasília, DF, v. 84, n. 206/207/208, jan./dez. 2003.

MARX, Karl. *Contribuição à crítica da economia política*. São Paulo: Martins Fontes, 1977.

_____. *O capital*: crítica da economia política. São Paulo: Bertrand Brasil, 1989. Livro I, 2 v.

_____. *O capital*: crítica da economia política. O processo global de produção capitalista. Rio de Janeiro: Bertrand Brasil, 1991. Livro III.

_____. *Manuscritos econômico-filosóficos*. São Paulo: Martin Claret, 2001.

_____. *O Dezoito Brumário e Cartas a Kugelmann*. 7. ed. São Paulo: Paz e Terra, 2002.

MELLO, Leonel Itaussu Almeida. John Locke e o individualismo liberal. In: WEFFORT, Francisco (Org.). *Os clássicos da política*. v. 1. São Paulo: Ática, 2001. p. 79-110.

MÉSZÁROS, István. *Escola não expande valores humanos*. Disponível em: <http://www1.folha.uol.com.br/folha/educação>. Acesso em: 1 ago. 2004.

MICHELAT, Guy. Sobre a utilização da entrevista não-diretiva em sociologia. In: THIOLLENT, Michel. *Crítica metodológica, investigação social e enquete operária*. 4. ed. São Paulo: Polis, 1985. p. 191-211.

MINTO, César Augusto. *Legislação educacional e cidadania virtual, anos 90*. Tese (Doutorado em Educação). Faculdade de Educação, Universidade de São Paulo, São Paulo, 1996.

MUGNATTO, Silvia. Programas estratégicos do governo FHC estão parados. *Folha de S.Paulo*. São Paulo, p. A4, 19 ago. 2001.

MULLER, Pierre; SUREL, Yves. *A análise das políticas públicas*. Pelotas: Educat, 2002.

OLIVEIRA, Francisco de. *Os direitos do antivalor*: a economia política da hegemonia imperfeita. Petrópolis: Vozes, 1998.

OLIVEIRA, Paulo de Salles (Org.). *Metodologia das ciências humanas*. 2. ed. São Paulo: Hucitec/Edunesp, 1998.

_____. *O lúdico na cultura solidária*. São Paulo: Hucitec, 2001.

OLIVEIRA, Romualdo Portela de. Reformas educativas no Brasil na década de 90. In: CATANI, Afrânio Mendes; OLIVEIRA, Romualdo Portela de (Org.). *Reformas educacionais em Portugal e no Brasil*. Belo Horizonte: Autêntica, 2000. p. 77-94.

ORGANIZAÇÃO INTERNACIONAL DO TRABALHO. *Superar la pobreza mediante el trabajo*. Disponível em: <http://www.oit.org.br>. Acesso em: 6 jun. 2003.

PALAST, Greg. *A melhor democracia que o dinheiro pode comprar*. São Paulo: Francis, 2004a.

_____. Entrevista, *Caros Amigos*, São Paulo, n. 91, out. 2004b. p. 14-16.

PARO, Vitor Henrique. A gestão da educação ante as exigências da qualidade e produtividade da escola pública. In: SILVA, Luiz Heron (Org.). *A escola cidadã no contexto da globalização*. 3. ed. Petrópolis: Vozes, 1999. p. 300-307.

_____. *Gestão democrática da escola pública*. 3. ed. São Paulo: Ática, 2000a.

_____. *Por dentro da escola pública*. 3. ed. São Paulo: Xamã, 2000b.

_____. *Qualidade do ensino*: a contribuição dos pais. São Paulo: Xamã, 2000c.

_____. *Escritos sobre educação*. São Paulo: Xamã, 2001a.

_____. *Reprovação escolar*: renúncia à educação. São Paulo: Xamã, 2001b.

_____. *Administração escolar*: introdução crítica. 11. ed. São Paulo: Cortez, 2002a.

_____. Implicações do caráter político da educação para a administração da escola pública. *Educação e Pesquisa*. São Paulo, v. 28, n. 2, jul./dez. 2002b. p. 11-23.

PASTORI, Giorgio. Administração pública. In: BOBBIO, Norberto; MATTEUCCI, Nicola; PASQUINO, Gianfranco. *Dicionário de política*. 5. ed. Brasília: UnB, 2000. p. 10-17.

PATTO, Maria Helena Souza. *A produção do fracasso escolar*: histórias de submissão e rebeldia. São Paulo: Casa do Psicólogo, 1999.

PETRAS, James; VELTMEYER, Henry. *Brasil de Cardoso*: a desapropriação do país. Petrópolis: Vozes, 2001.

PINTO, José Marcelino Rezende. *Os recursos para a educação no Brasil no contexto das políticas públicas*. Brasília: Plano, 2000.

POULANTZAS, Nicos. *O Estado, o poder, o socialismo*. 5. ed. São Paulo/Rio de Janeiro: Graal/Paz e Terra, 2000.

RIBEIRO, Renato Janine. O público, o privado, a platéia, *Folha de S.Paulo*, São Paulo, 31 maio 1992, Caderno Mais!, p. 4-5.

_____. *A sociedade contra o social*: o alto custo da vida política no Brasil. São Paulo: Companhia das Letras, 2000.

RIO GRANDE DO SUL. Secretaria da Educação. *Caderno 1 da Constituinte Escolar*: texto base. Porto Alegre: Corag, 1999a.

_____. Secretaria da Educação. *Caderno 3 da Constituinte Escolar*: estudo da realidade. Resgate de práticas pedagógicas, fundamentação, objetivos e momentos da Constituinte Escolar. Porto Alegre: Corag, 1999b.

_____. Secretaria da Educação. *Caderno 4 da Constituinte Escolar*: sistematização do segundo momento, estudo da realidade e resgate das práticas pedagógicas. Porto Alegre: Corag, 2000a.

_____. Secretaria da Educação. *Caderno temático da Constituinte Escolar*. v. 1-25. Porto Alegre: Corag, 2000b.

_____. Secretaria da Educação. *Princípios e diretrizes para a educação pública estadual*. Porto Alegre: Corag, 2000c.

_____. Secretaria da Educação. *Texto base das pré-conferências municipais e microrregionais da educação*. Porto Alegre: Corag, 2000d.

RIO GRANDE DO SUL. Secretaria da Educação. *Caderno pedagógico 2*: Semana Pedagógica Paulo Freire. Porto Alegre: Corag, 2001.

_____. Gabinete de Relações Comunitárias e Gabinete de Orçamento e Finanças. *Plano de investimentos e serviços*. Porto Alegre, 2002.ROUSSEAU, Jean-Jacques. *O contrato social*. São Paulo: Martins Fontes, 1999.

SÁ, Virgínio Isidro Martins de. *A participação dos pais na escola pública portuguesa*: uma abordagem sociológica e organizacional. Tese (Doutorado em Educação). Instituto de Educação e Psicologia, Universidade do Minho, Braga, 2003.

SADEK, Maria Tereza. Nicolau Maquiavel: o cidadão sem fortuna, o intelectual de *virtú*. In: WEFFORT, Francisco (Org.). *Os clássicos da política*. v. 1. São Paulo: Ática, 2001. p. 11-50.

SAES, Décio. *Democracia*. São Paulo: Ática, 1987.

SÁNCHEZ, Félix. *Orçamento participativo*: teoria e prática. São Paulo: Cortez, 2002.

SANTOS, Boaventura de Sousa (Org.). *Democratizar a democracia*: os caminhos da democracia participativa. Rio de Janeiro: Civilização Brasileira, 2002.

SANTOS, Boaventura de Sousa. Orçamento participativo em Porto Alegre: para uma democracia redistributiva. In: SANTOS, Boaventura de Sousa (Org.). *Democratizar a democracia*: os caminhos da democracia participativa. Rio de Janeiro: Civilização Brasileira, 2002. p. 455-559.

SANTOS, Boaventura de Sousa; AVRITZER, Leonardo. Para ampliar o cânone democrático. In: SANTOS, Boaventura de Sousa (Org.). *Democratizar a democracia*: os caminhos da democracia participativa. Rio de Janeiro: Civilização Brasileira, 2002. p. 39-82.

SARTURI, Rosane Carneiro. *O processo de construção curricular na Constituinte Escolar*: implicações e possibilidades. Tese (Doutorado em Educação). Faculdade de Educação, Universidade Federal do Rio Grande do Sul, Porto Alegre, 2003.

SAVIANI, Dermeval. *Neoliberalismo ou pós-liberalismo?* Educação pública, crise do Estado e democracia na América Latina. In: VELLOSO, Jacques et al. *Estado e educação*. Campinas/São Paulo: Papirus; Cedes/Ande; Anped, 1992. p. 9-30.

SAVIANI, Dermeval. Educação no Brasil: concepção e desafios para o século XXI. In: CONFERÊNCIA NACIONAL DE EDUCAÇÃO, CULTURA E DESPORTO, 1, 2001, Brasília. *Coletânea de textos*. Brasília, DF: Câmara dos Deputados, Coordenação de Publicações, 2001. p. 35-42.

SILVA, Benedicto (Coord.). *Dicionário de ciências sociais*. Rio de Janeiro: Fundação Getúlio Vargas, 1986.

SILVA, Ilse Gomes da. *Democracia e participação na "reforma" do Estado*. São Paulo: Cortez, 2003.

SILVA, Tomaz Tadeu da. A escola cidadã no contexto da globalização. In: SILVA, Luiz Heron da. *A escola cidadã no contexto da globalização*. Petrópolis: Vozes, 1999. p. 7-10.

SINGER, Paul. *Uma utopia militante*. Petrópolis: Vozes, 1998.

_____. *Anotações de aula da disciplina Economia Solidária*. São Paulo, Universidade de São Paulo, Faculdade de Administração e Economia, 2. sem. 2001.

SINGER, Paul; MACHADO, João. *Economia socialista*. São Paulo: Perseu Abramo, 2000.

SKINNER, Quentin. *As fundações do pensamento político moderno*. São Paulo: Companhia das Letras, 1999.

SOARES, Maria Clara Couto. Banco Mundial: políticas e reformas. In: TOMMASI, Livia de; WARDE, Miriam Jorge; HADDAD, Sérgio (Org.). *O Banco Mundial e as políticas educacionais*. 4. ed. São Paulo: Cortez, 2003.

SOUSA, Ana Maria Borges de. *Da escola às ruas*: o movimento dos trabalhadores da educação. Ilha de Santa Catarina: Letras Contemporâneas, 1996.

SOUSA JÚNIOR, Justino de. *A crítica marxiana da educação*: em tempos de mundialização do capital e da escola. Disponível em: <http://www.uff.br/trabalhonecessário>. Acesso em: 10 set. 2004.

SPOSITO, Marília Pontes. *O povo vai à escola*: a luta popular pela expansão do ensino público. São Paulo: Loyola, 1984.

STAKE, Robert E. Estudos de caso em pesquisa e avaliação educacional, *Educação e Seleção*: revista da Fundação Carlos Chagas, São Paulo, n. 7, jun. 1983a. p. 5-18.

STAKE, Robert E. Pesquisa qualitativa/naturalista: problemas epistemológicos, *Educação e Seleção*: revista da Fundação Carlos Chagas, São Paulo, n. 7, jun. 1983b. p. 19-27.

STOPPINO, Mario. Poder. In: BOBBIO, Norberto; MATTEUCCI, Nicola; PASQUINO, Gianfranco. *Dicionário de política*. 5. ed. Brasília: UnB, 2000. p. 933-943.

SWEEZY, Paul M. *4 conferências sobre o marxismo*. Rio de Janeiro: Zahar, 1982.

TELLES, Vera da Silva. *Pobreza e cidadania*. São Paulo: Editora 34, 2001.

TRIVIÑOS, Augusto N. S. *Introdução à pesquisa em ciências sociais*: a pesquisa qualitativa em educação. São Paulo: Atlas, 1992.

WEFFORT, Francisco (Org.). *Os clássicos da política*. São Paulo: Ática, 2001. 2 v.

YUKIZAKI, Suemy. Pais e mães das camadas populares na escola pública fundamental: a participação fragmentada. Tese (Doutorado em Educação) — Faculdade de Educação, Universidade de São Paulo, São Paulo, 2002.

▶ AVALIAÇÃO INSTITUCIONAL:
teoria e experiências

Newton Cesar Balzan
José Dias Sobrinho

4ª edição (2008)
184 páginas
ISBN 978-85-249-0596-4

Este livro reúne um conjunto de textos que falam *da* avaliação institucional e *das* avaliações institucionais de algumas universidades brasileiras. Teoria e prática se juntam, instaurando o debate público sobre questões de grande interesse e atualidade. Que é a avaliação institucional? Quais são os seus princípios? Como se desenvolvem os seus processos? Quais os seus objetivos e seus objetos? Que indicadores são mais pertinentes? Qual o seu funcionamento e quais as funções sociais? É possível construir um modelo brasileiro de avaliação institucional que leve em conta a realidade nacional e as culturas específicas das universidades?

Este livro pretende contribuir efetivamente para o debate público da avaliação institucional e suas formas de realização. Seus autores têm a firme convicção de que a avaliação institucional, tal como é trabalhada aqui, constitui um valioso instrumento para a amelhoria da qualidade de nossas universidades.

▶ EDUCAÇÃO, JUSTIÇA E DEMOCRACIA:
um estudo sobre as geografias da justiça em educação

Carlos V. Estêvão

1ª edição (2004)
144 páginas
ISBN 85-249-1021-6

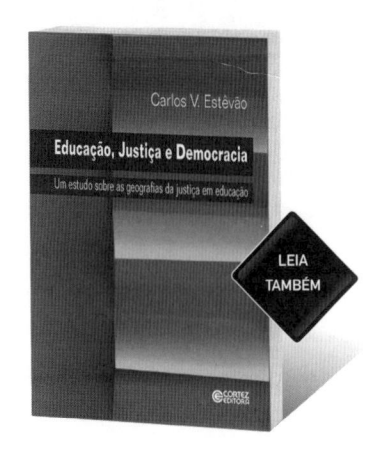

Nesta obra, o autor pretende recolocar na ordem do dia a problemática da justiça no campo da educação, incidindo particularmente no seu caráter complexo e multifacetado, assim como nas suas implicações ao nível da problematização da igualdade educativa, da ética e dos lugares da escola. Nesta sequência, o autor reanalisa novos modos de interpretar a geografia da justiça escolar e a escola, compreendendo esta última como lugar de vários mundos e como uma organização perpassada pela funcionalidade sistêmica e pela funcionalidade comunicacional.

As questões da autonomia, da cidadania, da participação, da experiência escolar dos alunos e da formação de professores são repensadas, tendo em vista um maior compromisso da escola com a justiça social e com a democratização da democracia, sobretudo num tempo de ambiguidade ética e de tendência para a descaracterização da própria justiça e do bem educativo.

▶ PARTICIPAÇÃO É CONQUISTA

Pedro Demo

5ª edição (2001)
184 páginas
ISBN 85-249-0128-4

A democracia, por maiores defeitos que possa ter, e tem, é um valor em si, acima dos sistemas vigentes, devendo impregnar em todas as suas dobras qualquer esforço de política social. É nesse sentido que *Participação é Conquista* busca arrumar um pouco algumas dimensões da participação, de tal modo que se consiga um espaço mais definido de discussão e de prática.

▶ A PEDAGOGIA DAS COMPETÊNCIAS:
autonomia ou adaptação?

Marise Nogueira Ramos

3ª edição (2006)
320 páginas
ISBN 85-249-0816-5

Trata-se de um livro que servirá de base para uma profunda análise crítica ao ideário pedagógico das reformas educativas dominantes no Brasil e na América Latina. Uma obra obrigatória como referência para professores do ensino fundamental, médio e superior, para sindicatos e grupos que atuam com processos educativos e de formação junto aos trabalhadores.